campusmad

La diferencia entre aprobar y sacar plaza

Curso *ONLINE*
Ley 40/2015, de 1 de octubre, de Régimen Jurídico del Sector Público. Test comentados para oposiciones

Accede a tu **Curso *ONLINE*** y disfruta de los siguientes recursos:

- Técnicas de Memoria 360.
- Test *online*.
- Vídeos de todos los Títulos.
- Esquemas de todos los Títulos.
- Actualizaciones legislativas (Boletines Oficiales).
- Enlace a Legislación consolidada de la Ley.
- Recursos y novedades exclusivas.

AF212361

Valida los código de acceso al CURSO *ONLINE** que encuentras en la última página de tus libros y disfruta de 180 días de acceso a recursos exclusivos.

Infórmate en: mad.es/registro-campus

NOTA IMPORTANTE:

* El acceso al CURSO *ONLINE* estará disponible desde marzo de 2024 (algunos recursos podrían estar disponibles en fecha posterior).

Tendrá una duración de 180 días con opción de RENOVAR, desde la validación de códigos o hasta el 31 de diciembre del 2025 lo que se cumpla antes.

MAD se reserva el derecho a ampliar dichas fechas.

Ley 40/2015, de 1 de octubre, de Régimen Jurídico del Sector Público

Febrero 2024

Ley 40/2015, de 1 de octubre, de Régimen Jurídico del Sector Público

Test comentados para oposiciones

Volumen 1

Autores

CLARA INÉS CARRILLO PARDO
Licenciada en Derecho

FRANCISCO JESÚS TORRES FONSECA
Licenciado en Derecho

ENCARNA ROJO FRANCO
Profesora de Derecho Público

JUAN CARLOS USERO LÓPEZ
Licenciado en Derecho
Funcionario de Cuerpo Superior de Administradores
Generales de Comunidad Autónoma
Consejero Técnico

JOSÉ LUIS GARRIDO VELA
Licenciado en Derecho

© 7 Editores Recursos para la Cualificación Profesional y el Empleo, S.L. (7 Editores)
© Los autores
Primera edición, febrero 2024 (282 páginas)
Derechos de edición reservados a favor de 7 Editores
IMPRESO EN ESPAÑA
Diseño Portada: 7 Editores
Edita: 7 Editores
Avda. San Francisco Javier, 9 · Edificio Sevilla 2 · Planta 11 · Módulos 25-27 · 41018 Sevilla
Teléfono: 954 784 411 · WEB: www.mad.es · e-mail: administracion@7editores.com
ISBN: 978-84-142-8010-2
ISBN obra completa: 978-84-142-8012-6
© "Editorial Mad" y "Eduforma" son nombres comerciales registrados de
7 Editores Recursos para la Cualificación Profesional y el Empleo, S.L.

Presentación

Presentamos el primer volumen de preguntas comentadas sobre la Ley 40/2015, de 1 de octubre, de Régimen Jurídico del Sector Público que constituye un recurso didáctico completo y eficaz para un conocimiento profundo de la Ley. La colección se completa con un segundo volumen en el que incluimos preguntas diferentes.

La peculiaridad del libro radica en que las respuestas a todas las preguntas se encuentran comentadas con apoyo en la propia Ley, doctrina, sentencias u otro tipo de resoluciones, lo que lo convierte en un manual de uso imprescindible para favorecer la comprensión y un estudio realmente eficaz de la Norma.

Es por ello que está especialmente dirigido a opositores de todas las categorías ya que se trata de una Ley transversal que es requerida en la mayoría de los Programas de las Convocatorias, así como a profesionales del Derecho y empleados públicos que quieran profundizar en sus conocimientos sobre la Ley a efectos prácticos.

Asimismo, destacar que a través de nuestro Curso online le ofrecemos de forma gratuita por la compra del libro una serie de recursos didácticos para completar su preparación, como son la realización de los test online, esquemas o la consulta del texto literal de la Ley. En la página final del libro podrá ver el código de acceso y las condiciones generales de uso de dicho Curso.

Índice

Ley 40/2015, de 1 de octubre, de Régimen Jurídico del Sector Público

Ley 40/2015, de 1 de octubre, de Régimen Jurídico del Sector Público

https://www.boe.es/buscar/act.php?id=BOE-A-2015-10566

TÍTULO PRELIMINAR

Disposiciones generales, principios de actuación y funcionamiento del sector público

1. De conformidad con el artículo 8 de la Ley 40/2015, de 1 de octubre, de Régimen Jurídico del Sector Público, la competencia para el dictado de actos administrativos:

a) Es irrenunciable y siempre se ejercerá por los órganos administrativos que la tengan atribuida como propia.

b) Se puede delegar en todo caso.

c) Es irrenunciable y se ejercerá por los órganos administrativos que la tengan atribuida como propia, salvo los casos de delegación o avocación, en los términos previstos en la ley.

d) Es irrenunciable y se ejercerá por los órganos administrativos que la tengan atribuida como propia, salvo los casos de delegación de firma o suplencia, en los términos previstos en la ley.

2. En ningún caso podrán ser objeto de delegación, tal y como dispone la Ley 40/2015, de 1 de octubre, competencias relativas a:

a) La resolución de los recursos de alzada.

b) La adopción de disposiciones de carácter general.

c) Las resoluciones en materia de personal.

d) Las resoluciones de responsabilidad patrimonial.

3. Según dispone el artículo 23 de la Ley 40/2015, de 1 de octubre, de Régimen Jurídico del Sector Público, es motivo de abstención:

a) Tener interés personal en el asunto de que se trate o en otro en cuya resolución pudiera influir la de aquel, ser administrador de sociedad o entidad interesada, o tener cuestión litigiosa pendiente con algún interesado.

b) Tener parentesco de consanguinidad dentro del cuarto grado o de afinidad dentro del tercero, con cualquiera de los interesados, con los administradores de entidades o sociedades interesadas o con sus asesores o representantes legales.

c) Haber prestado servicios profesionales de cualquier tipo y en cualquier circunstancia o lugar en los cinco últimos años a persona natural interesada directamente en el asunto.

d) Haber prestado servicios profesionales de cualquier tipo y en cualquier circunstancia o lugar en los cinco últimos años a persona jurídica interesada directamente en el asunto.

4. La recusación de acuerdo con el artículo 24 de la Ley 40/2015, de 1 de octubre, de Régimen Jurídico del Sector Público, la promueve:

a) La autoridad.
b) El superior jerárquico de la autoridad o funcionario.
c) El interesado.
d) El funcionario.

5. Según dispone el artículo 23 de la Ley 40/2015, de 1 de octubre, de Régimen Jurídico del Sector Público, NO es un motivo de abstención:

a) Haber tenido intervención como perito en el procedimiento de que se trate.
b) Tener parentesco de afinidad dentro del segundo grado, con cualquiera de los interesados, con los administradores de entidades o sociedades interesadas y también con los asesores, representantes legales o mandatarios que intervengan en el procedimiento.
c) Tener parentesco de afinidad dentro del cuarto grado, con cualquiera de los interesados, con los administradores de entidades o sociedades interesadas y también con los asesores, representantes legales o mandatarios que intervengan en el procedimiento.
d) Haber tenido intervención como testigo en el procedimiento de que se trate.

6. De conformidad con lo previsto en el Capítulo III, del Título Preliminar, de la Ley 40/2015, de 1 de octubre, de Régimen Jurídico del Sector Público, entre otros, son principios de la potestad sancionadora:

a) Principio de legalidad, tipicidad, proporcionalidad y presunción de inocencia.
b) Principio de legalidad, irretroactividad, tipicidad y presunción de inocencia.
c) Principio de legalidad, tipicidad y proporcionalidad.
d) Principio de legalidad, tipicidad y presunción de inocencia.

7. Según el artículo 9 de la Ley 40/2015, de 1 de octubre, de Régimen Jurídico del Sector Público, la delegación de competencias:

a) Será revocable en cualquier momento por el órgano que la haya conferido.
b) Es irrevocable.
c) Será revocable solo por el Consejo de Gobierno.
d) Será revocable solo por el Consejo de Ministros.

8. De acuerdo con el artículo 3 de la Ley 40/2015, de 1 de octubre, de Régimen Jurídico del Sector Público, ¿cuáles son los principios de actuación de las Administraciones Públicas?

a) Jerarquía, cooperación, descentralización, desconcentración y colaboración.
b) Eficacia, desconcentración, jerarquía, descentralización y cooperación.
c) Coordinación, descentralización, jerarquía, eficacia y desconcentración.
d) Cooperación, jerarquía, descentralización, eficiencia y servicio a los ciudadanos.

9. ¿Qué principios deberán respetar en su actuación las Administraciones Públicas, conforme al artículo 3 de la Ley 40/2015, de 1 de octubre, de Régimen Jurídico del Sector Público?

a) Los de buena fe y confianza legítima.
b) Los de eficiencia y servicio a los ciudadanos.
c) Participación, objetividad y transparencia de la actuación administrativa.
d) Los de transparencia y participación.

10. ¿Qué principios deberán respetar en sus relaciones las Administraciones Públicas?

a) Buena fe, confianza legítima y lealtad institucional.
b) Los de eficiencia y servicio a los ciudadanos.
c) Los de transparencia y participación.
d) Los de cooperación y colaboración.

11. Las Administraciones Públicas se relacionarán entre sí y con sus órganos, organismos públicos y entidades vinculados o dependientes, conforme al artículo 3.2 de la Ley 40/2015, de 1 de octubre, de Régimen Jurídico del Sector Público:

a) A través de medios electrónicos.
b) A través de medios electrónicos, que aseguren la interoperabilidad y seguridad de los sistemas y soluciones adoptadas por cada una de ellas garantizando la protección de los datos de carácter personal, y facilitando preferentemente la prestación conjunta de servicios a los interesados.
c) Directamente y sin dilación garantizando la protección de los datos de carácter personal, y facilitarán preferentemente la prestación conjunta de servicios a los interesados.
d) Preferentemente a través de medios electrónicos, que aseguren la prestación conjunta de servicios a los interesados.

12. ¿Cuál de las siguientes respuestas es correcta, de acuerdo con lo dispuesto en el artículo 3.4 de la Ley 40/2015, de 1 de octubre, de Régimen Jurídico del Sector Público?

a) Cada Administración Pública actúa para el cumplimiento de sus fines con personalidad jurídica única.
b) Las Administraciones Públicas se configuran como órganos territoriales.

c) Las Administraciones Públicas están integradas por entes locales.

d) Cada Administración instrumental actúa para el cumplimiento de sus fines con personalidad jurídica única.

13. Conforme a lo dispuesto en el artículo 5.3 de la Ley 40/2015, de 1 de octubre, de Régimen Jurídico del Sector Público, ¿qué requisito, de los siguientes, debe cumplirse para la creación de cualquier órgano administrativo?

a) Determinar su forma de descentralización en la Administración Pública de que se trate.

b) Fijar los objetivos de interés común a cumplir.

c) La dotación de los créditos necesarios para su puesta en marcha y funcionamiento.

d) Deben cumplirse todos los requisitos anteriores.

14. De acuerdo con lo dispuesto en el artículo 8.1 de la Ley 40/2015, de 1 de octubre, de Régimen Jurídico del Sector Público, ¿cómo es la competencia que ejerce un órgano administrativo que la tenga atribuida como propia?

a) Es compartida con el órgano de superior jerarquía.

b) Es irrenunciable.

c) Es renunciable ante el órgano superior del mismo ente.

d) Es renunciable ante el órgano superior del mismo ente, a través de la técnica de la avocación.

15. Señala la respuesta correcta. De acuerdo con lo dispuesto en el artículo 8 de la Ley 40/2015, de 1 de octubre, de Régimen Jurídico del Sector Público:

a) Se pueden crear órganos que supongan duplicación de otros ya existentes.

b) La delegación de firma y la suplencia supone alteración de la titularidad de la competencia.

c) La encomienda de gestión supone alteración de la titularidad de la competencia.

d) Salvo los casos de avocación o delegación la competencia es irrenunciable.

16. Señala la respuesta correcta. Según el artículo 9 de la Ley 40/2015, de 1 de octubre, de Régimen Jurídico del Sector Público:

a) Los órganos de las diferentes Administraciones Públicas no podrán delegar el ejercicio de competencias que tengan atribuidas en otros órganos de la misma Administración, aun cuando no sean jerárquicamente dependientes.

b) No podrán ser objeto de delegación las competencias relativas a asuntos que se refieran a las relaciones con las Asambleas Legislativas de las Comunidades Autónomas.

c) Se podrán delegar las competencias relativas a asuntos que se refieran a las relaciones con las Cortes Generales.

d) Podrá ser objeto de delegación la resolución de recursos en los órganos administrativos que hayan dictado los actos objeto de recurso.

17. A tenor de lo dispuesto en el artículo 9.3 de la Ley 40/2015, de 1 de octubre, de Régimen Jurídico del Sector Público, ¿dónde deberán publicarse la delegación de competencias y su revocación?

a) En el Boletín Oficial del Estado, siempre.

b) En el Diario Oficial de la Comunidad Autónoma.

c) En el Diario Oficial de la Provincia.

d) El medio de publicación dependerá de la Administración a que pertenezca el órgano delegante y el ámbito territorial de competencia de este.

18. Señala la respuesta correcta. Conforme a lo dispuesto en el artículo 9 de la Ley 40/2015, de 1 de octubre, de Régimen Jurídico del Sector Público:

a) La delegación será revocable en cualquier momento por el órgano que la haya conferido.

b) Las resoluciones administrativas que se adopten por delegación se considerarán dictadas por el órgano delegado.

c) Salvo autorización expresa de un Reglamento, no podrán delegarse competencias que se ejerzan por delegación.

d) La delegación será revocable en cualquier momento por el órgano que la haya aceptado.

19. ¿Cuál de las respuestas referidas a la avocación es correcta, teniendo en cuenta lo dispuesto en el artículo 10 de la Ley 40/2015, de 1 de octubre, de Régimen Jurídico del Sector Público?

a) La avocación se realizará mediante acuerdo motivado que deberá ser notificado a los interesados, si los hubiere, con anterioridad a la incoación del procedimiento.

b) Contra el acuerdo de avocación solo cabrá el recurso de alzada.

c) La avocación se realizará mediante acuerdo motivado que deberá ser notificado a los interesados, si los hubiere, con anterioridad a la resolución final que se dicte.

d) Contra el acuerdo de avocación solo cabrá el recurso de reposición.

20. De acuerdo con el artículo 11 de la Ley 40/2015, de 1 de octubre, de Régimen Jurídico del Sector Público, ¿qué supone la encomienda de gestión?

a) Supone cesión de elementos sustantivos de la competencia.

b) Supone cesión de titularidad de la competencia.

c) Supone la avocación del órgano superior, que la podrá ejercer cuando lo estime oportuno.

d) Supone cesión de la realización de actividades de carácter material o técnico de la competencia de los órganos administrativos.

21. A tenor de lo dispuesto en el artículo 11.3. b) de la Ley 40/2015, de 1 de octubre, de Régimen Jurídico del Sector Público, ¿qué ocurre cuando la encomienda de gestión se realice entre órganos de distintas Administraciones?

a) Se formalizará en la forma que normativamente se establezca.
b) Se formalizará mediante firma del correspondiente convenio entre ellas.
c) Se formalizará mediante firma del correspondiente contrato administrativo entre ellas.
d) Se formalizará mediante firma del correspondiente concierto entre ellas.

22. Señala la respuesta correcta. En relación con la delegación de firma, de acuerdo con lo dispuesto en el artículo 12 de la Ley 40/2015, de 1 de octubre, de Régimen Jurídico del Sector Público:

a) No alterará la competencia del órgano delegante y para su validez no será necesaria su publicación.
b) Permite que cualquier funcionario pueda delegar la firma de sus resoluciones en otros dependientes.
c) Para su validez será necesaria su publicación.
d) Altera la competencia del órgano delegante.

23. La suplencia, a tenor de lo dispuesto en el artículo 13 de la Ley 40/2015, de 1 de octubre, de Régimen Jurídico del Sector Público:

a) La nombra el titular del órgano objeto de la suplencia.
b) No implicará alteración de la competencia.
c) Implica alteración de la competencia del órgano delegante.
d) Se formalizará mediante firma del correspondiente convenio.

24. Señala la respuesta correcta. De acuerdo con lo dispuesto en el artículo 13 de la Ley 40/2015, de 1 de octubre, de Régimen Jurídico del Sector Público, en relación con la suplencia:

a) Corresponde a quien designe el órgano suplido.
b) Implica que los titulares de los órganos administrativos podrán ser suplidos temporalmente.
c) Corresponde a quien designe el órgano suplente.
d) Se ejercerá por quien designe el órgano administrativo inmediato inferior del mismo.

25. ¿Qué hará el órgano administrativo que se estime incompetente, conforme a lo dispuesto en el artículo 14.1 de la Ley 40/2015, de 1 de octubre, de Régimen Jurídico del Sector Público, para la resolución de un asunto?

a) Remitirá el asunto al órgano que considere competente, debiendo notificar esta circunstancia a los interesados.
b) Abandonará el conocimiento del asunto.

c) Resolverá el asunto en todo caso y luego lo tramitará al órgano competente.

d) Directamente y sin dilación garantizará la protección de los datos de carácter personal, y facilitará preferentemente la prestación conjunta de servicios a los interesados.

26. Señala la respuesta correcta. En relación con las decisiones de competencia y a tenor de lo dispuesto en el artículo 14 de la Ley 40/2015, de 1 de octubre, de Régimen Jurídico del Sector Público:

a) Los interesados que sean parte en el procedimiento no podrán dirigirse al órgano que se encuentre conociendo de un asunto para que decline su competencia y remita las actuaciones al órgano competente.

b) Los interesados en un procedimiento no podrán dirigirse al órgano que estimen competente para que requiera de inhibición al que esté conociendo del asunto.

c) Los conflictos de atribuciones solo podrán suscitarse entre órganos de una misma Administración no relacionados jerárquicamente, y respecto a asuntos sobre los que no haya finalizado el procedimiento administrativo.

d) Los conflictos de atribuciones solo podrán suscitarse entre órganos de una misma Administración relacionados jerárquicamente, y respecto a asuntos sobre los que no haya finalizado el procedimiento administrativo.

27. Conforme a lo dispuesto en el artículo 6 de la Ley 40/2015, de 1 de octubre, de Régimen Jurídico del Sector Público, ¿cómo podrán dirigir los órganos administrativos las actividades de sus órganos jerárquicamente dependientes?

a) Mediante decretos, instrucciones y órdenes de servicio.

b) Mediante instrucciones y órdenes de servicio.

c) Mediante disposiciones que avalen la eficacia de los actos.

d) Mediante circulares y órdenes de servicio.

28. A tenor del artículo 6.1 de la Ley 40/2015, de 1 de octubre, de Régimen Jurídico del Sector Público, ¿dónde se publicarán las instrucciones y órdenes de servicio cuando una disposición específica así lo establezca?

a) En el Boletín Oficial que corresponda.

b) En el Diario de la Consejería correspondiente.

c) En el Diario de Sesiones de la Asamblea.

d) En el Boletín Oficial del Estado.

29. ¿Dónde se integrarán los órganos colegiados, según lo dispuesto en el artículo 15.2 de la Ley 40/2015, de 1 de octubre, de Régimen Jurídico del Sector Público?

a) Quedarán integrados en la Administración Pública de su elección.

b) Se integrarán en las normas de funcionamiento de la Administración Pública a la que pertenezcan.

c) Quedarán integrados en la Administración Pública que corresponda.

d) Quedarán integrados en la Administración instrumental.

30. Conforme a lo dispuesto en el artículo 19 de la Ley 40/2015, de 1 de octubre, de Régimen Jurídico del Sector Público, ¿quién dirime con su voto, en un órgano colegiado, los empates que puedan darse en un acuerdo?

a) El Presidente del Órgano Colegiado.
b) Cualquier miembro del Órgano Colegiado.
c) El Secretario del Órgano Colegiado.
d) El vocal de conflictos.

31. ¿Qué podrán formular los miembros de un órgano colegiado que discrepen del acuerdo mayoritario, conforme a lo dispuesto en el artículo 19 de la Ley 40/2015, de 1 de octubre, de Régimen Jurídico del Sector Público?

a) Una denuncia contra la adopción de ese acuerdo.
b) Un voto particular.
c) Una queja al superior jerárquico del órgano colegiado.
d) Su desacuerdo y posterior recusación.

32. ¿Cómo puede asistir a las reuniones el Secretario de un órgano colegiado, si es funcionario, de acuerdo con lo dispuesto en el artículo 19.4 de la Ley 40/2015, de 1 de octubre, de Régimen Jurídico del Sector Público?

a) Con voz, pero sin voto.
b) Con voto, exclusivamente.
c) Con voz y voto.
d) Igual que el Presidente, siempre que ejerza potestades administrativas.

33. Conforme a lo dispuesto en el artículo 17.6 de la Ley 40/2015, de 1 de octubre, de Régimen Jurídico del Sector Público, los miembros de un órgano colegiado que voten en contra de un acuerdo o se abstengan:

a) Quedarán sujetos a la responsabilidad que, en su caso, pueda derivarse de los acuerdos.
b) Quedará reflejado en el acta, la cual no podrá aprobarse en la misma sesión.
c) Quedarán exentos de la responsabilidad que, en su caso, pueda derivarse de los acuerdos.
d) Se hará constar expresamente tal circunstancia.

34. A tenor de lo dispuesto en el artículo 23 de la Ley 40/2015, de 1 de octubre, de Régimen Jurídico del Sector Público, ¿cuál de los siguientes supuestos es motivo de abstención?

a) El tener parentesco de afinidad dentro del primer grado.
b) El tener parentesco de afinidad dentro del segundo grado.
c) El tener parentesco de afinidad dentro del tercer grado.
d) El tener parentesco de afinidad dentro del cuarto grado.

35. De acuerdo con el artículo 23 de la Ley 40/2015, de 1 de octubre, de Régimen Jurídico del Sector Público, ¿cuál de los siguientes supuestos es motivo de abstención?

a) El tener parentesco de consanguinidad dentro del primer grado.
b) El tener parentesco de consanguinidad dentro del segundo grado.
c) El tener parentesco de consanguinidad dentro del tercer grado.
d) El tener parentesco de consanguinidad dentro del cuarto grado.

36. Conforme a lo dispuesto en el artículo 24.4 de la Ley 40/2015, de 1 de octubre, de Régimen Jurídico del Sector Público, ¿en cuánto tiempo resolverá el superior jerárquico del recusado en un procedimiento si este niega la causa de recusación?

a) En el plazo de dos días.
b) En el plazo de tres días.
c) En el plazo de seis días.
d) En el plazo de nueve días.

37. De conformidad con la Ley 40/2015, la constitución de un órgano administrativo no requerirá:

a) Sus funciones y competencias.
b) Dotación de los créditos necesarios.
c) Designación de su titular.
d) La forma de integración en su Administración Pública.

38. La Ley 40/2015, de 1 de octubre, de Régimen Jurídico del Sector Público, establece que, en todo caso, la avocación:

a) Se realizará mediante resolución motivada que deberá ser notificada a los interesados en el procedimiento, en todo caso, con anterioridad a la resolución final que se dicte.
b) Se realizará mediante acuerdo motivado que deberá ser notificado a los interesados en el procedimiento, si los hubiere, con anterioridad a la propuesta de resolución que se dicte.
c) Se realizará mediante acuerdo motivado que deberá ser notificado a los interesados en el procedimiento, si los hubiere, con anterioridad o simultáneamente a la resolución final que se dicte.
d) Se realizará mediante resolución motivada que deberá ser notificada a los interesados en el procedimiento, si los hubiere, con anterioridad a la resolución final que se dicte.

39. Un Mesa de Contratación ha sido constituida como órgano colegiado para el estudio de las diferentes ofertas presentadas en un procedimiento. ¿A quién corresponde visar las actas y certificaciones de los acuerdos de un órgano colegiado de la Administración Pública?

a) Al presidente.
b) Al secretario.

c) A los vocales.
d) Al interventor de fondos.

40. Una empresa presenta escrito de recusación contra un vocal de la Mesa de Contratación por entender que concurre uno de los motivos señalados en el artículo 24 de la Ley 40/2015, de 1 de octubre, de Régimen Jurídico del Sector Público. Según esta norma, el recusado manifestará a sus superiores si se da o no en él la causa alegada:

a) En el plazo de tres días.
b) Al día siguiente.
c) En el plazo de 10 días.
d) En el mismo día.

41. Contra la resolución adoptada en materia de recusación, conforme a la Ley 40/2015, de 1 de octubre, de Régimen Jurídico del Sector Público:

a) Cabrá recurso de alzada.
b) Cabrá recurso potestativo de reposición, en el caso de las corporaciones locales.
c) Cabrá cualquier tipo de recurso administrativo.
d) No cabrá recurso administrativo.

42. Según la Ley 40/2015, de 1 de octubre, de Régimen Jurídico del Sector Público, las normas definidoras de infracciones y sanciones:

a) No son susceptibles de aplicación analógica.
b) Son susceptibles de aplicación analógica.
c) Son susceptibles de aplicación analógica cuando lo establece la disposición expresamente.
d) Son susceptibles de aplicación analógica en cuanto favorezcan al presunto infractor.

43. Según la Ley 40/2015, de 1 de octubre, de Régimen Jurídico del Sector Público, respecto a las disposiciones sancionadoras:

a) No producirán efecto retroactivo en ningún caso.
b) Producirán efecto retroactivo cuando perjudique al presunto infractor.
c) Producirán efecto retroactivo en todo caso.
d) Producirán efecto retroactivo en cuanto favorezcan al presunto infractor.

44. Entre los principios de la potestad sancionadora establecidos en el Capítulo III del Título Preliminar de la Ley 40/2015, de 1 de octubre, de Régimen Jurídico del Sector Público, el artículo 27 regula el principio de tipicidad, siendo uno de sus presupuestos:

a) Las leyes reguladoras de los distintos regímenes sancionadores podrán tipificar como infracción el incumplimiento de la obligación de prevenir la comisión de infracciones administrativas por quienes se hallen sujetos a una relación de dependencia o vinculación.

b) El ejercicio de la potestad sancionadora corresponde a los órganos administrativos que la tengan expresamente atribuida, por disposición de rango legal o reglamentario.

c) Solo constituyen infracciones administrativas las vulneraciones del ordenamiento jurídico previstas como tales infracciones por una ley.

d) Solo constituyen infracciones administrativas las vulneraciones del ordenamiento jurídico previstas como tales infracciones por disposición de rango legal o reglamentario.

45. Según establece la Ley 40/2015, de 1 de octubre, de Régimen Jurídico del Sector Público, en lo relativo a las decisiones sobre competencia:

a) Los conflictos de atribuciones solo podrán suscitarse entre órganos de una misma Administración relacionados jerárquicamente.

b) El órgano administrativo que se estime incompetente para la resolución de un asunto remitirá directamente las actuaciones al órgano que considere competente, si este pertenece a distinta Administración Pública.

c) Los interesados que sean parte en el procedimiento podrán dirigirse al órgano que estimen competente para que requiera de inhibición al que esté conociendo del asunto.

d) Podrán suscitarse conflictos de atribuciones respecto a aquellos asuntos cuyo procedimiento administrativo ya haya finalizado.

46. Deberá publicarse en el Boletín Oficial correspondiente:

a) La revocación de una delegación de competencias.

b) La avocación del conocimiento de un asunto.

c) La delegación de firma.

d) Cualquier orden de servicio.

47. Según la Ley 40/2015, de 1 de octubre, de Régimen Jurídico del Sector Público, la encomienda de gestión, la delegación de firma y la suplencia:

a) Suponen, en algún caso, la renuncia a la competencia del órgano que la tiene asignada.

b) Suponen una alteración de la titularidad de la competencia.

c) Suponen una alteración temporal de la titularidad de la competencia.

d) No suponen alteración de la titularidad de la competencia.

48. Según la Ley 40/2015, de 1 de octubre, de Régimen Jurídico del Sector Público, las delegaciones de competencias y su revocación deberán publicarse:

a) En el Boletín Oficial del Estado o en el de la Comunidad Autónoma, según la Administración a la que pertenezca el órgano delegante.

b) En el Boletín Oficial del Estado, en el de la Comunidad Autónoma o en el de la Provincia, según la Administración a la que pertenezca el órgano delegante y el ámbito territorial de competencia de este.

c) En el Boletín Oficial del Estado, en el de la Comunidad Autónoma o en el de la Provincia, según la Administración a la que pertenezca el órgano delegante.

d) En el Boletín Oficial del Estado, en el de la Comunidad Autónoma y en el de la Provincia.

49. Según la Ley 40/2015, de 1 de octubre, de Régimen Jurídico del Sector Público, a diferencia de lo que ocurre con la desconcentración, la delegación de competencias:

a) Supone el traspaso de la titularidad de las mismas al órgano en que se delegan.

b) Solo se puede efectuar en órganos jerárquicamente subordinados.

c) Puede efectuarse en órganos que no sean jerárquicamente dependientes.

d) No admite la revocación de la misma.

50. Conforme a la Ley 40/2015, de 1 de octubre, de Régimen Jurídico del Sector Público, la avocación supone:

a) Que un órgano superior delega de forma motivada asuntos de su competencia en un órgano inferior.

b) Que un órgano superior requiere de un asunto cuya resolución corresponde ordinariamente o por delegación a uno inferior.

c) La denominación de una determinada imagen religiosa.

d) Que un órgano superior resuelve asuntos de su competencia.

51. En relación con la abstención en un procedimiento administrativo de las autoridades y el personal al servicio de las Administración Pública, y conforme con lo previsto en el artículo 23 de la Ley 40/2015, de 1 de octubre, de Régimen Jurídico del Sector Público, indica cuál de estas respuestas no es correcta:

a) La no abstención en los casos en que proceda dará lugar a responsabilidad.

b) Las autoridades y el personal al servicio de las Administraciones Públicas se abstendrán de intervenir en el procedimiento y lo comunicarán a su superior inmediato.

c) Los órganos superiores podrán ordenar a las personas en quienes se dé alguna de las circunstancias señaladas que se abstengan de toda intervención en el expediente.

d) La actuación de autoridades y personal al servicio de las Administraciones Públicas en los que concurran motivos de abstención implicará, necesariamente, la invalidez de los actos en que hayan intervenido.

52. Señala la respuesta correcta en relación con la delegación de competencias recogida en la Ley 39/2015, de 1 de octubre, del Procedimiento Administrativo Común de las Administraciones Públicas:

a) La delegación de competencias puede hacerse a favor de órganos de distinta Administración por razones de eficacia.

b) La delegación de competencias deberá publicarse necesariamente en el Boletín Oficial del Estado y facultativamente en el de la Comunidad Autónoma o en el de la Provincia, según corresponda.

c) La delegación de competencias es irrevocable.

d) La delegación de competencias puede hacerse entre órganos de la Administración, aun cuando no sean jerárquicamente dependientes.

53. ¿Cuál de los siguientes supuestos NO es motivo de abstención en un procedimiento administrativo por parte de un funcionario?

a) Tener cuestión litigiosa pendiente con algún interesado que intervenga en el procedimiento.

b) Tener amistad íntima o enemistad manifiesta con cualquiera de los interesados que intervengan en el procedimiento.

c) Tener parentesco de afinidad dentro del cuarto grado, con cualquiera de los interesados que intervengan en el procedimiento.

d) Haber tenido intervención como perito o como testigo en el procedimiento de que se trate.

54. Indica, de acuerdo con la Ley 40/2015, de 1 de octubre, de Régimen Jurídico del Sector Público, cuál de las siguientes afirmaciones es INCORRECTA en relación con los principios generales que deben regir la actuación de las Administraciones Públicas:

a) Las Administraciones Públicas sirven con objetividad los intereses generales y actúan de acuerdo con los principios de eficacia, jerarquía, descentralización, desconcentración y coordinación, con sometimiento pleno a la Constitución, a la Ley y al Derecho.

b) Las Administraciones Públicas, igualmente, deberán respetar en su actuación los principios de buena fe, confianza legítima y lealtad institucional.

c) Cada una de las Administraciones Públicas actúa para el cumplimiento de sus fines con personalidad jurídica única.

d) Las Administraciones Públicas, en sus relaciones, se rigen por el principio de cooperación y reciprocidad, y en su actuación por los criterios de cercanía y asistencia a los ciudadanos.

55. Cuando los miembros de un órgano colegiado en una votación se abstengan:

a) Quedarán exentos de la responsabilidad que, en su caso, pueda derivarse de los acuerdos.

b) Tendrán la responsabilidad que, en su caso, pueda derivarse de los acuerdos.

c) Tendrán la misma responsabilidad que los demás miembros del órgano colegiado.

d) Quedarán exentos únicamente los que voten en contra de la responsabilidad que, en su caso, pueda derivarse de los acuerdos.

56. En los procedimientos administrativos, ¿en qué momento se podrá promover la recusación de las autoridades y del personal al servicio de las Administraciones Públicas en los que puedan concurrir motivos de abstención?

a) Necesariamente antes del trámite de audiencia.

b) Necesariamente antes de la propuesta de resolución.

c) En cualquier momento de la tramitación del procedimiento.

d) Necesariamente antes de la propuesta de alegaciones.

57. Según la Ley 40/2015, en los órganos colegiados no puede ser objeto de deliberación o acuerdo ningún asunto que no figure en el orden del día:

a) Sin que esta regla admita excepciones.

b) Salvo que sea declarada la urgencia del asunto por el voto favorable de los que hayan asistido.

c) Salvo que asistan todos los miembros del órgano colegiado y sea declarada la urgencia del asunto por el voto favorable de la mayoría.

d) Salvo que habiendo asistido el Secretario y el Presidente así lo decidan de común acuerdo.

58. Un requisito sine qua non para crear un órgano administrativo, conforme al artículo 5 de la Ley 40/2015, de 1 de octubre, de Régimen Jurídico del Sector Público, es que:

a) Sean designados las personas, funcionarios o laborales, que han de prestar servicio en el mismo.

b) Tenga carácter colegiado.

c) Cuente con la dotación de los créditos necesarios para su puesta en marcha y funcionamiento.

d) Se le atribuya la potestad necesaria para determinar sus competencias.

59. Como consecuencia del carácter irrenunciable de la competencia:

a) No puede ser objeto de delegación.

b) Solo se permite la encomienda de gestión.

c) No pueden alterarse los elementos determinantes de su ejercicio.

d) La suplencia no supone alteración de la titularidad de la competencia.

60. La desconcentración de una competencia debe efectuarse, de acuerdo con el artículo 8.2 de la Ley 40/2015, de 1 de octubre, de Régimen Jurídico del Sector Público, en órganos:

a) Jerárquicamente dependientes del que la efectúa.

b) De otras Administraciones Públicas.

c) Que tengan personalidad jurídica independiente.

d) De otra Administración instrumental.

61. A diferencia de lo que ocurre con la desconcentración, la delegación de competencias, conforme a lo dispuesto en el artículo 9.1 de la Ley 40/2015, de 1 de octubre, de Régimen Jurídico del Sector Público:

a) No supone alteración de la titularidad de la competencia.

b) Solo se puede efectuar en órganos jerárquicamente subordinados.

c) Puede efectuarse en órganos jerárquicamente subordinados o no.

d) No admite la revocación de la misma.

62. No puede delegarse, de acuerdo con el artículo 9.2 de la Ley 40/2015, de 1 de octubre, de Régimen Jurídico del Sector Público, la potestad:

a) Organizativa.

b) Resolutoria de recursos.

c) De dictar disposiciones administrativas de carácter general (normativa).

d) Para celebrar un contrato administrativo.

63. La delegación de una competencia que se tiene previamente delegada por otro órgano, conforme el artículo 8.2 de la Ley 40/2015, de 1 de octubre, de Régimen Jurídico del Sector Público:

a) Está taxativamente prohibida.

b) Requiere una previa habilitación expresa por vía reglamentaria.

c) Es la regla general en nuestro ordenamiento jurídico.

d) Ha de estar prevista su autorización expresa en una ley.

64. De acuerdo con el artículo 9.6 de la Ley 40/2015, de 1 de octubre, de Régimen Jurídico del Sector Público, la revocación de una delegación de competencias:

a) Es libre.

b) Está prohibida en nuestro Derecho.

c) Requiere un previo expediente en el que se demuestre la insuficiencia o inadecuación del órgano en que se delegó para ejercerla.

d) Debe hacerse al amparo de una norma con rango formal de ley.

65. Contra el acuerdo de avocación de una competencia que originariamente corresponde a un órgano, conforme al artículo 10.2 de la Ley 40/2015, de 1 de octubre, de Régimen Jurídico del Sector Público:

a) Puede este entablar recurso ante el avocante, si se trata de un órgano que no sea jerárquicamente superior.

b) Aun cuando el avocante sea un órgano superior, puede entablarse dicho recurso.

c) Solo están legitimados para entablar recurso los interesados en el procedimiento en el que se esté ejerciendo dicha competencia.

d) No es posible interponer ningún recurso.

66. Conforme al artículo 11.3.b de la Ley 40/2015, de 1 de octubre, de Régimen Jurídico del Sector Público, la encomienda de gestión que se realice entre órganos y Entidades de distintas Administraciones requiere, como regla general:

a) Que esté prevista en norma con rango formal de ley que lo autorice expresamente en cada caso.

b) Un convenio entre ellos.

c) Un Acuerdo de Cooperación al efecto.

d) Ajustarse en el procedimiento a la legislación de contratos de las Administraciones Públicas.

67. Cuando un órgano administrativo entienda que es incompetente para resolver un asunto, de acuerdo con el artículo 14.1 de la Ley 40/2015, de 1 de octubre, de Régimen Jurídico del Sector Público:

a) Debe abstenerse de resolver, archivando el expediente previa comunicación al interesado.

b) Se abstendrá de resolver, elevando el expediente a su superior jerárquico.

c) Remitirá el expediente al órgano que considere competente, debiendo notificar esta circunstancia a los interesados.

d) Se abstendrá de resolver, remitiendo el expediente a su inferior jerárquico.

68. Según las normas generales de los órganos colegiados en la Administración General del Estado, conforme al artículo 19.3.a) de la Ley 40/2015, de 1 de octubre, de Régimen Jurídico del Sector Público los miembros de estos deben recibir las convocatorias de las reuniones de los mismos con una antelación mínima de:

a) Un día.

b) Dos días.

c) Tres días.

d) Cuarenta y ocho horas.

69. Las comunicaciones entre órganos administrativos, tras la Ley 40/2015, de 1 de octubre, de Régimen Jurídico del Sector Público y la Ley 39/2015, de 1 de octubre, de Procedimiento Administrativo Común de la Administraciones Públicas, deben efectuarse:

a) Oralmente.

b) Por escrito siempre.

c) Telemáticamente, como regla general.

d) Por cualquier medio que asegure la constancia de su recepción.

70. La redacción y autorización de las actas de las sesiones de los órganos colegiados de la Administración General del Estado es una competencia reservada, conforme a los artículos 18.2 y 19.4.d) de la Ley 40/2015, de 1 de octubre, de Régimen Jurídico del Sector Público al/a los:

a) Secretario de los mismos.

b) Presidente.

c) Miembros que se designen.

d) Vocal más antiguo.

71. Para que conste en el acta la trascripción íntegra de la intervención de un miembro del órgano colegiado de la Administración General del Estado, de acuerdo con el artículo 19.5 de la Ley 40/2015, de 1 de octubre, de Régimen Jurídico del Sector Público:

a) Deberá aportarla en el acto o en el plazo que señale el Presidente.

b) Deberá aportarla en el acto o en el plazo de cuarenta y ocho horas.

c) Ha de haberse utilizado en la sesión de que se trate un medio de reproducción de las intervenciones.

d) Ha de entregarla al Secretario con anterioridad a la sesión de que se trate.

72. Las resoluciones administrativas que se adopten por delegación indicarán expresamente estas circunstancias y se considerarán dictadas:

a) Tanto por el órgano delegante como por el órgano delegado.

b) Por el órgano delegado.

c) Por el mismo órgano.

d) Por el órgano delegante.

73. El visado de las actas y certificaciones de los acuerdos de un órgano colegiado en la Administración General del Estado, de acuerdo con el artículo 19.2.f) de la Ley 40/2015, de 1 de octubre, de Régimen Jurídico del Sector Público, se reserva al:

a) Presidente del mismo.

b) Secretario del órgano.

c) Miembro a quien específica mente se encomiende esta función.

d) Vocal más antiguo.

74. La expedición de las certificaciones de un acuerdo de un órgano colegiado en la Administración General del Estado, corresponde de acuerdo con el artículo 19.4.e) de la Ley 40/2015, de 1 de octubre, de Régimen Jurídico del Sector Público, a/al:

a) Presidente del órgano.

b) Secretario del mismo.

c) Funcionario habilitado al efecto.

d) Vocal más antiguo.

75. Conforme al artículo 19.4 de la Ley 40/2015, de 1 de octubre, de Régimen Jurídico del Sector Público, los votos particulares por discrepar del acuerdo mayoritario adoptado por un órgano colegiado en la Administración General del Estado:

a) Invalidan el acuerdo adoptado.

b) Han de formularse en la sesión en que se adopta el acuerdo.

c) Deben ser autorizados por el Presidente del órgano.

d) Podrán formularse por escrito en el plazo de dos días.

76. Con carácter general, cuando el cumplimiento de una obligación establecida por una norma con rango de ley corresponda a varias personas conjuntamente, responderán de las infracciones que, en su caso, se cometan y de las sanciones que se impongan:

a) De forma solidaria.
b) De forma subsidiaria.
c) De forma individualizada.
d) De cualquiera de las formas anteriores, cuando así lo determine la resolución.

77. Las sanciones administrativas:

a) Podrán implicar subsidiariamente privación de libertad solo cuando sean de naturaleza pecuniaria.
b) Podrán implicar subsidiariamente privación de libertad, cuando sean de naturaleza no pecuniaria.
c) En ningún caso podrán implicar, directa o subsidiariamente, privación de libertad.
d) En todo caso, cuando sean de naturaleza pecuniaria, implicarán directamente, privación de libertad.

78. Las infracciones y sanciones prescribirán según lo dispuesto en las leyes que las establezcan. Si estas no fijan plazos de prescripción, las infracciones muy graves prescribirán:

a) A los quince años.
b) A los cinco años.
c) A los siete años.
d) A los tres años.

79. La responsabilidad patrimonial del Estado por el funcionamiento de la Administración de Justicia se regirá por:

a) Ley 1/2000, de 7 de enero, de Enjuiciamiento Civil.
b) La Ley Orgánica 6/1985, de 1 de julio, del Poder Judicial.
c) Real Decreto 429/1993, de 26 de marzo, por el que se aprueba el Reglamento de los procedimientos de las Administraciones Públicas en materia de responsabilidad patrimonial.
d) Real Decreto de 14 de septiembre de 1882 por el que se aprueba la Ley de Enjuiciamiento Criminal.

80. ¿Cómo denomina la Ley 40/2015 al punto de acceso electrónico cuya titularidad corresponda a una Administración Pública, organismo público o entidad de Derecho Público, que permite el acceso a través de internet a la información publicada y, en su caso, a la sede electrónica correspondiente?

a) Intrexnet.
b) Extranet.

c) Intranet.
d) Portal de internet.

81. Los Convenios suscritos por la Administración Pública con sujetos de derecho público y privado, deberán remitirse al órgano competente de fiscalización, cuando superen el importe previsto en la ley 40/2015, dentro de un plazo de:

a) Tres meses.
b) Cinco meses.
c) Diez meses.
d) Un año.

82. En los Convenios suscritos por la Administración Pública con sujetos de derecho público y privado, las aportaciones financieras que se comprometan a realizar los firmantes:

a) Podrán ser superiores a los gastos derivados de la ejecución del convenio.
b) No podrán ser superiores a los gastos derivados de la ejecución del convenio.
c) No podrán ser superiores a los gastos derivados de la inscripción del convenio.
d) Podrán ser inferiores a los gastos derivados de la ejecución del convenio, si es posteriormente autorizada la ampliación.

83. ¿Cuándo se perfeccionan los convenios celebrados por la Administración Pública con sujetos de derecho público y privado?

a) Por la firma de la Administración Pública.
b) Por la firma de una de las partes.
c) Por la inscripción de dicho convenio.
d) Por la prestación del consentimiento de las partes.

84. En el ámbito de la responsabilidad patrimonial de las Administraciones Públicas, el procedimiento para fijar el importe de las indemnizaciones se tramitará por:

a) El Ministerio de Economía, Comercio y Empresa.
b) El Ministerio de Hacienda.
c) El Ministerio de Justicia.
d) El Consejo de Ministros.

85. Cuando de la comisión de una infracción derive necesariamente la comisión de otra u otras, se deberá imponer:

a) Únicamente la sanción correspondiente a la infracción más grave cometida, en el grado inferior.
b) Únicamente la sanción correspondiente a la infracción menos grave cometida.

c) Únicamente la sanción correspondiente a la infracción más grave cometida.

d) La sanción correspondiente a la infracción menos grave cometida, en el grado superior.

86. El establecimiento de sanciones pecuniarias deberá prever que la comisión de las infracciones tipificadas:

a) Resulte más beneficiosa para el infractor que el cumplimiento de las normas infringidas.

b) No resulte más beneficiosa para el infractor que el cumplimiento de las normas infringidas.

c) No resulte más beneficiosa para la Administración que el cumplimiento de las sanciones.

d) Resulte más beneficiosa para el infractor que el cumplimiento de las sanciones.

87. Señala la respuesta incorrecta. La graduación de la sanción administrativa considerará especialmente los siguientes criterios:

a) El grado de culpabilidad o la existencia de intencionalidad.

b) La continuidad o persistencia en la conducta infractora.

c) La naturaleza de los perjuicios causados.

d) La reincidencia, por comisión en el término de cinco años de más de una infracción de la misma naturaleza cuando así haya sido declarado por resolución firme en vía administrativa.

88. Interrumpida la prescripción por la iniciación, con conocimiento del interesado, de un procedimiento administrativo de naturaleza sancionadora, se reiniciará el plazo de prescripción si el expediente sancionador estuviera paralizado durante:

a) Quince días.

b) Más de un mes por causa imputable al presunto responsable.

c) Menos de un mes por causa imputable al presunto responsable.

d) Más de un mes por causa no imputable al presunto responsable.

89. En el ámbito de la Administración General del Estado y sus organismos públicos y entidades de derecho público vinculados o dependientes, ¿quiénes podrán celebrar convenios con sujetos de derecho público y privado?

a) Los titulares de los Departamentos Ministeriales y los Presidentes o Directores de las dichas entidades y organismos públicos.

b) Cualquier funcionario de los Departamentos Ministeriales y Viceconsejeros de las dichas entidades y organismos públicos.

c) Los titulares de los Departamentos Ministeriales y Secretarios de las dichas entidades y organismos públicos.

d) Los titulares designados por el Consejo de Gobierno para dichas funciones.

90. Las infracciones y sanciones prescribirán según lo dispuesto en las leyes que las establezcan. Si estas no fijan plazos de prescripción, las infracciones graves prescribirán:

a) A los dos años.
b) A los tres años.
c) A los cinco años.
d) A los seis meses.

91. El plazo de prescripción de las sanciones comenzará a contarse desde el día siguiente a aquel en que:

a) Termine de ejecutarse la resolución por la que se impone la sanción.
b) Sea ejecutable la resolución por la que se impone la sanción.
c) Se determine el tipo de sanción que le corresponde en el acto de admisión a trámite.
d) Se inicie el procedimiento sancionador.

92. Los particulares tendrán derecho a ser indemnizados por las Administraciones Públicas correspondientes, de toda lesión que sufran en cualquiera de sus bienes y derechos, siempre que la lesión sea consecuencia:

a) De sucesos que no hubieran podido preverse, o que, previstos, fueran inevitables.
b) De casos de fuerza mayor.
c) De daños que el particular tenga el deber jurídico de soportar de acuerdo con la ley.
d) Del funcionamiento normal o anormal de los servicios públicos.

93. La sentencia que declare la inconstitucionalidad de la norma con rango de ley producirá efectos:

a) Desde la fecha de notificación a las partes.
b) Desde la fecha de su publicación en el Boletín Oficial de la Comunidad Autónoma correspondiente.
c) Desde la fecha de su publicación en el Boletín Oficial del Estado.
d) Desde que se dicte.

94. En el caso de desestimación presunta del recurso de alzada interpuesto contra la resolución por la que se impone la sanción, el plazo de prescripción de la sanción comenzará a contarse:

a) Desde el mismo día en que finalice el plazo legalmente previsto para la resolución de dicho recurso.
b) Desde el día siguiente a aquel en que finalice el plazo legalmente previsto para la resolución de dicho recurso.
c) Desde el mismo día en que comience el plazo legalmente previsto para la resolución de dicho recurso.
d) Desde el día siguiente a aquel en que comience el plazo legalmente previsto para la resolución de dicho recurso.

95. Cuando lo justifique la debida adecuación entre la sanción administrativa que deba aplicarse, con la gravedad del hecho constitutivo de la infracción y las circunstancias concurrentes, el órgano competente para resolver podrá imponer la sanción:

a) En el grado inferior.
b) En el grado superior.
c) En dos grados superiores.
d) En el tipo básico.

96. En el ámbito administrativo, ¿cuándo prescriben las sanciones impuestas por faltas muy graves?

a) A los diez años.
b) A los cinco años.
c) A los tres años.
d) Al año.

97. No podrán sancionarse los hechos que lo hayan sido penal o administrativamente, en los casos en que se aprecie identidad:

a) De sujetos y de hechos.
b) De hechos.
c) De sujeto y de precepto aplicable.
d) Del sujeto, hecho y fundamento.

98. En el caso de indemnizaciones que proceda abonar cuando el Tribunal Constitucional haya declarado, a instancia de parte interesada, la existencia de un funcionamiento anormal en la tramitación de los recursos de amparo o de las cuestiones de inconstitucionalidad, el procedimiento para fijar el importe de las indemnizaciones se tramitará por el Ministerio correspondiente, con audiencia:

a) Del Tribunal de Cuentas.
b) Del Tribunal de Constitucional.
c) Del Consejo Económico y Social.
d) Del Consejo de Estado.

99. En los supuestos de procedimientos en materia de responsabilidad patrimonial en los que exista una responsabilidad concurrente de varias Administraciones Públicas, la Administración Pública competente deberá consultar a las restantes Administraciones implicadas para que puedan exponer cuanto consideren procedente, en un plazo de:

a) Un mes.
b) Tres meses.

c) Quince días.
d) Diez días.

100. ¿Cuándo podrá sustituirse la indemnización procedente, en el procedimiento de responsabilidad patrimonial de las Administraciones Públicas, por una compensación en especie?

a) Cuando resulte más adecuado para lograr la reparación debida y convenga al interés público, siempre que así lo determine la Administración.
b) Cuando resulte más adecuado para lograr la reparación debida y convenga al interés público, siempre que exista acuerdo con el interesado.
c) Cuando resulte más adecuado para el interés público, siempre que lo autorice el Ministerio correspondiente.
d) En ningún caso podrá sustituirse por compensación en especie.

101. La Administración correspondiente, cuando hubiere indemnizado a los lesionados, exigirá de oficio en vía administrativa de sus autoridades y demás personal a su servicio la responsabilidad en que hubieran incurrido:

a) Por cualquier hecho en el ejercicio de sus funciones.
b) Por omisión inconsciente.
c) Por cualquier negligencia.
d) Por dolo, o culpa o negligencia graves.

102. El establecimiento de una sede electrónica por la Administración Pública conlleva la responsabilidad del titular respecto:

a) De la integridad, veracidad y actualización de la información y los servicios a los que pueda accederse a través de la misma.
b) De la seguridad del sistema y de los servicios a los que pueda accederse a través de la web de cualquier Ministerio.
c) Solo de la veracidad de la información.
d) De la seguridad en los servicios a los que pueda accederse a través de la información.

103. Los Convenios suscritos por la Administración Pública con sujetos de derecho público y privado, deberán remitirse electrónicamente al órgano competente de fiscalización, dentro del plazo previsto en la ley 40/2015, cuando superen el importe de:

a) 1.000.000 euros
b) 300.000 euros.
c) 100.000 euros
d) 600.000 euros.

104. La relación de sellos electrónicos utilizados por cada Administración Pública, incluyendo las características de los certificados electrónicos y los prestadores que los expiden, deberá ser:

a) Privada y accesible mediante autorización expresa.
b) Pública y accesible por medios electrónicos.
c) Pública pero no accesible.
d) Privada o accesible por medios electrónicos.

105. Las infracciones y sanciones prescribirán según lo dispuesto en las leyes que las establezcan. Si estas no fijan plazos de prescripción, las infracciones leves prescribirán:

a) Al año.
b) A los seis meses.
c) A los diez meses.
d) A los dos años.

106. ¿Cómo denomina la Ley 40/2015 a cualquier acto o actuación realizada íntegramente a través de medios electrónicos por una Administración Pública en el marco de un procedimiento administrativo y en la que no haya intervenido de forma directa un empleado público?

a) Actuación administrativa técnica.
b) Actuación administrativa instantánea.
c) Actuación administrativa informatizada.
d) Actuación administrativa automatizada.

107. Con carácter general, los convenios celebrados entre órganos administrativos con sujetos de derecho público y privado deberán tener una duración determinada, que no podrá ser superior a:

a) Diez años.
b) Siete años.
c) Cinco años.
d) Cuatro años.

108. En los procedimientos para la exigencia de la responsabilidad patrimonial de las autoridades y personal al servicio de las Administraciones Públicas, el acuerdo de iniciación del órgano competente se notificará a los interesados y en él deberá constar, entre otros:

a) Que podrán realizar alegaciones durante un plazo de quince días.
b) Que podrán realizar alegaciones durante un plazo de diez días.
c) Que podrán realizar alegaciones durante un plazo de veinte días.
d) Que podrán realizar alegaciones durante un plazo de cinco días.

109. Señala la respuesta incorrecta. Los convenios que suscriba la Administración General del Estado o sus organismos públicos y entidades de derecho público vinculados o dependientes se acompañarán además de:

a) El informe de su servicio jurídico.

b) La autorización previa del Ministerio de Presidencia, Justicia y Relaciones con las Cortes, para su firma, modificación, prórroga y resolución por mutuo acuerdo entre las partes.

c) Cualquier otro informe preceptivo que establezca la normativa aplicable.

d) No será necesario solicitar el informe de su servicio jurídico, cuando el convenio se ajuste a un modelo normalizado informado previamente por el servicio jurídico que corresponda.

110. El plazo de prescripción de las infracciones comenzará a contarse:

a) Desde el día en que la infracción se hubiera cometido.

b) Desde el día siguiente a aquel en que la infracción se hubiera cometido.

c) Desde el día en que la infracción se hubiera conocido.

d) Desde el día siguiente a aquél en que la infracción se hubiera conocido.

111. Señala la respuesta incorrecta. En los procedimientos de responsabilidad patrimonial de las Administraciones Públicas, el daño alegado habrá de ser:

a) Efectivo.

b) Evaluable económicamente.

c) Individualizado con relación a una persona o grupo de personas.

d) Determinado en su conjunto cuando sea en relación con un grupo de personas.

112. En el ámbito administrativo, ¿cuándo prescriben las sanciones impuestas por faltas graves?

a) A los cinco años.

b) A los tres años.

c) A los dos años.

d) Al año.

113. En los procedimientos para la exigencia de la responsabilidad patrimonial de las autoridades y personal al servicio de las Administraciones Públicas, el acuerdo de iniciación del órgano competente se notificará a los interesados y en él deberá constar, entre otros:

a) Que la práctica de las pruebas admitidas y cualesquiera otras que el órgano competente estime oportunas se realizarán durante un plazo de veinte días.

b) Que la práctica de las pruebas admitidas y cualesquiera otras que el interesado estime oportunas se realizarán durante un plazo de diez días.

c) Que la práctica de las pruebas admitidas y cualesquiera otras que el órgano competente estime oportunas se realizarán durante un plazo de quince días.

d) Que la práctica de las pruebas admitidas y cualesquiera otras que el interesado estime oportunas se realizarán durante un plazo de cinco días.

114. ¿Quién fijará el importe de las indemnizaciones que proceda abonar cuando el Tribunal Constitucional haya declarado, a instancia de parte interesada, la existencia de un funcionamiento anormal en la tramitación de los recursos de amparo o de las cuestiones de inconstitucionalidad?

a) El Ministerio de Hacienda.
b) El Consejo de Ministros.
c) El Tribunal de Cuentas.
d) El propio Tribunal Constitucional.

115. En los procedimientos de responsabilidad patrimonial de las Administraciones Públicas, en los casos de muerte o lesiones corporales se podrá tomar como referencia la valoración incluida en:

a) Los baremos de la normativa vigente en materia de Decesos.
b) Los baremos de la normativa vigente en materia de Seguros obligatorios y de la Seguridad Social.
c) Los baremos de la normativa establecida por Índice de Garantía de la Competitividad.
d) Los baremos fijados en la Ley 47/2003, de 26 de noviembre, General Presupuestaria, o, en su caso, a las normas presupuestarias de las Comunidades Autónomas.

116. Los medios o soportes en que se almacenen documentos utilizados en las actuaciones administrativas, deberán contar con medidas de seguridad, de acuerdo con lo previsto:

a) En el Código de Seguridad Nacional.
b) En la Ley de Seguridad Administrativa
c) En El Protocolo de Seguridad Nacional.
d) El Esquema Nacional de Seguridad.

117. Señala la respuesta incorrecta. Es causa de resolución de los convenios suscritos por las Administraciones Públicas, sus organismos públicos y entidades de derecho público vinculado o dependientes y las Universidades públicas con sujetos de derecho público y privado:

a) El transcurso del plazo de vigencia del convenio sin haberse acordado la prórroga del mismo.
b) El acuerdo de resolución de la mayoría simple de los firmantes.
c) El incumplimiento de los compromisos asumidos por parte de alguno de los firmantes.
d) El incumplimiento de las obligaciones asumidas por parte de alguno de los firmantes.

118. Las modificaciones, prórrogas o variaciones de plazos de los Convenios suscritos por la Administración Pública con sujetos de derecho público y privado, cuando superen el importe fijado en la Ley 40/2015, se comunicarán:

a) Al Tribunal Constitucional u órgano interno de fiscalización de la Comunidad Autónoma.

b) Al Tribunal de Cuentas u órgano externo de fiscalización de la Comunidad Autónoma.

c) Al Consejo Consultivo del Estado.

d) A la Comisión de fiscalización externa.

119. ¿Cuándo es posible sancionar, como infracción continuada, la realización de una pluralidad de acciones u omisiones?

a) Cuando infrinjan diferentes preceptos administrativos y en ejecución de un plan preconcebido o aprovechando idéntica ocasión.

b) Cuando infrinjan el mismo o semejantes preceptos administrativos y en ejecución de un plan preconcebido o aprovechando idéntica ocasión.

c) Cuando infrinjan diferentes preceptos administrativos y en ejecución de acciones espontáneas, no premeditadas.

d) No es posible sancionar como infracción continuada.

120. Cuando un órgano de la Unión Europea hubiera impuesto una sanción por los mismos hechos, el órgano competente para resolver deberá tenerla en cuenta:

a) A efectos de graduar la que, en su caso, deba imponer, pudiendo aumentarla, sin perjuicio de declarar la comisión de la infracción.

b) Siempre que concurra la identidad de sujeto y fundamento.

c) A efectos de graduar la que, en su caso, deba imponer, pudiendo aumentarla, sin que pueda declarar la comisión de la infracción.

d) Siempre que no concurra la identidad de sujeto y fundamento.

121. La anulación en vía administrativa o por el orden jurisdiccional contencioso administrativo de los actos o disposiciones administrativas:

a) No presupone, por sí misma, la imposición de sanción.

b) Presupone, por sí misma, derecho a la indemnización.

c) No presupone, por sí misma, derecho a la indemnización.

d) Presupone, por sí misma, la imposición de sanción.

122. Salvo que en ella se establezca otra cosa, la sentencia que declare el carácter de norma contraria al Derecho de la Unión Europea, producirá efectos desde la fecha de su publicación en:

a) El Boletín Oficial del Estado.

b) El portal del Consejo General del Poder Judicial.

c) El Boletín Oficial de la Comunidad Autónoma al que pertenezca el Juzgado que dicta sentencia.

d) En el Diario Oficial de la Unión Europea.

123. Interrumpirá la prescripción la iniciación, con conocimiento del interesado, del procedimiento de ejecución, volviendo a transcurrir el plazo si aquel está paralizado por causa no imputable al infractor:

a) Durante quince días.
b) Durante menos de quince días.
c) Durante menos de un mes.
d) Durante más de un mes.

124. Los convenios interadministrativos suscritos con las Comunidades Autónomas serán remitidos:

a) Al Congreso de los Diputados.
b) Al Senado.
c) A las Cortes Generales.
d) Al Tribunal de Cuentas.

125. En los procedimientos para la exigencia de la responsabilidad patrimonial de las autoridades y personal al servicio de las Administraciones Públicas, el acuerdo de iniciación del órgano competente se notificará a los interesados y en él deberá constar, entre otros:

a) Que se formulará propuesta de resolución en un plazo de cinco días a contar desde la finalización del trámite de audiencia.
b) Que se formulará propuesta de resolución en un plazo de diez días a contar desde la finalización del trámite de audiencia.
c) Que se formulará propuesta de resolución en un plazo de quince días a contar desde la finalización del trámite de alegaciones.
d) Que se formulará propuesta de resolución en un plazo de veinte días a contar desde la finalización del trámite de alegaciones.

126. En los supuestos de responsabilidad concurrente de las Administraciones Públicas, dichas Administraciones intervinientes responderán frente al particular:

a) En todo caso de forma solidaria.
b) En todo caso de forma subsidiaria.
c) De forma solidaria, excepcionalmente.
d) De forma subsidiaria, en los casos regulados.

127. La cuantía de la indemnización en los procedimientos de responsabilidad patrimonial de las Administraciones Públicas se calculará, sin perjuicio de su actualización a la fecha en que se ponga fin al procedimiento de responsabilidad, con referencia:

a) Al día de la firma del informe médico que certifica la lesión.

b) Al día en el que el interesado puso en conocimiento de la Administración la existencia de la lesión.

c) Al día en que se tuvo conocimiento de la lesión.

d) Al día en que la lesión efectivamente se produjo.

128. El procedimiento para la exigencia de la responsabilidad patrimonial de las autoridades y personal al servicio de las Administraciones Públicas, se iniciará por acuerdo del órgano competente que se notificará a los interesados y que constará, al menos de:

a) Alegaciones durante un plazo de veinte días.

b) Audiencia durante un plazo de veinte días.

c) Práctica de las pruebas admitidas y cualesquiera otras que el órgano competente estime oportunas durante un plazo de cinco días.

d) Resolución por el órgano competente en el plazo de cinco días, tras la propuesta de resolución.

129. En el procedimiento para la exigencia de la responsabilidad patrimonial de las autoridades y personal al servicio de las Administraciones Públicas, la resolución declaratoria de responsabilidad:

a) No pone fin a la vía administrativa.

b) Pondrá fin a la vía administrativa.

c) Permite reiniciar la vía administrativa.

d) No impide que se vuelva a intentar por vía administrativa.

130. La responsabilidad penal del personal al servicio de las Administraciones Públicas se exigirá de acuerdo con lo previsto en:

a) La legislación social.

b) La legislación administrativa.

c) La legislación civil.

d) La legislación penal.

131. Como regla general, la exigencia de responsabilidad penal del personal al servicio de las Administraciones Públicas:

a) No suspenderá los procedimientos de reconocimiento de responsabilidad patrimonial que se instruyan.

b) Suspenderá los procedimientos de reconocimiento de responsabilidad patrimonial que se instruyan.

c) Hará que se archiven por caducidad los procedimientos de reconocimiento de responsabilidad patrimonial que se instruyan.

d) Supondrá la prescripción de los procedimientos de reconocimiento de responsabilidad patrimonial que se instruyan.

132. Señala la respuesta incorrecta. Solo podrán ser sancionadas por hechos constitutivos de infracción administrativa, cuando resulten responsables de los mismos a título de dolo o culpa:

a) Las personas físicas.

b) Las personas jurídicas.

c) Las entidades sin personalidad jurídica, aun cuando una Ley no les reconozca capacidad de obrar.

d) Los patrimonios independientes o autónomos con reconocida capacidad de obrar.

133. ¿Cómo denomina la Ley 40/2015 a la dirección electrónica, disponible para los ciudadanos a través de redes de telecomunicaciones, cuya titularidad corresponde a una Administración Pública, o bien a uno o varios organismos públicos o entidades de Derecho Público en el ejercicio de sus competencias:

a) Portal web.

b) Sede electrónica.

c) Portal de internet.

d) Sede telemática.

134. Señala la respuesta incorrecta. Los convenios que suscriban las Administraciones Públicas, los organismos públicos y las entidades de derecho público vinculados o dependientes y las Universidades públicas, deberán corresponder a alguno de los siguientes tipos:

a) Convenios constitutivos de Acuerdo internacional administrativo firmados entre las Administraciones Públicas y los órganos, organismos públicos o entes de un sujeto de Derecho internacional.

b) Convenios firmados entre una Administración Pública u organismo o entidad de derecho público y un sujeto de Derecho privado.

c) Convenios intradministrativos firmados entre organismos públicos y entidades de derecho público vinculados o dependientes de una misma Administración Pública.

d) Convenios interadministrativos firmados entre dos o más Administraciones Públicas.

135. Cuando los convenios suscritos por las Administraciones Públicas, sus organismos públicos y entidades de derecho público vinculados o dependientes y las Universidades públicas, con sujetos de derecho público y privado, instrumenten una subvención deberá cumplir con lo previsto en la:

a) Ley 7/1995, de 25 de abril General de Subvenciones.

b) Ley 32/2016, de 23 de mayo, General de Subvenciones.

c) Ley 24/1998, de 1 de octubre, General de Subvenciones.

d) Ley 38/2003, de 17 de noviembre, General de Subvenciones.

136. Los convenios interadministrativos suscritos con las Comunidades Autónomas, serán remitidos a la Cámara Alta por:

a) Ministerio de la Presidencia, Justicia y Relaciones con las Cortes.

b) Ministerio de Transportes y Movilidad Sostenible.

c) Ministerio de Economía, Comercio y Empresa.

d) Ministerio de Política Territorial y Memoria Democrática.

137. Señala la respuesta incorrecta. Los convenios suscritos por las Administraciones Públicas, sus organismos públicos y entidades de derechos públicos vinculados o dependientes y las Universidades públicas, con sujetos de derecho público y privado, deberán incluir, entre otras, las siguientes materias:

a) Mecanismos de seguimiento, vigilancia y control de la ejecución del convenio.

b) Plazo de vigencia del convenio.

c) El régimen de modificación del convenio. A falta de regulación expresa la modificación del contenido del convenio requerirá acuerdo de la mitad de los firmantes.

d) Objeto del convenio y actuaciones a realizar por cada sujeto para su cumplimiento, indicando, en su caso, la titularidad de los resultados obtenidos.

138. Es una causa de resolución de los convenios suscritos por las Administraciones Públicas, sus organismos públicos y entidades de derecho público vinculado o dependientes y las Universidades públicas con sujetos de derecho público y privado:

a) La decisión administrativa declaratoria de la anulabilidad del convenio.

b) El acuerdo de la mitad de los firmantes.

c) El transcurso del plazo de vigencia del convenio habiéndose acordado la prórroga del mismo.

d) El incumplimiento de las obligaciones y compromisos asumidos por parte de alguno de los firmantes.

139. El plazo de prescripción de las infracciones continuadas o permanentes, comenzará a contarse:

a) Desde que finalizó la conducta infractora.

b) Desde que comenzó la conducta infractora.

c) Desde que se descubrió la conducta infractora.

d) Desde cualquier momento en que se estuviera llevando a cabo la conducta infractora.

140. Para hacer efectiva la responsabilidad patrimonial de las autoridades y personal al servicio de las Administraciones Públicas, los particulares exigirán las indemnizaciones por los daños y perjuicios causados:

a) Al personal que ha cometido la infracción.
b) Directamente a la Administración Pública correspondiente.
c) Al personal que ha cometido la infracción y subsidiariamente a la Administración Pública correspondiente.
d) Directamente al Ministerio de Hacienda.

141. Las sedes electrónicas del sector público utilizarán, para identificarse y garantizar una comunicación segura con las mismas:

a) Certificados validados por la Unión Europea de autenticación de sitio web.
b) Certificados validados por la Unión Europea de autenticación de blog o redes sociales.
c) Certificados reconocidos o cualificados de autenticación de sitio web o medio equivalente.
d) Certificados reconocidos de identificación de espacios virtuales.

142. La cuantía de la indemnización en los procedimientos de responsabilidad patrimonial de las Administraciones Públicas se actualizará a la fecha en que se ponga fin al procedimiento de responsabilidad, teniendo en cuenta:

a) El Índice de Inflación de la Unión Europea, fijado por el Banco Central Europeo.
b) El Índice de Precios de la Unión Europea, fijado por el Banco Central Europeo.
c) El Índice de Garantía de la Competitividad, fijado por el Instituto Nacional de Estadística.
d) El Índice de Precios de Consumo, fijado por el Instituto Nacional de Estadística.

143. En el ámbito administrativo, ¿cuándo prescriben las sanciones impuestas por faltas leves?

a) Al año.
b) A los seis meses.
c) A los tres meses.
d) Al mes.

144. Para la exigencia y cuantificación de la responsabilidad patrimonial de las autoridades y personal al servicio de las Administraciones Públicas, no se ponderarán:

a) El resultado no dañoso producido.
b) El grado de culpabilidad.
c) La responsabilidad profesional del personal al servicio de las Administraciones Públicas.
d) La relación de la responsabilidad profesional con la producción del resultado dañoso.

145. Los Convenios suscritos por la Administración Pública con sujetos de derecho público y privado, dentro del plazo previsto en la ley 40/2015, cuando superen el importe fijado en la misma, deberán remitirse:

a) Al Tribunal Constitucional u órgano externo de fiscalización de la Comunidad Autónoma.
b) Al Tribunal de Cuentas u órgano externo de fiscalización de la Comunidad Autónoma.
c) Al Consejo de Estado u órgano externo de fiscalización de la Comunidad Autónoma.
d) Al Consejo Económico y Social.

146. Señala la opción incorrecta. No serán indemnizables los daños que se deriven de hechos o circunstancias:

a) Que no se hubiesen podido prever.
b) Que no se hubiesen podido evitar según el estado de los conocimientos de la ciencia existentes en el momento de producción de aquellos.
c) Que no se hubiesen podido evitar según el estado de los conocimientos de la técnica existentes en el momento de producción de aquellos.
d) Que se hubiesen podido evitar según el estado de los conocimientos de la técnica existentes en el momento de producción de aquellos.

147. En el ejercicio de la competencia en la actuación administrativa automatizada, cada Administración Pública podrá determinar los supuestos de utilización de los sistemas de firma electrónica, pudiendo ser:

a) Código electrónico de verificación de la Administración Pública, órgano, organismo público o entidad de Derecho Público.
b) Código electrónico vinculado a la Administración Pública, órgano, organismo público o entidad de Derecho Público.
c) Sello seguro de verificación y código electrónico vinculados a la Administración Pública, órgano, organismo público o entidad de Derecho Público.
d) Sello electrónico y código seguro de verificación vinculados a la Administración Pública, órgano, organismo público o entidad de Derecho Público.

148. Los convenios interadministrativos suscritos entre dos o más Comunidades Autónomas para la gestión y prestación de servicios propios de las mismas se regirán, en cuanto a sus supuestos, requisitos y términos por lo previsto en:

a) La Ley de Contratos del Sector Público.
b) Sus respectivos Estatutos de autonomía.
c) La Ley 39/2015 de 1 de octubre, del Procedimiento Administrativo Común de las Administraciones Públicas.
d) Sus respectivas leyes de presupuestos autonómicas.

149. Señala la respuesta incorrecta. Los convenios suscritos por las Administraciones Públicas, sus organismos públicos y entidades de derechos públicos vinculados o dependientes y las Universidades públicas, con sujetos de derecho público y privado, deberán incluir, entre otras, las siguientes materias:

a) Cuantías concretas de las indemnizaciones a pagar en caso de cumplimiento de las obligaciones y compromisos asumidos por cada una de las partes.
b) Capacidad jurídica con que actúa cada una de las partes del convenio.
c) Sujetos que suscriben el convenio.
d) Obligaciones y compromisos económicos asumidos por cada una de las partes, si los hubiera.

150. En los procedimientos para la exigencia de la responsabilidad patrimonial de las autoridades y personal al servicio de las Administraciones Públicas, el acuerdo de iniciación del órgano competente se notificará a los interesados y en él deberá constar, entre otros:

a) Que se les concede audiencia durante un plazo de tres días.
b) Que se les concede audiencia durante un plazo de veinte días.
c) Que se les concede audiencia durante un plazo de quince días.
d) Que se les concede audiencia durante un plazo de diez días.

Soluciones comentadas

1. c) Es irrenunciable y se ejercerá por los órganos administrativos que la tengan atribuida como propia, salvo los casos de delegación o avocación, en los términos previstos en la ley.

Tal y como establece el artículo 8.1 de la Ley 40/2015, de 1 de octubre, de Régimen Jurídico del Sector Público:

1. La competencia es irrenunciable y se ejercerá por los órganos administrativos que la tengan atribuida como propia, salvo los casos de delegación o avocación, cuando se efectúen en los términos previstos en esta u otras leyes.

No puede ser la respuesta a) ya que como hemos indicado, no siempre se ejerce por los órganos administrativos que la tengan atribuida como propia. Tampoco puede ser la respuesta b, ya que las competencias, no se pueden delegar en todo caso y no puede ser la respuesta d) ya que la delegación de firma o suplencia no suponen alteración de la titularidad de la competencia, aunque sí de los elementos determinantes de su ejercicio que en cada caso se prevén.

2. b) La adopción de disposiciones de carácter general.

Conforme al artículo 9.2.b de la Ley 40/2015, de 1 de octubre, de Régimen Jurídico del Sector Público:

2. En ningún caso podrán ser objeto de delegación las competencias relativas a:

   b) La adopción de disposiciones de carácter general.

No pueden ser correctas las respuestas a) c) y d) porque son materias susceptibles de delegación.

3. a) Tener interés personal en el asunto de que se trate o en otro en cuya resolución pudiera influir la de aquel, ser administrador de sociedad o entidad interesada, o tener cuestión litigiosa pendiente con algún interesado.

De acuerdo con el artículo 23.2.a de la Ley 40/2015, de 1 de octubre, de Régimen Jurídico del Sector Público.

2. Son motivos de abstención los siguientes:

   a) Tener interés personal en el asunto de que se trate o en otro en cuya resolución pudiera influir la de aquel; ser administrador de sociedad o entidad interesada, o tener cuestión litigiosa pendiente con algún interesado.

No puede ser la respuesta b) porque el grado de afinidad es dentro del segundo y no el tercer grado.

Tampoco pueden ser las respuestas c) y d), ya que la relación de servicio con persona natural o jurídica interesada directamente en el asunto, o haberle prestado en los dos últimos años y no el de tres años, tal y como se plantea, servicios profesionales de cualquier tipo y en cualquier circunstancia o lugar.

4. c) El interesado.

Por así establecerlo el artículo 24.1 de la Ley 40/2015, de 1 de octubre, de Régimen Jurídico del Sector Público.

1. En los casos previstos en el artículo anterior, podrá promoverse recusación por los interesados en cualquier momento de la tramitación del procedimiento.

No pueden ser las respuestas a) y d) ya que son los que en su caso deberían abstenerse, y ante su inacción es cuando el interesado podrá recusarlos.

Tampoco será la respuesta b) ya que será el que en caso deba resolver la recusación.

5. c) Tener parentesco de afinidad dentro del cuarto grado, con cualquiera de los interesados, con los administradores de entidades o sociedades interesadas y también con los asesores, representantes legales o mandatarios que intervengan en el procedimiento.

De acuerdo con el artículo 23.2.b de la Ley 40/2015, de 1 de octubre, de Régimen Jurídico del Sector Público.

2. Son motivos de abstención los siguientes:

b) Tener un vínculo matrimonial o situación de hecho asimilable y el parentesco de consanguinidad dentro del cuarto grado o de afinidad dentro del segundo, con cualquiera de los interesados, con los administradores de entidades o sociedades interesadas y también con los asesores, representantes legales o mandatarios que intervengan en el procedimiento, así como compartir despacho profesional o estar asociado con estos para el asesoramiento, la representación o el mandato.

Por tanto es motivo de abstención la afinidad cuando lo es dentro del segundo grado y no en cuarto grado tal y como se plantea en la respuesta c).

Las respuestas a) b) y d) sí son motivos de abstención tal y como dispone el artículo citado.

6. c) Principio de legalidad, tipicidad y proporcionalidad.

Artículo 25, 26, 27 y 29 de la Ley 40/2015, de 1 de octubre, de Régimen Jurídico del Sector Público.

En el artículo 25. Principio de legalidad, en el artículo 26. Irretroactividad, en el artículo 27. Principio de tipicidad y en el artículo 29. Principio de proporcionalidad, sin que en ninguno de ellos se haga referencia al principio de presunción de inocencia, que aparece en las respuestas a), b) y c).

7. a) Será revocable en cualquier momento por el órgano que la haya conferido.

Según el artículo 9.6 de la Ley 40/2015, de 1 de octubre, de Régimen Jurídico del Sector Público.

6. La delegación será revocable en cualquier momento por el órgano que la haya conferido.

Por lo que la respuesta no puede ser correcta ya las delegaciones de competencia son revocables ni tampoco pueden ser correctas las respuestas c) y d), ya que los órganos que se citan no son los únicos que pueden revocar.

8. c) Coordinación, descentralización, jerarquía, eficacia y desconcentración.

De acuerdo con el artículo 3.1 de la Ley 40/2015, de 1 de octubre, de Régimen Jurídico del Sector Público.

1. Las Administraciones Públicas sirven con objetividad los intereses generales y actúan de acuerdo con los principios de eficacia, jerarquía, descentralización, desconcentración y coordinación, con sometimiento pleno a la Constitución, a la Ley y al Derecho, por esa razón la respuesta correcta es la c).

Las respuestas a), b) y d) no son correctas ya que se refieren, además a principios que "deberán respetar en su actuación y relaciones", tales como: cooperación, colaboración, eficiencia y servicio a los ciudadanos.

9. c) Participación, objetividad y transparencia de la actuación administrativa.

Conforme al artículo 3.1.c de la Ley 40/2015, de 1 de octubre, de Régimen Jurídico del Sector Público:

c) Participación, objetividad y transparencia de la actuación administrativa.

La respuesta a) no es correcta ya que falta "la lealtad institucional". Tampoco es correcta la b) porque es "servicio efectivo a los ciudadanos" ni la d) es correcta ya que no se cita la "objetividad".

10. a) Buena fe, confianza legítima y lealtad institucional.

De acuerdo con el artículo 3.1.e de la Ley 40/2015, de 1 de octubre, de Régimen Jurídico del Sector Público.

e) Buena fe, confianza legítima y lealtad institucional.

La respuesta b) no es correcta porque es "servicio efectivo a los ciudadanos" ni la c) es correcta ya que no se cita la "objetividad".

Tampoco lo es la respuesta d) ya que no se cita "coordinación entre las Administraciones Públicas".

11. b) A través de medios electrónicos, que aseguren la interoperabilidad y seguridad de los sistemas y soluciones adoptadas por cada una de ellas, garantizando la protección de los datos de carácter personal, y facilitando preferentemente la prestación conjunta de servicios a los interesados.

Según el artículo 3.2 de la Ley 40/2015, de 1 de octubre, de Régimen Jurídico del Sector Público:

2. Las Administraciones Públicas se relacionarán entre sí y con sus órganos, organismos públicos y entidades vinculados o dependientes a través de medios electrónicos, que aseguren la interoperabilidad y seguridad de los sistemas y soluciones adoptadas por cada una de ellas, garantizarán la protección de los datos de carácter personal, y facilitarán preferentemente la prestación conjunta de servicios a los interesados.

Por esa razón la respuesta correcta es la b) ya que es la más completa, recogiendo correctamente las demás respuestas.

12. a) Cada Administración Pública actúa para el cumplimiento de sus fines con personalidad jurídica única.

Conforme al artículo 3.4 de la Ley 40/2015, de 1 de octubre, de Régimen Jurídico del Sector Público:

4. Cada una de las Administraciones Públicas del artículo 2 actúa para el cumplimiento de sus fines con personalidad jurídica única.

Por este artículo, la respuesta correcta es la a), no siendo correcta la b) ya que las Administraciones Publicas no se configuran como órganos territoriales, ni la c) ya que las Administraciones no están integradas por entes locales, sino por órganos.

Tampoco es correcta la respuesta d) ya que la personalidad jurídica única se predica de la Administración Pública, y no de la instrumental.

13. c) La dotación de los créditos necesarios para su puesta en marcha y funcionamiento.

De acuerdo con el artículo 5.3 de la Ley 40/2015, de 1 de octubre, de Régimen Jurídico del Sector Público.

3. La creación de cualquier órgano administrativo exigirá, al menos, el cumplimiento de los siguientes requisitos:

    a) Determinación de su forma de integración en la Administración Pública de que se trate y su dependencia jerárquica.

    b) Delimitación de sus funciones y competencias.

    c) Dotación de los créditos necesarios para su puesta en marcha y funcionamiento.

Por esta razón es la respuesta correcta es la c), no siendo las restantes porque no es necesario determinar su forma de descentralización, sino "su forma de integración" en la Administración Pública de que se trate, ni tampoco es preciso fijar los objetivos de interés común a cumplir, sino "delimitar sus funciones y competencias".

14. b) Es irrenunciable.

Según el artículo 8.1 de la Ley 40/2015, de 1 de octubre, de Régimen Jurídico del Sector Público:

1. La competencia es irrenunciable y se ejercerá por los órganos administrativos que la tengan atribuida como propia, salvo los casos de delegación o avocación, cuando se efectúen en los términos previstos en esta u otras leyes.

Por tanto, no se puede renunciar ni compartir la competencia, por esa razón la respuesta a) es incorrecta ya que no puede ser compartida con el órgano de superior jerarquía, ni tampoco pueden ser correctas las c) y d) ya no es renunciable ante el órgano superior del mismo ente, ni siquiera a través de la técnica de la avocación.

15. d) Salvo los casos de avocación o delegación la competencia es irrenunciable.

Dispone el artículo 8.1 de la Ley 40/2015, de 1 de octubre, de Régimen Jurídico del Sector Público:

1. La competencia es irrenunciable y se ejercerá por los órganos administrativos que la tengan atribuida como propia, salvo los casos de delegación o avocación, cuando se efectúen en los términos previstos en esta u otras leyes.

Las respuestas a), b) y c) son incorrectas, ya que: no se pueden crear órganos que supongan duplicación de otros ya existentes y, por otra parte la delegación de firma y la suplencia no supone alteración de la titularidad de la competencia, de la misma manera que la encomienda de gestión no supone alteración de la titularidad de la competencia.

16. b) No podrán ser objeto de delegación las competencias relativas a asuntos que se refieran a las relaciones con las Asambleas Legislativas de las Comunidades Autónomas.

Conforme al artículo 9.2.a de la Ley 40/2015, de 1 de octubre, de Régimen Jurídico del Sector Público.

2. En ningún caso podrán ser objeto de delegación las competencias relativas a:

   a) Los asuntos que se refieran a relaciones con la Jefatura del Estado, la Presidencia del Gobierno de la Nación, las Cortes Generales, las Presidencias de los Consejos de Gobierno de las Comunidades Autónomas y las Asambleas Legislativas de las Comunidades Autónomas.

Por tanto, hay que señalar como correcta la respuesta b) ya que la respuesta a) Los órganos de las diferentes Administraciones Públicas sí podrán delegar el ejercicio de competencias que tengan atribuidas en otros órganos de la misma Administración, aun cuando no sean jerárquicamente dependientes.

Igualmente, la respuesta no es correcta ya que no se podrán delegar las competencias relativas a asuntos que se refieran a las relaciones con las Cortes Generales, ni tampoco es correcta la respuesta d), por cuanto no podrá ser objeto de delegación la resolución de recursos en los órganos administrativos que hayan dictado los actos objeto de recurso.

17. d) El medio de publicación dependerá de la Administración a que pertenezca el órgano delegante y el ámbito territorial de competencia de este.

De acuerdo con el artículo 9.3 de la Ley 40/2015, de 1 de octubre, de Régimen Jurídico del Sector Público:

3. Las delegaciones de competencias y su revocación deberán publicarse en el «Boletín Oficial del Estado», en el de la Comunidad Autónoma o en el de la Provincia, según la Administración a que pertenezca el órgano delegante, y el ámbito territorial de competencia de este.

Por este artículo la respuesta correcta es la d), y no las respuestas a), b) y c) que limitan en el Boletín Oficial del Estado, siempre, en el Diario Oficial de la Comunidad Autónoma o en el Diario Oficial de la Provincia.

18. a) La delegación será revocable en cualquier momento por el órgano que la haya conferido.

Tal y como dispone el artículo 9.6 de la Ley 40/2015, de 1 de octubre, de Régimen Jurídico del Sector Público:

6. La delegación será revocable en cualquier momento por el órgano que la haya conferido.

Las respuestas b), c) y d) no son correctas porque:

b) Las resoluciones administrativas que se adopten por delegación se considerarán dictadas por el órgano delegado. No es por el órgano delegado "sino por el delegante".

c) Salvo autorización expresa de un Reglamento, no podrán delegarse competencias que se ejerzan por delegación. La autorización deber ser de una ley.

d) La delegación será revocable en cualquier momento por el órgano que la haya aceptado. No es por el que lo haya aceptado sino por el órgano que la haya conferido.

19. c) La avocación se realizará mediante acuerdo motivado que deberá ser notificado a los interesados, si los hubiere, con anterioridad a la resolución final que se dicte.

Tal y como dispone el artículo 10.2 de la Ley 40/2015, de 1 de octubre, de Régimen Jurídico del Sector Público:

2. En todo caso, la avocación se realizará mediante acuerdo motivado que deberá ser notificado a los interesados en el procedimiento, si los hubiere, con anterioridad o simultáneamente a la resolución final que se dicte. Contra el acuerdo de avocación no cabrá recurso, aunque podrá impugnarse en el que, en su caso, se interponga contra la resolución del procedimiento.

Por esa razón la respuesta correcta es la c), no siendo la a) ya que indica con anterioridad a la incoación del procedimiento.

Las respuestas b) y d) no son correctas ya que contra el acuerdo de avocación no cabrá recurso alguno.

20. d) Supone cesión de la realización de actividades de carácter material o técnico de la competencia de los órganos administrativos.

De acuerdo con el artículo 11.1 de la Ley 40/2015, de 1 de octubre, de Régimen Jurídico del Sector Público:

1. La realización de actividades de carácter material o técnico de la competencia de los órganos administrativos o de las Entidades de Derecho Público podrá ser encomendada a otros órganos o Entidades de Derecho Público de la misma o de distinta Administración, siempre que entre sus competencias estén esas actividades, por razones de eficacia o cuando no se posean los medios técnicos idóneos para su desempeño.

Por esa razón la respuesta correcta es la d) sin que puedan serlo las restantes ya que la encomienda de gestión nada tiene que ver con la cesión de elementos sustantivos de la competencia, ni con la cesión de titularidad de la competencia ni tampoco supone la avocación del órgano superior, que la podrá ejercer cuando lo estime oportuno.

21. b) Se formalizará mediante firma del correspondiente convenio entre ellas.

De acuerdo con el artículo 11.3. b) de la Ley 40/2015, de 1 de octubre, de Régimen Jurídico del Sector Público:

3. La formalización de las encomiendas de gestión se ajustará a las siguientes reglas:

b) Cuando la encomienda de gestión se realice entre órganos y Entidades de Derecho Público de distintas Administraciones se formalizará mediante firma del correspondiente convenio entre ellas, que deberá ser publicado en el «Boletín Oficial del Estado», en el Boletín Oficial de la Comunidad Autónoma o en el de la Provincia, según la Administración a que pertenezca el órgano encomendante, salvo en el supuesto de la gestión ordinaria de los servicios de las Comunidades Autónomas por las Diputaciones Provinciales o en su caso Cabildos o Consejos insulares, que se regirá por la legislación de Régimen Local.

Por tanto, la respuesta es clara, la b) ya que se formalizará mediante un convenio, sin que baste con la referencia, que se realiza en la respuesta "a) Se formalizará en la forma que normativamente se establezca", puesto que ha de ser mediante un convenio y por esa razón tampoco son correctas las respuestas c) y d) Contrato administrativo entre ellas y concierto entre ellas.

22. a) No alterará la competencia del órgano delegante y para su validez no será necesaria su publicación.

Según el artículo 12.2 de la Ley 40/2015, de 1 de octubre, de Régimen Jurídico del Sector Público.

2. La delegación de firma no alterará la competencia del órgano delegante y para su validez no será necesaria su publicación.

Por tanto, la respuesta correcta es la a) no siendo correctas las restantes porque la b) Permite que cualquier funcionario pueda delegar la firma de sus resoluciones en otros dependientes, tal afirmación no es correcta ya que no es un funcionario, sino el titular del órgano administrativo, no siendo necesaria para su validez su publicación y sin que se altere la competencia del órgano delegante.

23. b) No implicará alteración de la competencia.

Conforme al artículo 13.2 de la Ley 40/2015, de 1 de octubre, de Régimen Jurídico del Sector Público:

2. La suplencia no implicará alteración de la competencia y para su validez no será necesaria su publicación.

De tal forma la respuesta correcta es la b), no siendo correctas las respuestas a), c) y d) ya que la suplencia no la nombra el titular del órgano objeto de la suplencia, no implica alteración de la competencia del órgano delegante y no es necesario que se formalice mediante firma del correspondiente convenio.

24. b) Implica que los titulares de los órganos administrativos podrán ser suplidos temporalmente.

De acuerdo con el artículo 13.1 de la Ley 40/2015, de 1 de octubre, de Régimen Jurídico del Sector Público:

1. En la forma que disponga cada Administración Pública, los titulares de los órganos administrativos podrán ser suplidos temporalmente en los supuestos de vacante, ausencia o enfermedad, así como en los casos en que haya sido declarada su abstención o recusación. Si no se designa suplente, la competencia del órgano administrativo se ejercerá por quien designe el órgano administrativo inmediato superior de quien dependa.

Por tanto la respuesta correcta es la b).

No pueden ser correctas las respuestas a), c) y d) ya que no corresponde a quien designe el órgano suplido ni corresponde a quien designe el órgano suplente, sino que corresponde al titular del órgano administrativo y se ejercerá por quien designe el órgano administrativo inmediato superior de quien dependa y no el inferior del mismo.

25. a) Remitirá el asunto al órgano que considere competente, debiendo notificar esta circunstancia a los interesados.

Conforme al artículo 14.1 de la Ley 40/2015, de 1 de octubre, de Régimen Jurídico del Sector Público:

1. El órgano administrativo que se estime incompetente para la resolución de un asunto remitirá directamente las actuaciones al órgano que considere competente, debiendo notificar esta circunstancia a los interesados.

Por tanto la respuesta correcta es la a) ya que no podrá abandonar el conocimiento del asunto, ni resolver el asunto en todo caso y luego tramitarlo al órgano competente, ni tampoco directamente y sin dilación garantizar la protección de los datos de carácter personal, y facilitar preferentemente la prestación conjunta de servicios a los interesados.

26. c) Los conflictos de atribuciones solo podrán suscitarse entre órganos de una misma Administración no relacionados jerárquicamente, y respecto a asuntos sobre los que no haya finalizado el procedimiento administrativo.

Según el artículo 14.3 de la Ley 40/2015, de 1 de octubre, de Régimen Jurídico del Sector Público:

3. Los conflictos de atribuciones solo podrán suscitarse entre órganos de una misma Administración no relacionados jerárquicamente, y respecto a asuntos sobre los que no haya finalizado el procedimiento administrativo.

Por lo que la respuesta correcta es la c) y no puede ser la la d) ya que se refiere a órganos de una misma Administración relacionados jerárquicamente.

Tampoco pueden ser correctas las respuestas a) y b) ya que los interesados que sean parte en el procedimiento podrán dirigirse al órgano que se encuentre conociendo de un asunto para que decline su competencia y remita las actuaciones al órgano competente. Asimismo, podrán dirigirse al órgano que estimen competente para que requiera de inhibición al que esté conociendo del asunto.

27. b) Mediante instrucciones y órdenes de servicio.

De acuerdo con el artículo 6.1 de la Ley 40/2015, de 1 de octubre, de Régimen Jurídico del Sector Público:

1. Los órganos administrativos podrán dirigir las actividades de sus órganos jerárquicamente dependientes mediante instrucciones y órdenes de servicio.

Por tanto, la respuesta correcta es la b) sin que en el citado artículo se haga mención a decretos, disposiciones que avalen la eficacia de los actos ni a circulares, por lo que son incorrectas las respuestas a), c) y d).

28. a) En el Boletín Oficial que corresponda.

Conforme al artículo 6.1 de la Ley 40/2015, de 1 de octubre, de Régimen Jurídico del Sector Público:

1. Los órganos administrativos podrán dirigir las actividades de sus órganos jerárquicamente dependientes mediante instrucciones y órdenes de servicio. Cuando una disposición específica así lo establezca, o se estime conveniente por razón de los destinatarios o de los efectos que puedan producirse, las instrucciones y órdenes de servicio se publicarán en el boletín oficial que corresponda.

Por lo que la respuesta correcta es la a) siendo incorrectas las restantes respuestas porque no será necesariamente en el diario de la Consejería correspondiente, en el Diario de Sesiones de la Asamblea ni en el boletín oficial del Estado.

29. c) Quedarán integrados en la Administración Pública que corresponda.

De acuerdo con el artículo 15.2 de la Ley 40/2015, de 1 de octubre, de Régimen Jurídico del Sector Público:

2. Los órganos colegiados a que se refiere este apartado quedarán integrados en la Administración Pública que corresponda, aunque sin participar en la estructura jerárquica de esta, salvo que así lo establezcan sus normas de creación, se desprenda de sus funciones o de la propia naturaleza del órgano colegiado.

Por tanto la respuesta correcta es la c) ya que no quedarán integrados en la Administración Pública de su elección ni en las normas de funcionamiento de la Administración Pública a la que pertenezcan ni tampoco en la Administración instrumental.

30. a) El Presidente del Órgano Colegiado.

Según el artículo 19.2.d de la Ley 40/2015, de 1 de octubre, de Régimen Jurídico del Sector Público:

2. Corresponderá a su Presidente:

a) Ostentar la representación del órgano.

b) Acordar la convocatoria de las sesiones ordinarias y extraordinarias y la fijación del orden del día, teniendo en cuenta, en su caso, las peticiones de los demás miembros, siempre que hayan sido formuladas con la suficiente antelación.

c) Presidir las sesiones, moderar el desarrollo de los debates y suspenderlos por causas justificadas.

d) Dirimir con su voto los empates, a efectos de adoptar acuerdos, excepto si se trata de los órganos colegiados a que se refiere el artículo 15.2, en los que el voto será dirimente si así lo establecen sus propias normas.

Por tanto la respuesta correcta es la a).

31. b) Un voto particular.

A tenor de lo dispuesto en el artículo 19.3.c de la Ley 40/2015, de 1 de octubre, de Régimen Jurídico del Sector Público:

3. Los miembros del órgano colegiado deberán:

a) Recibir, con una antelación mínima de dos días, la convocatoria conteniendo el orden del día de las reuniones. La información sobre los temas que figuren en el orden del día estará a disposición de los miembros en igual plazo.

b) Participar en los debates de las sesiones.

c) Ejercer su derecho al voto y formular su voto particular, así como expresar el sentido de su voto y los motivos que lo justifican. No podrán abstenerse en las votaciones quienes por su cualidad de autoridades o personal al servicio de las Administraciones Públicas, tengan la condición de miembros natos de órganos colegiados, en virtud del cargo que desempeñan.

Por tanto podrán emitir un voto particular, por lo que la respuesta correcta es la respuesta b) siendo incorrectas las restantes respuestas ya que no corresponde una denuncia contra la adopción de ese acuerdo, tampoco la queja al superior jerárquico del órgano colegiado ni expresar su desacuerdo y posterior recusación.

32. a) Con voz, pero sin voto.

De acuerdo con el artículo 19.4.a de la Ley 40/2015, de 1 de octubre, de Régimen Jurídico del Sector Público:

4. Corresponde al Secretario del órgano colegiado:

    a) Asistir a las reuniones con voz pero sin voto, y con voz y voto si la Secretaría del órgano la ostenta un miembro del mismo.

Por tanto, la respuesta correcta es la a), ya que el funcionario no es un miembro del órgano colegiado.

33. c) Quedarán exentos de la responsabilidad que, en su caso, pueda derivarse de los acuerdos.

Según el artículo 17.6 de la Ley 40/2015, de 1 de octubre, de Régimen Jurídico del Sector Público:

6. Cuando los miembros del órgano voten en contra o se abstengan, quedarán exentos de la responsabilidad que, en su caso, pueda derivarse de los acuerdos.

Por lo que la respuesta correcta es la opción c) ya que se eximen de la responsabilidad que, en su caso, pueda derivarse de los acuerdos, al votar en contra o abstenerse.

34. b) El tener parentesco de afinidad dentro del segundo grado.

De acuerdo con el artículo 23.2.b de la Ley 40/2015, de 1 de octubre, de Régimen Jurídico del Sector Público:

2. Son motivos de abstención los siguientes:

    b) Tener un vínculo matrimonial o situación de hecho asimilable y el parentesco de consanguinidad dentro del cuarto grado o de afinidad dentro del segundo, con cualquiera de los interesados, con los administradores de entidades o sociedades Interesadas y también con los asesores, representantes legales o mandatarios que intervengan en el procedimiento, así como compartir despacho profesional o estar asociado con éstos para el asesoramiento, la representación o el mandato.

Por tanto la respuesta correcta es la b).

35. d) El tener parentesco de consanguinidad dentro del cuarto grado.

Conforme al artículo 23.2.b de la Ley 40/2015, de 1 de octubre, de Régimen Jurídico del Sector Público:

2. Son motivos de abstención los siguientes:

    b) Tener un vínculo matrimonial o situación de hecho asimilable y el parentesco de consanguinidad dentro del cuarto grado o de afinidad dentro del segundo, con cualquiera de los interesados, con los administradores de entidades o sociedades interesadas y también con los asesores, representantes legales o mandatarios que intervengan en el procedimiento, así como compartir despacho profesional o estar asociado con estos para el asesoramiento, la representación o el mandato.

Por tanto la respuesta correcta es la d).

36. b) En el plazo de tres días.

El artículo 24.4 de la Ley 40/2015, de 1 de octubre, de Régimen Jurídico del Sector Público, dispone:

4. Si el recusado niega la causa de recusación, el superior resolverá en el plazo de tres días, previos los informes y comprobaciones que considere oportunos.

Con lo que, la respuesta correcta es la b).

37. c) Designación de su titular.

Conforme al artículo 5.3 de la Ley 40/2015, de 1 de octubre, de Régimen Jurídico del Sector Público:

3. La creación de cualquier órgano administrativo exigirá, al menos, el cumplimiento de los siguientes requisitos:

   a) Determinación de su forma de integración en la Administración Pública de que se trate y su dependencia jerárquica.

   b) Delimitación de sus funciones y competencias.

   c) Dotación de los créditos necesarios para su puesta en marcha y funcionamiento.

La designación de su titular no es requisito necesario, por lo que la respuesta c) es la correcta.

38. c) Se realizará mediante acuerdo motivado que deberá ser notificado a los interesados en el procedimiento, si los hubiere, con anterioridad o simultáneamente a la resolución final que se dicte.

Según el artículo 10.2 de la Ley 40/2015, de 1 de octubre, de Régimen Jurídico del Sector Público:

2. En todo caso, la avocación se realizará mediante acuerdo motivado que deberá ser notificado a los interesados en el procedimiento, si los hubiere, con anterioridad o simultáneamente a la resolución final que se dicte. Contra el acuerdo de avocación no cabrá recurso, aunque podrá impugnarse en el que, en su caso, se interponga contra la resolución del procedimiento.

La respuesta correcta es la c), ya que no es lo es lo mismo un acuerdo motivado que una resolución motivada ni tampoco la propuesta de resolución que una resolución.

39. a) Al presidente.

Según dispone el artículo 19.2.f de la Ley 40/2015, de 1 de octubre, de Régimen Jurídico del Sector Público.

f) Visar las actas y certificaciones de los acuerdos del órgano.

Por tanto, la respuesta correcta es la a).

40. b) Al día siguiente.

De acuerdo con el artículo 24.3 de la Ley 40/2015, de 1 de octubre, de Régimen Jurídico del Sector Público:

3. En el día siguiente el recusado manifestará a su inmediato superior si se da o no en él la causa alegada. En el primer caso, si el superior aprecia la concurrencia de la causa de recusación, acordará su sustitución acto seguido.

Con lo que, la respuesta correcta es la b).

41. d) No cabrá recurso administrativo.

Según el artículo 24.5 de la Ley 40/2015, de 1 de octubre, de Régimen Jurídico del Sector Público.

5. Contra las resoluciones adoptadas en esta materia no cabrá recurso, sin perjuicio de la posibilidad de alegar la recusación al interponer el recurso que proceda contra el acto que ponga fin al procedimiento.

La respuesta correcta es la d) ya que no se puede interponer recurso alguno, por lo que son incorrectas las respuestas a), b) y c).

42. a) No son susceptibles de aplicación analógica.

Conforme al artículo 27.4 de la Ley 40/2015, de 1 de octubre, de Régimen Jurídico del Sector Público:

4. Las normas definidoras de infracciones y sanciones no serán susceptibles de aplicación analógica.

La respuesta correcta es la a) ya que no admite las excepciones que plantean el resto de respuestas.

43. d) Producirán efecto retroactivo en cuanto favorezcan al presunto infractor.

De acuerdo con el artículo 26.2 de la Ley 40/2015, de 1 de octubre, de Régimen Jurídico del Sector Público:

2. Las disposiciones sancionadoras producirán efecto retroactivo en cuanto favorezcan al presunto infractor o al infractor, tanto en lo referido a la tipificación de la infracción como a la sanción y a sus plazos de prescripción, incluso respecto de las sanciones pendientes de cumplimiento al entrar en vigor la nueva disposición.

Por tanto la respuesta correcta es la d), conforme al artículo citado y lógica consecuencia de la Constitución Española.

44. c) Solo constituyen infracciones administrativas las vulneraciones del ordenamiento jurídico previstas como tales infracciones por una ley.

Artículo 27.1 de la Ley 40/2015, de 1 de octubre, de Régimen Jurídico del Sector Público.

1. Solo constituyen infracciones administrativas las vulneraciones del ordenamiento jurídico previstas como tales infracciones por una ley, sin perjuicio de lo dispuesto para la Administración Local en el Título XI de la Ley 7/1985, de 2 de abril. Las infracciones administrativas se clasificarán por la ley en leves, graves y muy graves.

La respuesta correcta es la c), ya que existe un principio de reserva de ley y en las respuestas b) y d) se refieren a los reglamentos.

Tampoco es correcta la respuesta a) ya que se está refiriendo a otro principio, el de responsabilidad.

45. c) Los interesados que sean parte en el procedimiento podrán dirigirse al órgano que estimen competente para que requiera de inhibición al que esté conociendo del asunto.

De acuerdo con el artículo 14.2 de la Ley 40/2015, de 1 de octubre, de Régimen Jurídico del Sector Público:

2. Los interesados que sean parte en el procedimiento podrán dirigirse al órgano que se encuentre conociendo de un asunto para que decline su competencia y remita las actuaciones al órgano competente. Asimismo, podrán dirigirse al órgano que estimen competente para que requiera de inhibición al que esté conociendo del asunto.

Las respuestas a), b) y d) son incorrectas ya que los conflictos de atribuciones solo podrán suscitarse entre órganos de una misma Administración no relacionados jerárquicamente y el órgano administrativo que se estime incompetente para la resolución de un asunto remitirá directamente las actuaciones al órgano que considere competente, si este pertenezca o no a distinta Administración Pública.

Tampoco la respuesta d) ya que para suscitarse conflictos de atribuciones respecto a aquellos asuntos cuyo procedimiento administrativo no haya finalizado.

46. a) La revocación de una delegación de competencias.

Según el artículo 9.3 de la Ley 40/2015, de 1 de octubre, de Régimen Jurídico del Sector Público:

3. Las delegaciones de competencias y su revocación deberán publicarse en el «Boletín Oficial del Estado», en el de la Comunidad Autónoma o en el de la Provincia, según la Administración a que pertenezca el órgano delegante, y el ámbito territorial de competencia de este.

Por tanto, la respuesta correcta es la a), ya que la avocación del conocimiento de un asunto, la delegación de firma ni cualquier orden de servicio han de publicarse en los Diarios oficiales.

47. d) No suponen alteración de la titularidad de la competencia.

A tenor del artículo 8.1 de la Ley 40/2015, de 1 de octubre, de Régimen Jurídico del Sector Público:

1. La delegación de competencias, las encomiendas de gestión, la delegación de firma y la suplencia no suponen alteración de la titularidad de la competencia, aunque sí de los elementos determinantes de su ejercicio que en cada caso se prevén.

Por lo que la respuesta correcta es la d) pues la encomienda de gestión, la delegación de firma y la suplencia no suponen, en algún caso, la renuncia a la competencia del órgano que la tiene asignada y tampoco suponen una alteración de la titularidad de la competencia ni siquiera una alteración temporal de la titularidad de la competencia.

48. b) En el Boletín Oficial del Estado, en el de la Comunidad Autónoma o en el de la Provincia, según la Administración a la que pertenezca el órgano delegante y el ámbito territorial de competencia de este.

De acuerdo con el artículo 9.3 de la Ley 40/2015, de 1 de octubre, de Régimen Jurídico del Sector Público:

3. Las delegaciones de competencias y su revocación deberán publicarse en el «Boletín Oficial del Estado», en el de la Comunidad Autónoma o en el de la Provincia, según la Administración a que pertenezca el órgano delegante, y el ámbito territorial de competencia de éste.

Por tanto la respuesta correcta es la c), ya que a diferencia del resto de las respuestas, recoge los distintos diarios oficiales y además recoge el doble criterio del órgano, el de pertenencia y ámbito territorial.

49. c) Puede efectuarse en órganos que no sean jerárquicamente dependientes.

Según el artículo 9.1 de la Ley 40/2015, de 1 de octubre, de Régimen Jurídico del Sector Público:

1. Los órganos de las diferentes Administraciones Públicas podrán delegar el ejercicio de las competencias que tengan atribuidas en otros órganos de la misma Administración, aun cuando no sean jerárquicamente dependientes, o en los Organismos públicos o Entidades de Derecho Público vinculados o dependientes de aquellas.

Por tanto, la respuesta correcta es la c, siendo incorrectas las restantes porque no supone el traspaso de la titularidad de las mismas al órgano en que se delegan, se puede efectuar en órganos jerárquicamente subordinados y admite la revocación de la misma.

50. b) Que un órgano superior requiere de un asunto cuya resolución corresponde ordinariamente o por delegación a uno inferior.

Tal y como dispone el artículo 10.1 de la Ley 40/2015, de 1 de octubre, de Régimen Jurídico del Sector Público:

1. Los órganos superiores podrán avocar para sí el conocimiento de uno o varios asuntos cuya resolución corresponda ordinariamente o por delegación a sus ór-

ganos administrativos dependientes, cuando circunstancias de índole técnica, económica, social, jurídica o territorial lo hagan conveniente. En los supuestos de delegación de competencias en órganos no dependientes jerárquicamente, el conocimiento de un asunto podrá ser avocado únicamente por el órgano delegante.

Consecuentemente la respuesta correcta es la b), ya que la a) que un órgano superior delega de forma motivada asuntos de su competencia en un órgano inferior, es la técnica de la delegación, mientras que la d) que un órgano superior resuelve asuntos de su competencia, es una consecuencia del ejercicio de la misma competencia y la c) la denominación de una determinada imagen religiosa, porque nada tiene que ver con el derecho administrativo.

51. d) La actuación de autoridades y personal al servicio de las Administraciones Públicas en los que concurran motivos de abstención implicará, necesariamente, la invalidez de los actos en que hayan intervenido.

Conforme al artículo 23.4 de la Ley 40/2015, de 1 de octubre, de Régimen Jurídico del Sector Público.

4.   La actuación de autoridades y personal al servicio de las Administraciones Públicas en los que concurran motivos de abstención no implicará, necesariamente, y en todo caso, la invalidez de los actos en que hayan intervenido.

Por tanto la d) es la respuesta que hay que indicar como incorrecta, siendo correctas las restantes ya que la actuación de autoridades y personal al servicio de las Administraciones Públicas en los que concurran motivos de abstención no implicará, necesariamente, la invalidez de los actos en que hayan intervenido.

52. d) La delegación de competencias puede hacerse entre órganos de la Administración, aun cuando no sean jerárquicamente dependientes.

Según el artículo 9.1 de la Ley 40/2015, de 1 de octubre, de Régimen Jurídico del Sector Público.

1.   Los órganos de las diferentes Administraciones Públicas podrán delegar el ejercicio de las competencias que tengan atribuidas en otros órganos de la misma Administración, aun cuando no sean jerárquicamente dependientes, o en los Organismos públicos o Entidades de Derecho Público vinculados o dependientes de aquellas.

Consecuentemente la respuesta correcta es la d), siendo incorrectas las restantes porque la delegación de competencias no puede hacerse a favor de órganos de distinta Administración por razones de eficacia, se realizara de la Administración por razones de eficacia en sus propios Organismos Autónomos, y la delegaciones son revocables y se publicarán en los distintos diarios Boletín Oficial del Estado, de la Comunidad Autónoma o en el de la Provincia, según corresponda.

53. c) Tener parentesco de afinidad dentro del cuarto grado, con cualquiera de los interesados que intervengan en el procedimiento.

De acuerdo con el artículo 23.2.b de la Ley 40/2015, de 1 de octubre, de Régimen Jurídico del Sector Público:

b) Tener un vínculo matrimonial o situación de hecho asimilable y el parentesco de consanguinidad dentro del cuarto grado o de afinidad dentro del segundo, con cualquiera de los interesados, con los administradores de entidades o sociedades interesadas y también con los asesores, representantes legales o mandatarios que intervengan en el procedimiento, así como compartir despacho profesional o estar asociado con estos para el asesoramiento, la representación o el mandato.

Consecuentemente la respuesta que hay que indicar es la c), ya que el motivo de abstención es tener parentesco de afinidad dentro del segundo grado y no el "cuarto grado".

Las demás respuestas a), b) y d) son motivos de abstención.

54. d) Las Administraciones Públicas, en sus relaciones, se rigen por el principio de cooperación y reciprocidad, y en su actuación por los criterios de cercanía y asistencia a los ciudadanos.

Según el artículo 3 de la Ley 40/2015, de 1 de octubre, de Régimen Jurídico del Sector Público:

1. Las Administraciones Públicas sirven con objetividad los intereses generales y actúan de acuerdo con los principios de eficacia, jerarquía, descentralización, desconcentración y coordinación, con sometimiento pleno a la Constitución, a la Ley y al Derecho.

   Deberán respetar en su actuación y relaciones los siguientes principios: e) Buena fe, confianza legítima y lealtad institucional.

4. Cada una de las Administraciones Públicas del artículo 2 actúa para el cumplimiento de sus fines con personalidad jurídica única.

Por tanto, la respuesta que hay que indicar como incorrecta es la d), ya que las restantes respuestas son correctas a tenor de lo dispuesto en la reproducción parcial del artículo anterior.

55. a) Quedarán exentos de la responsabilidad que, en su caso, pueda derivarse de los acuerdos.

Conforme al artículo 17.6 de la Ley 40/2015, de 1 de octubre, de Régimen Jurídico del Sector Público:

6. Cuando los miembros del órgano voten en contra o se abstengan, quedarán exentos de la responsabilidad que, en su caso, pueda derivarse de los acuerdos.

Consecuentemente la respuesta correcta es la a), siendo las restantes incorrectas ya que no tendrán la responsabilidad que, en su caso, pueda derivarse de los acuerdos, no tendrán la misma responsabilidad que los demás miembros del órgano colegiado y quedarán exentos los que se abstengan y los que voten en contra de la responsabilidad que, en su caso, pueda derivarse de los acuerdos.

56. c) En cualquier momento de la tramitación del procedimiento.

A tenor de lo dispuesto en el artículo 24.1 de la Ley 40/2015, de 1 de octubre, de Régimen Jurídico del Sector Público:

1. En los casos previstos en el artículo anterior, podrá promoverse recusación por los interesados en cualquier momento de la tramitación del procedimiento.

De tal manera la respuesta correcta es la c) En cualquier momento de la tramitación del procedimiento, con lo que las demás son incorrectas ya que no existe un trámite concreto para realizar el trámite de audiencia.

57. c) Salvo que asistan todos los miembros del órgano colegiado y sea declarada la urgencia del asunto por el voto favorable de la mayoría.

Conforme al artículo 17.4 de la Ley 40/2015, de 1 de octubre, de Régimen Jurídico del Sector Público:

4. No podrá ser objeto de deliberación o acuerdo ningún asunto que no figure incluido en el orden del día, salvo que asistan todos los miembros del órgano colegiado y sea declarada la urgencia del asunto por el voto favorable de la mayoría.

Consecuentemente la respuesta correcta es la c) Salvo que asistan todos los miembros del órgano colegiado y sea declarada la urgencia del asunto por el voto favorable de la mayoría, por tanto existen excepciones pero no las indicadas en las respuestas b) y d), por lo que son incorrectas.

58. c) Cuente con la dotación de los créditos necesarios para su puesta en marcha y funcionamiento.

Según el artículo 5.3.c de la Ley 40/2015, de 1 de octubre, de Régimen Jurídico del Sector Público:

3. La creación de cualquier órgano administrativo exigirá, al menos, el cumplimiento de los siguientes requisitos:

    a) Determinación de su forma de integración en la Administración Pública de que se trate y su dependencia jerárquica.

    b) Delimitación de sus funciones y competencias.

    c) Dotación de los créditos necesarios para su puesta en marcha y funcionamiento.

Por tanto la respuesta correcta es la c) Cuente con la dotación de los créditos necesarios para su puesta en marcha y funcionamiento. La demás respuestas son incorrectas ya que no es preciso que sean designados las personas, funcionarios o laborales, que han de prestar servicio en el mismo, no tienen que tener carácter colegiado y que se le atribuya la potestad necesaria para determinar sus competencias.

59. d) La suplencia no supone alteración de la titularidad de la competencia.

De acuerdo con los artículos 8.1 y 13.2 de la Ley 40/2015, de 1 de octubre, de Régimen Jurídico del Sector Público.

8.1. La delegación de competencias, las encomiendas de gestión, la delegación de firma y la suplencia no suponen alteración de la titularidad de la competencia, aunque sí de los elementos determinantes de su ejercicio que en cada caso se prevén.

13.2. La suplencia no implicará alteración de la competencia y para su validez no será necesaria su publicación.

Por ello, la d) es la respuesta correcta: La suplencia no supone alteración de la titularidad de la competencia; siendo incorrectas las respuestas a), b) y c) porque puede ser objeto de delegación, se permite la encomienda de gestión pero también la delegación de firma y la suplencia y si pueden alterarse los elementos determinantes de su ejercicio.

60. a) Jerárquicamente dependientes del que la efectúa.

De acuerdo con el artículo 8.2 de la Ley 40/2015, de 1 de octubre, de Régimen Jurídico del Sector Público:

2. La titularidad y el ejercicio de las competencias atribuidas a los órganos administrativos podrán ser desconcentradas en otros jerárquicamente dependientes de aquellos en los términos y con los requisitos que prevean las propias normas de atribución de competencias.

Por lo que la respuesta correcta es la respuesta a) Jerárquicamente dependientes del que la efectúa, ya que es así como se realiza la desconcentración, y si se tratara de otras Administraciones Públicas, a otra que tenga personalidad jurídica independiente o a otra Administración instrumental estaríamos ante otra técnica de atribución del ejercicio de competencias, distinta de la desconcentración.

61. c) Puede efectuarse en órganos jerárquicamente subordinados o no.

Según el artículo 9.1 de la Ley 40/2015, de 1 de octubre, de Régimen Jurídico del Sector Público.

1. Los órganos de las diferentes Administraciones Públicas podrán delegar el ejercicio de las competencias que tengan atribuidas en otros órganos de la misma Administración, aun cuando no sean jerárquicamente dependientes, o en los Organismos públicos o Entidades de Derecho Público vinculados o dependientes de aquéllas.

Con lo que la respuesta correcta es la c) Puede efectuarse en órganos jerárquicamente subordinados o no, siendo incorrectas las restantes respuestas ya que si supone alteración de la titularidad de la competencia y puede efectuarse en órganos jerárquicamente subordinados o no, admitiéndose la revocación de la misma.

62. c) De dictar disposiciones administrativas de carácter general (normativa).

Conforme al artículo 9.2 de la Ley 40/2015, de 1 de octubre, de Régimen Jurídico del Sector Público:

2. En ningún caso podrán ser objeto de delegación las competencias relativas a:

a) Los asuntos que se refieran a relaciones con la Jefatura del Estado, la Presidencia del Gobierno de la Nación, las Cortes Generales, las Presidencias de los Consejos de Gobierno de las Comunidades Autónomas y las Asambleas Legislativas de las Comunidades Autónomas.

b) La adopción de disposiciones de carácter general.

Consecuentemente la respuesta correcta es la c), siendo incorrectas las restantes respuestas ya que son competencias: organizativa, resolutoria de recursos y para celebrar un contrato administrativo son susceptibles de delegación.

63. d) Ha de estar prevista su autorización expresa en una ley.

De acuerdo con el artículo 8.2 de la Ley 40/2015, de 1 de octubre, de Régimen Jurídico del Sector Público:

2. La titularidad y el ejercicio de las competencias atribuidas a los órganos administrativos podrán ser desconcentradas en otros jerárquicamente dependientes de aquéllos en los términos y con los requisitos que prevean las propias normas de atribución de competencias.

Por tanto, la respuesta correcta es la d) Ha de estar prevista su autorización expresa en una ley, siendo incorrectas las restantes respuestas ya que no está taxativamente prohibida, no es la regla general en nuestro ordenamiento jurídico y requiere una previa habilitación expresa por ley y no "por vía reglamentaria".

64. a) Es libre.

Según el artículo 9.6 de la Ley 40/2015, de 1 de octubre, de Régimen Jurídico del Sector Público:

6. La delegación será revocable en cualquier momento por el órgano que la haya conferido.

Aunque no coincida con la literalidad del artículo supracitado, hemos de entender que la respuesta correcta es la a) Es libre, ya que así es como debemos entender la expresión "en cualquier momento".

65. d) No es posible interponer ningún recurso.

Conforme al artículo 10.2 de la Ley 40/2015, de 1 de octubre, de Régimen Jurídico del Sector Público:

2. En todo caso, la avocación se realizará mediante acuerdo motivado que deberá ser notificado a los interesados en el procedimiento, si los hubiere, con anterioridad o simultáneamente a la resolución final que se dicte. Contra el acuerdo de avocación no cabrá recurso, aunque podrá impugnarse en el que, en su caso, se interponga contra la resolución del procedimiento.

La respuesta correcta tras la lectura del artículo es clara no cabrá recurso, por lo que la correcta es la d).

66. b) Un convenio entre ellos.

De acuerdo con el artículo 11.3.b de la Ley 40/2015, de 1 de octubre, de Régimen Jurídico del Sector Público:

11.3.b) Cuando la encomienda de gestión se realice entre órganos y Entidades de Derecho Público de distintas Administraciones se formalizará mediante firma del correspondiente convenio entre ellas, que deberá ser publicado en el «Boletín Oficial del Estado», en el Boletín oficial de la Comunidad Autónoma o en el de la Provincia, según la Administración a que pertenezca el órgano encomendante, salvo en el supuesto de la gestión ordinaria de los servicios de las Comunidades Autónomas por las Diputaciones Provinciales o en su caso Cabildos o Consejos insulares, que se regirá por la legislación de Régimen Local.

Por tanto, la respuesta b) es la respuesta correcta ya que no es preciso que esté prevista en norma con rango formal de Ley que lo autorice expresamente en cada caso, tampoco es necesario un Acuerdo de Cooperación al efecto, ni ajustarse en el procedimiento a la legislación de contratos de las Administraciones Públicas.

67. c) Remitirá el expediente al órgano que considere competente, debiendo notificar esta circunstancia a los interesados.

Según el artículo 14.1 de la Ley 40/2015, de 1 de octubre, de Régimen Jurídico del Sector Público:

1. El órgano administrativo que se estime incompetente para la resolución de un asunto remitirá directamente las actuaciones al órgano que considere competente, debiendo notificar esta circunstancia a los interesados.

Consecuentemente la respuesta correcta es la c) siendo incorrectas las respuestas a), b) y d) ya que no debe archivar el expediente ni elevar el expediente a su superior jerárquico ni remitirlo el expediente a su inferior jerárquico.

68. b) Dos días.

De acuerdo con el artículo 19.3.a de la Ley 40/2015, de 1 de octubre, de Régimen Jurídico del Sector Público:

3. Los miembros del órgano colegiado deberán:

    a) Recibir, con una antelación mínima de dos días, la convocatoria conteniendo el orden del día de las reuniones. La información sobre los temas que figuren en el orden del día estará a disposición de los miembros en igual plazo.

Por tanto, de acuerdo con la literalidad del citado artículo la respuesta correcta es la b) Dos días, sin que pueda admitirse como respuesta correcta la d) Cuarenta y ocho horas.

69. c) Telemáticamente, como regla general.

Según el artículo 3.2 de la Ley 40/2015, de 1 de octubre, de Régimen Jurídico del Sector Público.

2. Las Administraciones Públicas se relacionarán entre sí y con sus órganos, organismos públicos y entidades vinculados o dependientes a través de medios electrónicos, que aseguren la interoperabilidad y seguridad de los sistemas y soluciones adoptadas por cada una de ellas, garantizarán la protección de los datos de carácter personal, y facilitarán preferentemente la prestación conjunta de servicios a los interesados.

Consecuentemente, la respuesta correcta es la c), siendo las restantes respuestas incorrectas.

70. a) Secretario de los mismos.

De acuerdo con los artículos 18.2 y 19.4.d de la Ley 40/2015, de 1 de octubre, de Régimen Jurídico del Sector Público:

2. El acta de cada sesión podrá aprobarse en la misma reunión o en la inmediata siguiente. El Secretario elaborará el acta con el visto bueno del Presidente y lo remitirá a través de medios electrónicos, a los miembros del órgano colegiado, quienes podrán manifestar por los mismos medios su conformidad o reparos al texto, a efectos de su aprobación, considerándose, en caso afirmativo, aprobada en la misma reunión. Cuando se hubiese optado por la grabación de las sesiones celebradas o por la utilización de documentos en soporte electrónico, deberán conservarse de forma que se garantice la integridad y autenticidad de los ficheros electrónicos correspondientes y el acceso a los mismos por parte de los miembros del órgano colegiado.

19.4 d) Preparar el despacho de los asuntos, redactar y autorizar las actas de las sesiones.

Por tanto, la respuesta correcta conforme a los citados artículos es la a).

71. a) Deberá aportarla en el acto o en el plazo que señale el Presidente.

Según el artículo 19.5 de la Ley 40/2015, de 1 de octubre, de Régimen Jurídico del Sector Público.

5. En el acta figurará, a solicitud de los respectivos miembros del órgano, el voto contrario al acuerdo adoptado, su abstención y los motivos que la justifiquen o el sentido de su voto favorable. Asimismo, cualquier miembro tiene derecho a solicitar la transcripción íntegra de su intervención o propuesta, siempre que, en ausencia de grabación de la reunión aneja al acta, aporte en el acto, o en el plazo que señale el Presidente, el texto que se corresponda fielmente con su intervención, haciéndose así constar en el acta o uniéndose copia a la misma.

Consecuente la respuesta correcta es la a), siendo las restantes incorrectas ya que no deberá aportarla en el acto o en el plazo de cuarenta y ocho horas ni ha de utilizarse en la sesión de que se trate un medio de reproducción de las intervenciones ni entregarla al Secretario con anterioridad a la sesión de que se trate.

72. d) Por el órgano delegante.

Conforme al artículo 9.4 de la Ley 40/2015, de 1 de octubre, de Régimen Jurídico del Sector Público.

4. Las resoluciones administrativas que se adopten por delegación indicarán expresamente esta circunstancia y se considerarán dictadas por el órgano delegante.

Por tanto, por la literalidad del citado artículo la respuestas la d) siendo incorrectas las restantes ya que no pueden considerarse dictadas tanto por el órgano delegante como por el órgano delegado, ni por el órgano delegado ni tampoco por el mismo órgano.

73. a) Presidente del mismo.

De acuerdo con el artículo 19.2.f de la Ley 40/2015, de 1 de octubre, de Régimen Jurídico del Sector Público:

19.2 f) Visar las actas y certificaciones de los acuerdos del órgano.

Por tanto, la respuesta correcta conforme al citado artículo es la a).

74. b) Secretario del mismo.

Según el artículo 19.4.e de la Ley 40/2015, de 1 de octubre, de Régimen Jurídico del Sector Público:

e) Expedir certificaciones de las consultas, dictámenes y acuerdos aprobados.

Por tanto, la respuesta correcta conforme al citado artículo es la b).

75. d) Podrán formularse por escrito en el plazo de dos días.

Conforme al artículo 19.5 de la Ley 40/2015, de 1 de octubre, de Régimen Jurídico del Sector Público:

5. Los miembros que dIscrepen del acuerdo mayoritario podrán formular voto particular por escrito en el plazo de dos días, que se incorporará al texto aprobado. Las actas se aprobarán en la misma o en la siguiente sesión, pudiendo no obstante emitir el Secretario certificación sobre los acuerdos que se hayan adoptado, sin perjuicio de la ulterior aprobación del acta. Se considerará aprobada en la misma sesión el acta que, con posterioridad a la reunión, sea distribuida entre los miembros y reciba la conformidad de éstos por cualquier medio del que el Secretario deje expresión y constancia. En las certificaciones de acuerdos adoptados emitidas con anterioridad a la aprobación del acta se hará constar expresamente tal circunstancia.

Consecuentemente, la respuesta correcta es la d), ya que tales votos particulares no invalidan el acuerdo adoptado, no necesariamente han de formularse en la sesión en que se adopta el acuerdo y no deben ser autorizados por el Presidente del órgano.

76. a) De forma solidaria.

Artículo 28.3 de la Ley 40/2015, de 1 de octubre, de Régimen Jurídico del Sector Público: Así pues se prevé la norma que, con carácter general, cuando el cumplimiento de una obligación establecida por una norma con rango de ley corresponda a varias personas conjuntamente, responderán solidariamente.

77. c) En ningún caso podrán implicar, directa o subsidiariamente, privación de libertad.

Artículo 29.1 de la Ley 40/2015, de 1 de octubre, de Régimen Jurídico del Sector Público: Respondiendo al principio de proporcionalidad de las sanciones administrativas, estas en ningún caso podrán implicar, directa o subsidiariamente, privación de libertad, sean o no de naturaleza pecuniaria.

78. d) A los tres años.

Artículo 30.1 de la Ley 40/2015, de 1 de octubre, de Régimen Jurídico del Sector Público: Plazos de prescripción: las infracciones muy graves prescribirán a los tres años, las graves a los dos años y las leves a los seis meses.

79. b) La Ley Orgánica 6/1985, de 1 de julio, del Poder Judicial.

Al referirse a la Administración de Justicia, será la Ley Orgánica 6/1985, de 1 de julio, del Poder Judicial, la que determine las normas a aplicar sobre la responsabilidad de dicha Administración por el funcionamiento de la misma.

80. d) Portal de internet.

Artículo 39 de la Ley 40/2015, de 1 de octubre, de Régimen Jurídico del Sector Público: Lo denomina Portal de Internet.

81. a) Tres meses.

Artículo 53.1 de la Ley 40/2015, de 1 de octubre, de Régimen Jurídico del Sector Público: Dispone este artículo que, dentro de los tres meses siguientes a la suscripción de cualquier convenio cuyos compromisos económicos asumidos superen los 600.000 euros, estos deberán remitirse electrónicamente al Tribunal de Cuentas u órgano externo de fiscalización de la Comunidad Autónoma, según corresponda.

82. b) No podrán ser superiores a los gastos derivados de la ejecución del convenio.

Artículo 48.6 de la Ley 40/2015, de 1 de octubre, de Régimen Jurídico del Sector Público: Dichas aportaciones no pueden ser superiores a los gastos derivados de la ejecución del convenio.

83. d) Por la prestación del consentimiento de las partes.

Artículo 48.8 de la Ley 40/2015, de 1 de octubre, de Régimen Jurídico del Sector Público: Exige el consentimiento de ambas partes para considerar perfeccionado el convenio.

84. c) El Ministerio de Justicia.

Artículo 32.8 segundo párrafo de la Ley 40/2015, de 1 de octubre, de Régimen Jurídico del Sector Público: El procedimiento para fijar el importe de las indemnizaciones se tramitará por el Ministerio de Justicia, con audiencia al Consejo de Estado.

85. c) Únicamente la sanción correspondiente a la infracción más grave cometida.

Artículo 29.5 de la Ley 40/2015, de 1 de octubre, de Régimen Jurídico del Sector Público: Cuando de la comisión de una infracción derive necesariamente la comisión de otra u otras, se deberá imponer únicamente la sanción correspondiente a la infracción más grave cometida.

86. b) No resulte más beneficiosa para el infractor que el cumplimiento de las normas infringidas.

Artículo 29.2 de la Ley 40/2015, de 1 de octubre, de Régimen Jurídico del Sector Público:

En virtud del principio de proporcionalidad de las sanciones administrativas, el establecimiento de sanciones pecuniarias deberá prever que la comisión de las infracciones tipificadas no resulte más beneficiosa para el infractor que el cumplimiento de las normas infringidas.

87. d) La reincidencia, por comisión en el término de cinco años de más de una infracción de la misma naturaleza cuando así haya sido declarado por resolución firme en vía administrativa.

Artículo 29.3 d) de la Ley 40/2015, de 1 de octubre, de Régimen Jurídico del Sector Público: en la graduación de la sanción administrativa, se debe tener en cuenta la reincidencia, que se produce por comisión en el término de un año de más de una infracción de la misma naturaleza cuando así haya sido declarado por resolución firme en vía administrativa.

88. d) Más de un mes por causa no imputable al presunto responsable.

Artículo 30.2 segundo párrafo de la Ley 40/2015, de 1 de octubre, de Régimen Jurídico del Sector Público: Interrumpirá la prescripción la iniciación, con conocimiento del interesado, de un procedimiento administrativo de naturaleza sancionadora, reiniciándose el plazo de prescripción si el expediente sancionador estuviera paralizado durante más de un mes por causa no imputable al presunto responsable.

89. a) Los titulares de los Departamentos Ministeriales y los Presidentes o Directores de las dichas entidades y organismos públicos.

Artículo 48.2 de la Ley 40/2015, de 1 de octubre, de Régimen Jurídico del Sector Público: En el ámbito de la Administración General del Estado y sus organismos públicos y entidades de derecho público vinculados o dependientes, podrán celebrar convenios los titulares de los Departamentos Ministeriales y los Presidentes o Directores de las dichas entidades y organismos públicos.

90. a) A los dos años.

Artículo 30.1 de la Ley 40/2015, de 1 de octubre, de Régimen Jurídico del Sector Público: Plazos de prescripción: las infracciones muy graves prescribirán a los tres años, las graves a los dos años y las leves a los seis meses.

91. b) Sea ejecutable la resolución por la que se impone la sanción.

Artículo 30.3 de la Ley 40/2015, de 1 de octubre, de Régimen Jurídico del Sector Público: El plazo de prescripción de las sanciones comenzará a contarse desde el día siguiente a aquel en que sea ejecutable la resolución por la que se impone la sanción o haya transcurrido el plazo para recurrirla.

92. d) Del funcionamiento normal o anormal de los servicios públicos.

Artículo 32.1 de la Ley 40/2015, de 1 de octubre, de Régimen Jurídico del Sector Público: Los particulares tendrán derecho a ser indemnizados por las Administraciones Públicas correspondientes, de toda lesión que sufran en cualquiera de sus bienes y derechos, siempre que la lesión sea consecuencia del funcionamiento normal o anormal de los servicios públicos salvo en los casos de fuerza mayor o de daños que el particular tenga el deber jurídico de soportar de acuerdo con la ley.

93. c) Desde la fecha de su publicación en el Boletín Oficial del Estado.

Artículo 32.6 de la Ley 40/2015, de 1 de octubre, de Régimen Jurídico del Sector Público: Produce efectos desde que se publica en el Boletín Oficial del Estado.

94. b) Desde el día siguiente a aquel en que finalice el plazo legalmente previsto para la resolución de dicho recurso.

Artículo 30.3 tercer párrafo de la Ley 40/2015, de 1 de octubre, de Régimen Jurídico del Sector Público: En el caso de desestimación presunta del recurso de alzada interpuesto contra la resolución por la que se impone la sanción, el plazo de prescripción de la sanción comenzará a contarse desde el día siguiente a aquel en que finalice el plazo legalmente previsto para la resolución de dicho recurso.

95. a) En el grado inferior.

Artículo 29.4 de la Ley 40/2015, de 1 de octubre, de Régimen Jurídico del Sector Público: La ley, en estos casos, permitirá que el órgano competente para resolver pueda imponer, valorando las circunstancias del caso, la sanción en el grado inferior.

96. c) A los tres años.

Artículo 30.1 de la Ley 40/2015, de 1 de octubre, de Régimen Jurídico del Sector Público: Plazos de prescripción: las sanciones impuestas por faltas muy graves prescribirán a los tres años, las impuestas por faltas graves a los dos años y las impuestas por faltas leves al año.

97. d) Del sujeto, hecho y fundamento.

Artículo 31.1 de la Ley 40/2015, de 1 de octubre, de Régimen Jurídico del Sector Público: para que no sean sancionados en estos supuestos, ha de apreciarse identidad de sujeto/s, hecho/s y fundamento/s.

98. d) Del Consejo de Estado.

Artículo 32.8 segundo párrafo de la Ley 40/2015, de 1 de octubre, de Régimen Jurídico del Sector Público: El procedimiento para fijar el importe de las indemnizaciones se tramitará por el Ministerio de Justicia, con audiencia al Consejo de Estado.

99. c) Quince días.

Artículo 33.4 de la Ley 40/2015, de 1 de octubre, de Régimen Jurídico del Sector Público: fija el plazo en quinde días para que el resto de las Administraciones puedan exponer cuanto consideren procedente.

100. b) Cuando resulte más adecuado para lograr la reparación debida y convenga al interés público, siempre que exista acuerdo con el interesado.

Artículo 34.4 de la Ley 40/2015, de 1 de octubre, de Régimen Jurídico del Sector Público: Permite este artículo que la indemnización procedente podrá sustituirse por una compensación en especie o ser abonada mediante pagos periódicos, cuando resulte más adecuado para lograr la reparación debida y convenga al interés público, siempre que exista acuerdo con el interesado.

101. d) Por dolo, o culpa o negligencia graves.

Artículo 36.2 de la Ley 40/2015, de 1 de octubre, de Régimen Jurídico del Sector Público:

La exigirá cuando las autoridades y demás personal a su servicio hubieran incurrido por dolo, o culpa o negligencia graves, previa instrucción del correspondiente procedimiento.

102. a) De la integridad, veracidad y actualización de la información y los servicios a los que pueda accederse a través de la misma.

Artículo 38.2 de la Ley 40/2015, de 1 de octubre, de Régimen Jurídico del Sector Público: El establecimiento de una sede electrónica conlleva la responsabilidad del titular respecto de la integridad, veracidad y actualización de la información y los servicios a los que pueda accederse a través de la misma.

103. d) 600.000 euros.

Artículo 53.1 de la Ley 40/2015, de 1 de octubre, de Régimen Jurídico del Sector Público: Dispone este artículo que dentro de los tres meses siguientes a la suscripción de cualquier convenio cuyos compromisos económicos asumidos superen los 600.000 euros, estos deberán remitirse electrónicamente al Tribunal de Cuentas u órgano externo de fiscalización de la Comunidad Autónoma, según corresponda.

104. b) Pública y accesible por medios electrónicos.

Artículo 40.1 de la Ley 40/2015, de 1 de octubre, de Régimen Jurídico del Sector Público: La relación de sellos electrónicos utilizados por cada Administración Pública, incluyendo las características de los certificados electrónicos y los prestadores que los expiden, deberá ser pública y accesible por medios electrónicos.

105. b) A los seis meses.

Artículo 30.1 de la Ley 40/2015, de 1 de octubre, de Régimen Jurídico del Sector Público: Plazos de prescripción: las infracciones muy graves prescribirán a los tres años, las graves a los dos años y las leves a los seis meses.

106. d) Actuación administrativa automatizada.

Artículo 41.1 de la Ley 40/2015, de 1 de octubre, de Régimen Jurídico del Sector Público: La denomina actuación administrativa automatizada, porque en ella no interviene de forma directa empleado público alguno.

107. d) Cuatro años.

Artículo 49 h) 1.º de la Ley 40/2015, de 1 de octubre, de Régimen Jurídico del Sector Público: Los convenios deberán tener una duración determinada, que no podrá ser superior a cuatro años, salvo que normativamente se prevea un plazo superior.

108. a) Que podrán realizar alegaciones durante un plazo de quince días.

Artículo 36.4 a) de la Ley 40/2015, de 1 de octubre, de Régimen Jurídico del Sector Público: El plazo de alegaciones, que deberá de constar en el acuerdo de iniciación del procedimiento, será de quince días y así se le notificará a los interesados.

109. b) La autorización previa del Ministerio de Presidencia, Justicia y Relaciones con las Cortes para su firma, modificación, prórroga y resolución por mutuo acuerdo entre las partes.

Artículo 50.2 de la Ley 40/2015, de 1 de octubre, de Régimen Jurídico del Sector Público:

La autorización previa a la que se refiere el apartado b) ha de ser del Ministerio de Hacienda y Función Pública (Actualmente separado en dos Ministerios: el Ministerio de Hacienda y el Ministerio para la Transformación Digital y de la Función Pública).

110. a) Desde el día en que la infracción se hubiera cometido.

Artículo 30.2 de la Ley 40/2015, de 1 de octubre, de Régimen Jurídico del Sector Público:

El plazo de prescripción de las infracciones comenzará a contarse desde el día en que la infracción se hubiera cometido.

111. d) Determinado en su conjunto cuando sea en relación con un grupo de personas.

Artículo 32.2 de la Ley 40/2015, de 1 de octubre, de Régimen Jurídico del Sector Público:

En todo caso, el daño alegado habrá de ser efectivo, evaluable económicamente e individualizado con relación a una persona o grupo de personas.

112. c) A los dos años.

Artículo 30.1 de la Ley 40/2015, de 1 de octubre, de Régimen Jurídico del Sector Público: Plazos de prescripción: las sanciones impuestas por faltas muy graves prescribirán a los tres años, las impuestas por faltas graves a los dos años y las impuestas por faltas leves al año.

113. c) Que la práctica de las pruebas admitidas y cualesquiera otras que el órgano competente estime oportunas se realizarán durante un plazo de quince días.

Artículo 36.4 b) de la Ley 40/2015, de 1 de octubre, de Régimen Jurídico del Sector Público: El plazo para las pruebas, que deberá de constar en el acuerdo de iniciación del procedimiento, será de quince días, siempre que se hayan admitido por el órgano competente.

114. b) El Consejo de Ministros.

Artículo 32.8 párrafo primero de la Ley 40/2015, de 1 de octubre, de Régimen Jurídico del Sector Público: El Consejo de Ministros fijará el importe de las indemnizaciones que proceda abonar cuando el Tribunal Constitucional haya declarado, a instancia de parte interesada, la existencia de un funcionamiento anormal en la tramitación de los recursos de amparo o de las cuestiones de inconstitucionalidad.

115. b) Los baremos de la normativa vigente en materia de Seguros obligatorios y de la Seguridad Social.

Artículo 34.2 de la Ley 40/2015, de 1 de octubre, de Régimen Jurídico del Sector Público: En los casos de muerte o lesiones corporales se podrá tomar como referencia la valoración incluida en los baremos de la normativa vigente en materia de Seguros obligatorios y de la Seguridad Social.

116. d) El Esquema Nacional de Seguridad.

Artículo 46.3 de la Ley 40/2015, de 1 de octubre, de Régimen Jurídico del Sector Público: Los medios o soportes en que se almacenen documentos, deberán contar con medidas de seguridad, de acuerdo con lo previsto en el Esquema Nacional de Seguridad, que garanticen la integridad, autenticidad, confidencialidad, calidad, protección y conservación de los documentos almacenados.

117. b) El acuerdo de resolución de la mayoría simple de los firmantes.

Artículo 51.2 b de la Ley 40/2015, de 1 de octubre, de Régimen Jurídico del Sector Público: Requiere para su resolución el acuerdo unánime de todos los firmantes, sin que sea válido el acuerdo mayoritario.

118. b) Al Tribunal de Cuentas u órgano externo de fiscalización de la Comunidad Autónoma.

Artículo 53.2 de la Ley 40/2015, de 1 de octubre, de Régimen Jurídico del Sector Público: En estos casos, se comunicarán al Tribunal de Cuentas u órgano externo de fiscalización de la Comunidad Autónoma, según corresponda, las modificaciones, prórrogas o variaciones de plazos, alteración de los importes de los compromisos económicos asumidos y la extinción de los convenios indicados.

119. b) Cuando infrinjan el mismo o semejantes preceptos administrativos y en ejecución de un plan preconcebido o aprovechando idéntica ocasión.

Artículo 29.6 de la Ley 40/2015, de 1 de octubre, de Régimen Jurídico del Sector Público: En virtud de principio de proporcionalidad, la ley permite que se sancione como infracción continuada la realización de una pluralidad de acciones u omisiones cuando infrinjan el mismo o semejantes preceptos administrativos, y se realice en ejecución de un plan preconcebido o aprovechando idéntica ocasión.

120. d) Siempre que no concurra la identidad de sujeto y fundamento.

Artículo 31.2 de la Ley 40/2015, de 1 de octubre, de Régimen Jurídico del Sector Público: El órgano que va a resolver, si tiene conocimiento de que un órgano de la Unión Europea ha impuesto una sanción por los mismos hechos, y siempre que no concurra la identidad de sujeto y fundamento, debe tenerla en cuenta, para graduarla, pudiendo minorarla y sin perjuicio de que declare la comisión de dicha infracción.

121. c) No presupone, por sí misma, derecho a la indemnización.

Artículo 32.1 párrafo segundo de la Ley 40/2015, de 1 de octubre, de Régimen Jurídico del Sector Público: se trata de una consecuencia del principio de responsabilidad que establece esta Ley, al disponer que la anulación en vía administrativa o por el orden jurisdiccional contencioso administrativo de los actos o disposiciones administrativas no presupone, por sí misma, derecho a la indemnización.

122. d) En el Diario Oficial de la Unión Europea.

Artículo 32.6 de la Ley 40/2015, de 1 de octubre, de Régimen Jurídico del Sector Público: Requiere su publicación en el Derecho de la Unión Europea para que la sentencia pueda producir efectos.

123. d) Durante más de un mes.

Artículo 30.3 segundo párrafo de la Ley 40/2015, de 1 de octubre, de Régimen Jurídico del Sector Público: Interrumpirá la prescripción la iniciación, con conocimiento del interesado, del procedimiento de ejecución, volviendo a transcurrir el plazo si aquél está paralizado durante más de un mes por causa no imputable al infractor.

124. b) Al Senado.

Artículo 50.2.e) de la Ley 40/2015, de 1 de octubre, de Régimen Jurídico del Sector Público: Los convenios interadministrativos suscritos con las Comunidades Autónomas, serán remitidos al Senado por el Ministerio de Política Territorial y Memoria Democrática.

125. a) Que se formulará propuesta de resolución en un plazo de cinco días a contar desde la finalización del trámite de audiencia.

Artículo 36.4d) de la Ley 40/2015, de 1 de octubre, de Régimen Jurídico del Sector Público: El plazo de propuesta de resolución por el órgano competente, que deberá de constar en el acuerdo de iniciación del procedimiento, será de cinco días a contar desde la finalización del trámite de audiencia.

126. a) En todo caso de forma solidaria.

Artículo 33.1 de la Ley 40/2015, de 1 de octubre, de Régimen Jurídico del Sector Público: Cuando de la gestión dimanante de fórmulas conjuntas de actuación entre varias Administraciones Públicas se derive responsabilidad en los términos previstos en la presente ley, las Administraciones intervinientes responderán frente al particular, en todo caso, de forma solidaria.

127. d) Al día en que la lesión efectivamente se produjo.

Artículo 34.3 de la Ley 40/2015, de 1 de octubre, de Régimen Jurídico del Sector Público: El día sobre el que se calculará la cuantía, sin perjuicio de su actualización a la fecha en que se ponga fin al procedimiento de responsabilidad, será el día en el que se produjo la lesión.

128. d) Resolución por el órgano competente en el plazo de cinco días, tras la propuesta de resolución.

Artículo 36.4 e) de la Ley 40/2015, de 1 de octubre, de Régimen Jurídico del Sector Público: La resolución por el órgano competente deberá dictarse en el plazo de cinco días, a contar desde la propuesta de resolución, y así se hará constar en el acuerdo de iniciación de este procedimiento.

129. b) Pondrá fin a la vía administrativa.

Artículo 36.5 de la Ley 40/2015, de 1 de octubre, de Régimen Jurídico del Sector Público: Este artículo es contundente a la hora de disponer que la resolución declaratoria de responsabilidad, en este tipo de procedimientos, pone fin a la vía administrativa.

130. d) La legislación penal.

Artículo 37.1 de la Ley 40/2015, de 1 de octubre, de Régimen Jurídico del Sector Público: La responsabilidad penal del personal al servicio de las Administraciones Públicas, se exigirá de acuerdo con lo previsto en la legislación correspondiente, en este caso conforme a la legislación penal.

131. a) No suspenderá los procedimientos de reconocimiento de responsabilidad patrimonial que se instruyan.

Artículo 37.2 de la Ley 40/2015, de 1 de octubre, de Régimen Jurídico del Sector Público: La exigencia de responsabilidad penal del personal al servicio de las Administraciones Públicas no suspenderá los procedimientos de reconocimiento de responsabilidad patrimonial que se instruyan. Pero a esta regla general, la ley pone una excepción: Sí se suspenderán cuando la determinación de los hechos en el orden jurisdiccional penal sea necesaria para la fijación de la responsabilidad patrimonial.

132. c) Las entidades sin personalidad jurídica, aun cuando una Ley no les reconozca capacidad de obrar.

Artículo 28.1 de la Ley 40/2015, de 1 de octubre, de Régimen Jurídico del Sector Público: Podrán ser sancionadas por hechos constitutivos de infracción administrativa las personas físicas y jurídicas, así como, cuando una ley les reconozca capacidad de obrar, los grupos de afectados, las uniones y entidades sin personalidad jurídica y los patrimonios independientes o autónomos, que resulten responsables de los mismos a título de dolo o culpa.

133. b) Sede electrónica.

Artículo 38.1 de la Ley 40/2015, de 1 de octubre, de Régimen Jurídico del Sector Público: La Ley define como sede electrónica a la dirección electrónica, disponible para los ciudadanos a través de redes de telecomunicaciones, cuya titularidad corresponde a una Administración Pública, o bien a una o varios organismos públicos o entidades de Derecho Público en el ejercicio de sus competencias.

134. a) Convenios constitutivos de Acuerdo internacional administrativo firmados entre las Administraciones Públicas y los órganos, organismos públicos o entes de un sujeto de Derecho internacional.

Artículo 47.2 d) de la Ley 40/2015, de 1 de octubre, de Régimen Jurídico del Sector Público: la ley permite los convenios no constitutivos ni de Tratado internacional, ni de Acuerdo internacional administrativo, ni de Acuerdo internacional no normativo, firmados entre las Administraciones Públicas y los órganos, organismos públicos o entes de un sujeto de Derecho internacional, que estarán sometidos al ordenamiento jurídico interno que determinen las partes.

135. d) Ley 38/2003, de 17 de noviembre, General de Subvenciones.

Artículo 48.7 de la Ley 40/2015, de 1 de octubre, de Régimen Jurídico del Sector Público: A esta ley se remite expresamente la Ley 40/2015, al disponer en los casos mencionados, se deberá cumplir lo previsto en la Ley 38/2003, de 17 de noviembre, General de Subvenciones y la normativa autonómica de desarrollo que, en su caso, resulte aplicable.

136. d) Ministerio de Política Territorial y Memoria Democrática.

Artículo 50.2.e) de la Ley 40/2015, de 1 de octubre, de Régimen Jurídico del Sector Público: Los convenios interadministrativos suscritos con las Comunidades Autónomas, serán remitidos al Senado por el Ministerio de Política Territorial y Memoria Democrática.

137. c) El régimen de modificación del convenio. A falta de regulación expresa la modificación del contenido del convenio requerirá acuerdo de la mitad de los firmantes.

Artículo 49 g) de la Ley 40/2015, de 1 de octubre, de Régimen Jurídico del Sector Público: El convenio debe incluir el régimen de modificación del convenio, pero si no hay una regulación expresa sobre este extremo, la modificación del contenido del convenio requerirá del acuerdo unánime de los firmantes.

138. d) El incumplimiento de las obligaciones y compromisos asumidos por parte de alguno de los firmantes.

Artículo 51.2 de la Ley 40/2015, de 1 de octubre, de Régimen Jurídico del Sector Público: La respuesta a) no es correcta, pues la resolución se produciría por decisión judicial declaratoria de la nulidad del convenio. La opción b) sería incorrecta, pues el acuerdo ha de ser unánime. Y la c) solo permitiría la resolución del convenio si hubiere transcurrido el plazo de vigencia del convenio sin haberse acordado la prórroga del mismo.

139. a) Desde que finalizó la conducta infractora.

Artículo 30.2 de la Ley 40/2015, de 1 de octubre, de Régimen Jurídico del Sector Público: El plazo de prescripción en el caso de infracciones continuadas o permanentes, comenzará a correr desde que finalizó la conducta infractora.

140. b) Directamente a la Administración Pública correspondiente.

Artículo 36.1 de la Ley 40/2015, de 1 de octubre, de Régimen Jurídico del Sector Público: Para hacer efectiva la responsabilidad patrimonial a que nos estamos refiriendo, los particulares exigirán directamente a la Administración Pública correspondiente las indemnizaciones por los daños y perjuicios causados por las autoridades y personal a su servicio.

141. c) Certificados reconocidos o cualificados de autenticación de sitio web o medio equivalente.

Artículo 38.6 de la Ley 40/2015, de 1 de octubre, de Régimen Jurídico del Sector Público: Las sedes electrónicas utilizarán, para identificarse y garantizar una comunicación segura con las mismas, certificados reconocidos o cualificados de autenticación de sitio web o medio equivalente.

142. c) El Índice de Garantía de la Competitividad, fijado por el Instituto Nacional de Estadística.

Artículo 34.3 de la Ley 40/2015, de 1 de octubre, de Régimen Jurídico del Sector Público: Se actualizarán con arreglo al Índice de Garantía de la Competitividad, fijado por el Instituto Nacional de Estadística.

143. a) Al año.

Artículo 30.1 de la Ley 40/2015, de 1 de octubre, de Régimen Jurídico del Sector Público: Plazos de prescripción: las sanciones impuestas por faltas muy graves prescribirán a los tres años, las impuestas por faltas graves a los dos años y las impuestas por faltas leves al año.

144. a) El resultado no dañoso producido.

Artículo 36.2 párrafos segundo de la Ley 40/2015, de 1 de octubre, de Régimen Jurídico del Sector Público: El resultado a ponderar para cuantificar la indemnización ha de ser un daño doloso y que se haya producido efectivamente.

145. b) Al Tribunal de Cuentas u órgano externo de fiscalización de la Comunidad Autónoma.

Artículo 53.1 de la Ley 40/2015, de 1 de octubre, de Régimen Jurídico del Sector Público: Dispone este artículo que dentro de los tres meses siguientes a la suscripción de cualquier convenio cuyos compromisos económicos asumidos superen los 600.000 euros, estos deberán remitirse electrónicamente al Tribunal de Cuentas u órgano externo de fiscalización de la Comunidad Autónoma, según corresponda.

146. d) Que se hubiesen podido evitar según el estado de los conocimientos de la técnica existentes en el momento de producción de aquellos.

Artículo 34.1 de la Ley 40/2015, de 1 de octubre, de Régimen Jurídico del Sector Público: La incorrecta es la d), ya que se si hubieran podido evitar según dichos conocimientos, el personal al servicio de la Administración debió aplicarlos, y por lo tanto sería responsable y como consecuencia de ello, sería indemnizable el daño ocasionado.

147. d) Sello electrónico y código seguro de verificación vinculados a la Administración Pública, órgano, organismo público o entidad de Derecho Público.

Artículo 42 de la Ley 40/2015, de 1 de octubre, de Régimen Jurídico del Sector Público: Este artículo recoge los sistemas de firma para la actuación administrativa automatizada, que pueden ser el sello electrónico y el código seguro de verificación vinculados a la Administración Pública, órgano, organismo público o entidad de Derecho Público.

148. b) Sus respectivos Estatutos de autonomía.

Artículo 47.2 a) segundo párrafo de la Ley 40/2015, de 1 de octubre, de Régimen Jurídico del Sector Público: Constituye una excepción a los convenios interadministrativos suscritos entre dos o más Administraciones Públicas, pues cuando dichos convenios se suscriban entre dos o más Comunidades Autónomas para la gestión y prestación de servicios propios de las mismas, se regirán en cuanto a sus supuestos, requisitos y términos por lo previsto en sus respectivos Estatutos de autonomía.

149. a) Cuantías concretas de las indemnizaciones a pagar en caso de cumplimiento de las obligaciones y compromisos asumidos por cada una de las partes.

Artículo 49 e) de la Ley 40/2015, de 1 de octubre, de Régimen Jurídico del Sector Público: El convenio debe incluir los criterios para determinar la posible indemnización por el incumplimiento, no por el cumplimiento de las obligaciones. Además, no se fijarán las cuantías exactas, sino que esas cuantías se calcularán conforme a los criterios fijados en el convenio.

150. d) Que se les concede audiencia durante un plazo de diez días.

Artículo 36.4 c) de la Ley 40/2015, de 1 de octubre, de Régimen Jurídico del Sector Público: El plazo de audiencia, que deberá de constar en el acuerdo de iniciación del procedimiento, será de diez días y así se le notificará a los interesados.

TÍTULO I

Administración General del Estado

1. Coordinar la Administración del Estado con la de la Comunidad Autónoma, de acuerdo con lo dispuesto en el artículo 154 de la Constitución Española y el artículo 72 de la Ley 40/2015, de 1 de octubre, de Régimen Jurídico del Sector Público, es función de:

a) El Delegado del Gobierno.
b) El Subdelegado del Gobierno.
c) El Ministro de Política Territorial y Memoria Democrática.
d) El Presidente de la Comunidad Autónoma.

2. Conforme al artículo 74 de la Ley 40/2015, de 1 de octubre, de Régimen Jurídico del Sector Público, los Subdelegados del Gobierno dependen de manera inmediata de:

a) El Delegado del Gobierno.
b) Las Comunidades Autónomas.
c) El Ministro de Política Territorial y Memoria Democrática.
d) El Ministerio de la Presidencia, Justicia y Relaciones con las Cortes.

3. Son órganos directivos de la Administración Central, de acuerdo con el artículo 55.3 de Ley 40/2015, de 1 de octubre, de Régimen Jurídico del Sector Público:

a) Los Secretarios de Estado.
b) Los Subdirectores Generales.
c) Los Ministros.
d) El Presidente del Gobierno.

4. Los Subdelegados del Gobierno en las provincias tienen nivel orgánico de:

a) Director General.
b) Subsecretario.
c) Subdirector General.
d) Secretario de Estado.

5. Según establece el artículo 55.3 de Ley 40/2015, de 1 de octubre, de Régimen Jurídico del Sector Público, son órganos superiores de la Administración General del Estado:

a) Los Secretarios de Estado y Subsecretarios.
b) Los Secretarios de Estado y Secretarios Generales con rango de Subsecretarios.
c) Los Secretarios de Estado y Secretarios Generales con rango de Subsecretarios y los Subsecretarios.
d) Los Secretarios de Estado.

6. La denominación de los ministerios se establece en:

a) La Ley del Gobierno.
b) Ley 40/2015, de 1 de octubre, de Régimen Jurídico del Sector Público.
c) Un Real Decreto del Presidente del Gobierno.
d) Un Real Decreto del Consejo de Ministros, a propuesta del Presidente del Gobierno.

7. De acuerdo con lo previsto en el artículo 55.4 de la Ley 40/2015, de 1 de octubre, de Régimen Jurídico del Sector Público, son órganos territoriales de la Administración General del Estado:

a) Solamente los Delegados del Gobierno y los Subdelegados del Gobierno.
b) Los Delegados del Gobierno, los Subdelegados del Gobierno y los Directores Insulares.
c) Los Delegados del Gobierno, los Gobernadores Civiles y los Directores Insulares.
d) Los Delegados del Gobierno, los Subdelegados del Gobierno y los Gobernadores Civiles.

8. Mantener las necesarias relaciones de cooperación y coordinación de la Administración General del Estado y sus Organismos públicos con la de la Comunidad Autónoma y con las correspondientes Entidades locales en el ámbito de la provincia, corresponde al:

a) Delegado del Gobierno.
b) Subdelegado del Gobierno.
c) Presidente de la Comunidad Autónoma.
d) Presidente de la Diputación Provincial.

9. Las Delegaciones del Gobierno se adscriben orgánicamente a:

a) El Ministerio de la Presidencia, Justicia y Relaciones con las Cortes.
b) El Ministerio del Interior.
c) El Ministerio de Política Territorial y Memoria Democrática.
d) La Presidencia de la Comunidad autónoma.

10. No es un órgano directivo de un Ministerio, de acuerdo con lo dispuesto en el artículo 55.3 de Ley 40/2015, de 1 de octubre, de Régimen Jurídico del Sector Público:

a) El Secretario de Estado.
b) El Subdelegado del Gobierno.

c) El Secretario General Técnico.
d) El Secretario General.

11. Conforme a lo dispuesto en el artículo 72.4 de Ley 40/2015, de 1 de octubre, de Régimen Jurídico del Sector Público, los Delegados del Gobierno son nombrados y separados:

a) Por Real Decreto del Presidente del Gobierno.
b) Por Real Decreto del Consejo de Ministros a propuesta del Presidente del Gobierno.
c) Por Real Decreto de Consejo de Ministros a propuesta del Ministro de Política Territorial y Memoria Democrática.
d) Por Real Decreto del Consejo de Ministros a propuesta del Ministro de Interior.

12. El nombramiento de los Subdelegados conforme al artículo 74 de la Ley 40/2015, de 1 de octubre, de Régimen Jurídico del Sector Público:

a) Se producirá por libre designación entre funcionarios de carrera del Estado, de las Comunidades Autónomas o de las Entidades Locales, pertenecientes a Cuerpos o Escalas clasificados como Subgrupo A1.
b) Se producirá por concurso entre funcionarios de carrera del Estado, de las Comunidades Autónomas o de las Entidades Locales, pertenecientes a Cuerpos o Escalas clasificados como Subgrupo A1.
c) Se producirá por oposición entre aspirantes a funcionarios de carrera del Estado, de las Comunidades Autónomas o de las Entidades Locales, pertenecientes a Cuerpos o Escalas clasificados como Subgrupo A1.
d) Se producirá por concurso-oposición entre funcionarios de carrera del Estado, de las Comunidades Autónomas o de las Entidades Locales, pertenecientes a Cuerpos o Escalas clasificados como Subgrupo A1.

13. De acuerdo con el artículo 75 de la Ley 40/2015, de 1 de octubre, de Régimen Jurídico del Sector Público, es competencia de los Subdelegados:

a) Dirigir los servicios integrados de la Administración del Estado.
b) Dirigir los servicios no integrados.
c) Supervisar los servicios no integrados y dirigir los integrados.
d) Supervisar los servicios integrados y dirigir los no integrados.

14. El nombramiento y cese de los Secretarios de Estado de acuerdo con lo establecido en la Ley 50/1997, de 27 de noviembre, del Gobierno, se realizará mediante:

a) Real Decreto del Consejo de Ministros.
b) Orden del Ministro de quien dependa.
c) Resolución del Subsecretario correspondiente.
d) Real Decreto del Presidente del Gobierno.

15. No es un órgano directivo, conforme al artículo 55.3 de Ley 40/2015, de 1 de octubre, de Régimen Jurídico del Sector Público dentro del Ministerio:

a) El Secretario de Estado.
b) El Subdelegado del Gobierno.
c) El Secretario General Técnico.
d) El Secretario General.

16. Señala la respuesta falsa, a tenor de lo dispuesto en la Ley 40/2015, de 1 de octubre, de Régimen Jurídico del Sector Público:

a) En caso de ausencia o enfermedad de un Ministro, será sustituido por el Ministro que designe el Presidente del Gobierno.
b) Los órganos superiores y directivos tienen la condición de alto cargo, sin excepciones.
c) Los Delegados de Gobierno tienen la condición o rango de Subsecretario y los Subdelegados del Gobierno en las provincias el de Subdirector General.
d) La Administración del Estado se estructura en forma departamental.

17. La Ley 40/2015, de 1 de octubre, de Régimen Jurídico del Sector Público, establece que las unidades administrativas:

a) Comprenden dotaciones de plantilla vinculadas funcionalmente por razón de una jefatura común.
b) Se establecen mediante relaciones de puestos de trabajo.
c) Los puestos de trabajo de las unidades se vinculan orgánicamente por razón de sus contenidos.
d) Se establecen mediante las plantillas presupuestarias.

18. Los Delegados del Gobierno según la Ley 40/2015, de 1 de octubre, de Régimen Jurídico del Sector Público, tienen, entre otras, competencias de:

a) Seguridad ciudadana e información de los ciudadanos.
b) Seguridad ciudadana y simplificación de estructuras.
c) Simplificación de estructuras e información de los ciudadanos.
d) Seguridad ciudadana, simplificación de estructuras e información de los ciudadanos.

19. ¿Quién nombra al Delegado del Gobierno en las Comunidades Autónomas conforme al artículo 72.4 de la Ley 40/2015, de 1 de octubre, de Régimen Jurídico del Sector Público?

a) Las Cortes Generales.
b) El Congreso y el Senado en sesión conjunta.
c) El Consejo de Ministros mediante Real Decreto.
d) El Presidente del Gobierno mediante Real Decreto.

20. De acuerdo con el artículo 55.4 de la Ley 40/2015, de 1 de octubre, de Régimen Jurídico del Sector Público, los Delegados del Gobierno tienen rango de:

a) Subsecretarios.
b) Subdirector General.
c) Secretario General.
d) Director General.

21. Los Secretarios Generales según el artículo 64.3 de la Ley 40/2015, de 1 de octubre, de Régimen Jurídico del Sector Público:

a) Tienen categorías de Subsecretarios, y serán nombrados y separados por Real Decreto del Consejo de Ministros, a propuesta del titular del Ministerio o del Presidente del Gobierno.
b) Tienen categorías de Subsecretarios, y serán nombrados y separados por Real Decreto del Consejo de Ministros, a propuesta del Presidente del Gobierno.
c) Tienen categorías de Director General, y serán nombrados y separados por Real Decreto del Consejo de Ministros, a propuesta del titular del Ministerio o del Presidente del Gobierno
d) Tienen categorías de Director General, y serán nombrados y separados por Real Decreto del Consejo de Ministros, a propuesta del Presidente del Gobierno.

22. De acuerdo con lo dispuesto en el artículo 64.3 de la Ley 40/2015, de 1 de octubre, de Régimen Jurídico del Sector Público, con respecto a los Secretarios Generales Técnicos:

a) Los nombramientos habrán de efectuarse con los criterios de competencia profesional y experiencia, entre funcionarios de carrera del Estado, de las Comunidades Autónomas o de las Entidades Locales, a los que se les exija para su ingreso el título de Doctor o Licenciado.
b) Serán nombrados y separados por Real Decreto del Consejo de Ministros, a propuesta del Presidente del Gobierno.
c) Están bajo la inmediata dependencia del Subsecretario y tienen a todos los efectos la categoría de Director General.
d) Están bajo la inmediata dependencia del Subsecretario y tienen a todos los efectos la categoría de Subdirector General.

23. ¿Cuál de las siguientes funciones, conforme a lo dispuesto en el artículo 63 de la Ley 40/2015, de 1 de octubre, de Régimen Jurídico del Sector Público, NO le corresponde al Subsecretario?

a) Apoyar a los órganos superiores en la planificación de la actividad del Ministerio, a través del correspondiente asesoramiento técnico.
b) Asistir a los órganos superiores en materia de relaciones de puestos de trabajo.
c) Nombrar y separar a los Subdirectores.
d) Desempeñar la jefatura superior de todo el personal del Departamento.

24. La Ley 40/2015, de 1 de octubre, de Régimen Jurídico del Sector Público, en el artículo 74 establece que en las Comunidades Autónomas uniprovinciales, las competencias de los Subdelegados del Gobierno:

a) Se delegarán por el Delegado del Gobierno en el Secretario de Estado.

b) Serán asumidas por el Delegado del Gobierno cuando no exista Subdelegado.

c) Nunca puede delegarse.

d) Se delegarán por el Delegado del Gobierno en el Secretario de la Subdelegación del Gobierno.

25. ¿Quién tiene la condición de Alto Cargo, conforme al artículo 55.6 de la Ley 40/2015, de 1 de octubre, de Régimen Jurídico del Sector Público?

a) Los órganos superiores directivos.

b) Los órganos superiores y directivos, excepto los subdirectores generales y los asimilados.

c) Los órganos directivos.

d) Los Subdirectores Generales.

26. El orden jerárquico de los siguientes órganos ministeriales de acuerdo con el artículo 55.6 de la Ley 40/2015, de 1 de octubre, de Régimen Jurídico del Sector Público, es:

a) Subsecretario, Director General y Subdirector General.

b) Secretario de Estado, Director General y Subsecretario.

c) Director General, Secretario General Técnico, Secretario General.

d) Director General, Secretario General Técnico, Subsecretario.

27. Componen la organización territorial de la Administración General del Estado, según los artículos 55.4 y 70 de la Ley 40/2015, de 1 de octubre, de Régimen Jurídico del Sector Público:

a) Delegados del Gobierno, Subdelegados del Gobierno y Directores Insulares de la Administración General del Estado.

b) Secretarios Generales, Delegados del Gobierno y Directores Insulares de la Administración General del Estado.

c) Directores Generales, Delegados del Gobierno y Directores Insulares de la Administración General del Estado.

d) Delegados del Gobierno, Gobernadores Civiles y Directores Insulares de la Administración General del Estado.

28. De acuerdo con el artículo 69.2 de la Ley 40/2015, de 1 de octubre, de Régimen Jurídico del Sector Público, las Delegaciones del Gobierno tendrán su sede en:

a) La localidad donde radique el Consejo de Ministros.

b) La localidad donde radique el Consejo de Gobierno de la Comunidad Autónoma.

c) La localidad donde radique el Parlamento de la Comunidad Autónoma.

d) La localidad donde acuerde ubicarla el Presidente del Gobierno.

29. ¿Cómo se denominan en el artículo 58.3 de la Ley 40/2015, de 1 de octubre, de Régimen Jurídico del Sector Público, los órganos de gestión de una o varias áreas funcionalmente homogéneas en un departamento ministerial?

a) Direcciones Generales.

b) Secretarías Generales Técnicas.

c) Subsecretarios.

d) Subdirecciones Generales.

30. En cuanto a la organización interna de los Ministerios, establece el artículo 58.2 de la Ley 40/2015, de 1 de octubre, de Régimen Jurídico del Sector Público, que los Ministerios contarán, en todo caso, con:

a) Una Secretaría General, y dependiendo de ella una Secretaría General Técnica, para la gestión de los servicios comunes previstos en el Título I de la Ley 40/2015, de 1 de octubre, de Régimen Jurídico del Sector Público.

b) Una Subsecretaría General Técnica, y dependiendo de ella una Subsecretaría, para la gestión de los servicios comunes previstos en el Título I de la Ley 40/2015, de 1 de octubre, de Régimen Jurídico del Sector Público.

c) Una Dirección General, y dependiendo de ella una Secretaría General Técnica, para la gestión de los servicios comunes previstos en el Título I de la Ley 40/2015, de 1 de octubre, de Régimen Jurídico del Sector Público.

d) Una Subsecretaría, y dependiendo de ella una Secretaría General Técnica, para la gestión de los servicios comunes previstos en el Título I de la Ley 40/2015, de 1 de octubre, de Régimen Jurídico del Sector Público.

31. ¿De quién dependen orgánicamente los Delegados del Gobierno, conforme al artículo 72.3 de la Ley 40/2015, de 1 de octubre, de Régimen Jurídico del Sector Público?

a) De la Presidencia del Gobierno.

b) Del Ministro de Política Territorial y Memoria Democrática.

c) De la Ministra de la Presidencia, Justicia y Relaciones con las Cortes.

d) Del Ministro del Interior.

32. A tenor de lo dispuesto en el artículo 72.4 de la Ley 40/2015, de 1 de octubre, de Régimen Jurídico del Sector Público, los Delegados del Gobierno serán nombrados y separados por:

a) Real Decreto Ley del Consejo de Ministros, a propuesta del Presidente del Gobierno.

b) Real Decreto del Consejo de Ministros, a propuesta del Presidente del Gobierno.

c) Real Decreto Legislativo del Consejo de Ministros, a propuesta del Presidente del Gobierno.

d) Orden del Consejo de Ministros, a propuesta del Presidente del Gobierno.

33. En caso de ausencia, vacante o enfermedad, el Delegado del Gobierno de una Comunidad Autónoma pluriprovincial será suplido temporalmente, de acuerdo con lo dispuesto en el artículo 72.5 de la Ley 40/2015, de 1 de octubre, de Régimen Jurídico del Sector Público por:

a) El Delegado del Gobierno en la Comunidad Autónoma más próxima.

b) El Secretario General de la Delegación del Gobierno.

c) El Subdelegado del Gobierno de la provincia donde aquel tenga su sede, salvo que el Delegado designe a otro Subdelegado.

d) El Director General con competencia en materia de Seguridad.

34. Los Delegados del Gobierno en las Comunidades Autónomas tienen las siguientes competencias (art. 73 de Ley 40/2015, de 1 de octubre, de Régimen Jurídico del Sector Público):

a) Dirigir la Delegación del Gobierno de la Junta de Andalucía.

b) Nombrar a los Delegados de la Junta de Andalucía

c) Administrar la justicia, juzgando y ejecutando lo juzgado.

d) Elevar, con carácter anual, un informe al Gobierno, a través del Ministro de Política Territorial y Memoria Democrática, sobre el funcionamiento de los servicios públicos estatales y su evaluación global.

35. De acuerdo con el artículo 73.1 de la Ley 40/2015, de 1 de octubre, de Régimen Jurídico del Sector Público, a los Delegados del Gobierno, para evitar la duplicidad de estructuras administrativas, dentro su ámbito territorial, tanto en la propia Administración General del Estado como con otras Administraciones Públicas, conforme a los principios de eficacia y eficiencia, les corresponde proponer medidas a:

a) La Presidencia del Gobierno.

b) El Ministro de Política Territorial y Memoria Democrática.

c) La Ministra de la Presidencia, Justicia y Relaciones con las Cortes.

d) El Ministro del Interior.

36. Para el mejor cumplimiento de la función directiva y coordinadora, prevista en el artículo 79 de la Ley 40/2015, de 1 de octubre, de Régimen Jurídico del Sector Público, se crea en cada una de las Comunidades Autónomas pluriprovinciales:

a) Una Comisión territorial, presidida por el Subdelegado del Gobierno en la Comunidad Autónoma e integrada por los Delegados del Gobierno en las provincias comprendidas en el territorio de esta.

b) Una Comisión territorial, presidida por el Subdelegado del Gobierno en la Comunidad Autónoma e integrada por los Directores Insulares en las provincias comprendidas en el territorio de esta.

c) Una Comisión territorial, presidida por el Delegado del Gobierno en la Comunidad Autónoma e integrada por los Subdelegados del Gobierno en las provincias comprendidas en el territorio de esta.

d) Una Comisión territorial, presidida por el Delegado del Gobierno en la Comunidad Autónoma e integrada por los Directores Insulares en las provincias comprendidas en el territorio de esta.

37. Para el ejercicio de sus funciones los Delegados del Gobierno en las Comunidades Autónomas uniprovinciales, el artículo 79.2 de la Ley 40/2015, de 1 de octubre, de Régimen Jurídico del Sector Público, dispone que existirán:

a) Comisiones de Asistencia.

b) Una Comisión territorial, presidida por el Subdelegado del Gobierno en la Comunidad Autónoma e integrada por los Directores Insulares en las provincias comprendidas en el territorio de esta.

c) Una Comisión territorial, presidida por el Delegado del Gobierno en la Comunidad Autónoma e integrada por los Subdelegados del Gobierno en las provincias comprendidas en el territorio de esta.

d) Una Comisión territorial, presidida por el Delegado del Gobierno en la Comunidad Autónoma e integrada por los Directores Insulares en las provincias comprendidas en el territorio de esta.

38. En las Comunidades Autónomas uniprovinciales en las que no exista Subdelegado, ¿quién asumirá, conforme al artículo 74 de la Ley 40/2015, de 1 de octubre, de Régimen Jurídico del Sector Público, las competencias que la Ley atribuye a los Subdelegados del Gobierno en las provincias?

a) El Presidente de la Comunidad Autónoma.

b) El Delegado del Gobierno.

c) El Alcalde de la capital de la provincia.

d) El Presidente de la Diputación Provincial.

39. El Subdelegado del Gobierno en cada provincia, salvo en el caso de las Comunidades Autónomas uniprovinciales, de acuerdo con el artículo 74 de la Ley 40/2015, de 1 de octubre, de Régimen Jurídico del Sector Público, tendrá el nivel orgánico de:

a) Subsecretario.

b) Secretario General.

c) Director General.

d) Subdirector General.

40. Le corresponde al Subdelegado del Gobierno en cada provincia, conforme al artículo 75 de la Ley 40/2015, de 1 de octubre, de Régimen Jurídico del Sector Público:

a) Dirigir, en su caso, los servicios integrados de la Administración General de la Comunidad Autónoma, de acuerdo con las instrucciones del Delegado del Gobierno.

b) Dirigir los servicios no integrados en la Administración General del Estado.

c) Dirigir, en su caso, los servicios integrados de la Administración General del Estado, de acuerdo con las instrucciones del Delegado del Gobierno.

d) Dirigir los Cuerpos de la Policía local en la provincia.

41. La asistencia jurídica en relación con las Delegaciones y Subdelegaciones del Gobierno se ejercerán de acuerdo con su normativa específica por:

a) La Comisión interministerial de coordinación de la Administración periférica del Estado.

b) La Abogacía del Estado.

c) La Intervención General de la Administración del Estado.

d) La Comisión territorial de asistencia al Delegado y al Subdelegado del Gobierno.

42. Las funciones de intervención y control económico financiero en relación con las Delegaciones y Subdelegaciones del Gobierno se ejercerán de acuerdo con su normativa específica por:

a) La Comisión interministerial de coordinación de la Administración periférica del Estado

b) La Abogacía del Estado.

c) La Intervención General de la Administración del Estado.

d) La Comisión territorial de asistencia al Delegado y al Subdelegado del Gobierno.

43. El Director Insular de la Administración General del Estado será nombrado por:

a) El Delegado del Gobierno mediante el procedimiento de libre designación entre funcionarios de carrera del Estado, de las Comunidades Autónomas o de las Entidades Locales, pertenecientes a Cuerpos o Escalas clasificados como Subgrupo A1.

b) Real Decreto de Consejo de Ministros, a propuesta del Ministro de Hacienda.

c) Real Decreto de Consejo de Ministros, a propuesta del Ministro correspondiente y el de Política Territorial y Memoria Democrática.

d) Real Decreto de Consejo de Ministros, a propuesta del Ministro de la Presidencia, Justicia y Relaciones con las Cortes.

44. Los Directores Insulares, que dependen jerárquicamente del Delegado del Gobierno en la Comunidad Autónoma o del Subdelegado del Gobierno en la provincia, cuando este cargo exista, ejercen, en su ámbito territorial, las competencias atribuidas por la Ley 40/2015, de 1 de octubre, de Régimen Jurídico del Sector Público, a los:

a) Delegados del Gobierno en las Comunidades Autónomas.

b) Subdelegados del Gobierno en las provincias.

c) Secretario General de la Delegación del Gobierno.

d) Secretario General de la Subdelegación.

45. ¿Cuál de las siguientes competencias, a tenor de lo dispuesto en la Ley 40/2015, de 1 de octubre, de Régimen Jurídico del Sector Público, NO lo es de los Directores Generales?

a) Ejercer las competencias atribuidas a la Dirección General y las que les sean desconcentradas o delegadas.

b) Proponer al Ministro o al titular del órgano del que dependa, la resolución que estime procedente sobre los asuntos que afectan al órgano directivo.

c) Asistir a los órganos superiores en la elaboración, ejecución y seguimiento de los presupuestos y la planificación de los sistemas de información y comunicación.

d) Impulsar y supervisar las actividades que forman parte de la gestión ordinaria del órgano directivo y velar por el buen funcionamiento de los órganos y unidades dependientes y del personal integrado en los mismos.

46. En relación con la Administración del Estado, la Ley 40/2015, de 1 de octubre, de Régimen Jurídico del Sector Público, dispone que:

a) Son órganos superiores los embajadores.

b) Los órganos superiores y directivos tienen la condición de alto cargo, salvo los Subdirectores Generales y asimilados.

c) Corresponde a los órganos directivos establecer los planes de actuación de la organización situada bajo su responsabilidad.

d) Los Delegados del Gobierno tienen rango de Secretario General.

47. La Ley 40/2015, de 1 de octubre, de Régimen Jurídico del Sector Público, en relación con la jerarquía de los órganos ministeriales, dispone que:

a) Los Secretarios Generales tienen la categoría de Secretario.

b) Los DIrectores Generales están jerárquicamente por encima del Secretario General Técnico.

c) Los Directores Generales y los Secretarios Generales Técnicos tienen la misma categoría.

d) El Subsecretario es un órgano superior del Ministerio.

48. Las competencias de un Secretario General deben determinarse por:

a) El Ministro.

b) El Subsecretario.

c) Las normas que regulan la estructura del Ministerio.

d) El Presidente del Gobierno de la Nación.

49. No tiene el carácter de órgano directivo de un Departamento Ministerial un:

a) Subsecretario.

b) Secretario General.

c) Secretario de Estado.

d) Director General.

50. Los Secretarios Generales Técnicos tienen categoría de:

a) Subsecretario.
b) Director General.
c) Secretario de Estado.
d) Jefe de Servicio.

51. La representación ordinaria de los Ministerios y la dirección de los servicios comunes de los mismos se atribuye a los:

a) Ministros.
b) Secretarios de Estado.
c) Subsecretarios.
d) Secretarios Generales Técnicos.

52. Aprobar las propuestas de los estados de gastos de cada Ministerio es una competencia del/de la:

a) Ministerio de Hacienda.
b) Intervención General del Estado.
c) Ministro correspondiente.
d) Director General competente por razón de la materia.

53. La asistencia al Ministro en el control de eficacia del Ministerio es una competencia del:

a) Secretario de Estado.
b) Subsecretario.
c) Director General en su respectivo ámbito.
d) Secretario General Técnico.

54. La creación de Subdelegaciones del Gobierno en Comunidades Autónomas uniprovinciales se realiza:

a) A través de Real Decreto del Consejo de Ministros.
b) En ningún supuesto.
c) Por el Delegado del Gobierno de la Nación en la Comunidad Autónoma donde aquellas radiquen.
d) Por Ley de las Cortes Generales.

55. El elemento organizativo básico en las estructuras orgánicas de la Administración General del Estado es el/la:

a) Negociado.
b) Sección.

e) Servicio.

d) Unidad administrativa.

56. Con carácter originario, la competencia para celebrar contratos administrativos, dentro de cada Ministerio, compete a/al:

a) Cada Director General.

b) Subsecretario.

c) Secretario General Técnico.

d) Ministro.

57. ¿A quién corresponde ejercer la potestad reglamentaria en las materias propias del departamento ministerial?

a) A cada Director General.

b) Al Subsecretario.

c) Al Secretario General Técnico.

d) Al Ministro.

58. Las competencias relativas a producción normativa, asistencia jurídica y publicaciones, dentro de cada Ministerio, se atribuyen a los:

a) Directores Generales.

b) Subsecretarios.

c) Secretarios Generales.

d) Secretarios Generales Técnicos.

59. En materia de Protección Civil, el Subdelegado del Gobierno en la provincia:

a) Dirige y coordina los servicios de la misma en el ámbito provincial.

b) Tiene una actuación subsidiaria a la de los Alcaldes, como órganos que ostentan la jefatura directa en esta materia.

c) No tiene competencia alguna.

d) Depende del órgano autonómico de que se trate.

60. La responsabilidad del asesoramiento jurídico al Ministro en el desarrollo de sus funciones recae sobre el:

a) Servicio Jurídico del Estado.

b) Secretario General.

c) Subsecretario.

d) Secretario General Técnico.

61. Tiene carácter excepcional en los Ministerios el cargo de:

a) Subsecretario.

b) Secretario General Técnico.

c) Subdirector General.
d) Secretario General.

62. La convocatoria de las Conferencias Sectoriales es una competencia atribuida al:

a) Ministro de Política Territorial y Memoria Democrática.
b) Consejo de Ministros.
c) Ministro correspondiente según el sector de actividad a que se refieran.
d) Presidente del Gobierno de la Nación.

63. Las Unidades administrativas de los Ministerios se establecen mediante:

a) La Relación de Puestos de Trabajo.
b) El Real Decreto de estructura básica de cada Ministerio.
c) Orden Ministerial al efecto.
d) Resolución del Subsecretario.

64. El nombramiento de los Subdelegados del Gobierno en las Provincias se efectúa a través del siguiente procedimiento:

a) Concurso de méritos.
b) Designación directa, al tratarse de un cargo político.
c) Libre designación.
d) Oposición.

65. El nombramiento de los Delegados del Gobierno de la Nación en las Comunidades Autónomas es competencia del:

a) Presidente del Gobierno de la Nación.
b) Consejo de Ministros.
c) Consejo de Gobierno.
d) Parlamento Autonómico.

66. Dicho nombramiento se efectúa a propuesta del:

a) Ministro del Interior.
b) Presidente del Gobierno de la Nación.
c) Presidente de cada Comunidad Autónoma.
d) Presidente del Parlamento Autonómico.

67. El Subdelegado del Gobierno, en el ámbito provincial dirigirá:

a) Todas las Fuerzas y Cuerpos de Seguridad del Estado.
b) Las anteriores y las Fuerzas Armadas.
c) Las Fuerzas y Cuerpos de Seguridad que radiquen en la Provincia.
d) Solo el Cuerpo Nacional de Policía.

68. Según la Ley 40/2015, de 1 de octubre, de Régimen Jurídico del Sector Público, es competencia de los Ministros:

a) Administrar los créditos para gastos de los presupuestos del Ministerio, aprobar y comprometer los gastos que no sean de la competencia del Consejo de Ministros.
b) Refrendar los actos del Rey.
c) Ejercer las competencias sobre el sector de actividad administrativa asignado que les atribuya la norma de creación del órgano y desempeñar las relaciones externas de la Secretaría de Estado.
d) Apoyar a los órganos superiores de planificación de la actividad del Ministerio.

69. ¿De quién dependen funcionalmente los Delegados del Gobierno, conforme al artículo 72.3 de la Ley 40/2015, de 1 de octubre, de Régimen Jurídico del Sector Público?

a) De la Presidencia del Gobierno.
b) Del Ministro de Política Territorial y Memoria Democrática.
c) De la Presidencia de la Comunidad Autónoma.
d) De la Presidencia de la Diputación Provincial.

70. ¿De quién dependen funcionalmente los Delegados del Gobierno, conforme al artículo 73.3 de la Ley 40/2015, de 1 de octubre, de Régimen Jurídico del Sector Público, cuando ejerzan las competencias del Estado para proteger el libre ejercicio de los derechos y libertades y garantizar la seguridad ciudadana, a través de los Subdelegados del Gobierno y de las Fuerzas y Cuerpos de Seguridad del Estado?

a) De la Presidencia del Gobierno.
b) Del Ministro de Política Territorial y Memoria Democrática.
c) De la Ministra de la Presidencia, Justicia y Relaciones con las Cortes.
d) Del Ministro del Interior.

71. La estructura de las Delegaciones y Subdelegaciones del Gobierno, conforme al artículo 76 de la Ley 40/2015, de 1 de octubre, de Régimen Jurídico del Sector Público, se establecerá por:

a) Real Decreto de Presidencia, Justicia y Relaciones con las Cortes, en el que se determinarán los órganos y las áreas funcionales que se constituyan.
b) Real Decreto de Política Territorial y Memoria Democrática, en el que se determinarán los órganos y las áreas funcionales que se constituyan.
c) Real Decreto de Consejo de Ministros, a propuesta del Ministerio de Política Territorial y Memoria Democrática, en razón de la dependencia orgánica de las Delegaciones del Gobierno, y del Ministerio competente del área de actividad.
d) Real Decreto del Consejo de Ministros a propuesta del Ministerio de Política Territorial y Memoria Democrática, en razón de la dependencia orgánica de las Delegaciones del Gobierno.

72. De acuerdo con el artículo 76 de la Ley 40/2015, de 1 de octubre, de Régimen Jurídico del Sector Público, la integración de nuevos servicios territoriales o la desintegración de servicios territoriales ya integrados en las Delegaciones del Gobierno, se llevará a cabo mediante:

a) Real Decreto de Presidencia, Justicia y Relaciones con las Cortes, en el que se determinarán los órganos y las áreas funcionales que se constituyan.

b) Real Decreto de Política Territorial y Memoria Democrática, en el que se determinarán los órganos y las áreas funcionales que se constituyan.

c) Real Decreto de Consejo de Ministros, a propuesta del Ministerio de Política Territorial y Memoria Democrática, en razón de la dependencia orgánica de las Delegaciones del Gobierno, y del Ministerio competente del área de actividad.

d) Real Decreto del Consejo de Ministros a propuesta del Ministerio de Política Territorial y Memoria Democrática, en razón de la dependencia orgánica de las Delegaciones del Gobierno.

73. Conforme al artículo 71.2 de la Ley 40/2015, de 1 de octubre, de Régimen Jurídico del Sector Público, la organización de los servicios no integrados en las Delegaciones del Gobierno, cuando contemple unidades con nivel de Subdirección General o equivalentes, se establecerá mediante:

a) Orden conjunta del titular del Ministerio del que dependan y del titular del Ministerio que tenga atribuida la competencia para la racionalización, análisis y evaluación de las estructuras organizativas de la Administración General del Estado y sus organismos públicos (Ministerio de la Presidencia, Justicia y Relaciones con las Cortes).

b) Orden conjunta del titular del Ministerio del que dependan y del titular del Ministerio que tenga atribuida la competencia para la racionalización, análisis y evaluación de las estructuras organizativas de la Administración General del Estado y sus organismos públicos (Ministerio de Política Territorial y Memoria Democrática).

c) Real Decreto a propuesta conjunta del titular del Ministerio del que dependan y del titular del Ministerio que tenga atribuida la competencia para la racionalización, análisis y evaluación de las estructuras organizativas de la Administración General del Estado y sus organismos públicos (Ministerio de Política Territorial y Memoria Democrática).

d) Real Decreto a propuesta conjunta del titular del Ministerio del que dependan y del titular del Ministerio que tenga atribuida la competencia para la racionalización, análisis y evaluación de las estructuras organizativas de la Administración General del Estado y sus organismos públicos (Ministerio de la Presidencia, Justicia y Relaciones con las Cortes).

74. De acuerdo con el artículo 71.2 de la Ley 40/2015, de 1 de octubre, de Régimen Jurídico del Sector Público, la organización de los servicios no integrados en las Delegaciones del Gobierno, cuando afecte a órganos inferiores a nivel de Subdirección General o equivalentes, se establecerá mediante:

a) Orden conjunta del titular del Ministerio del que dependan y del titular del Ministerio que tenga atribuida la competencia para la racionalización, análisis y evaluación de las estructuras organizativas de la Administración General del Estado y sus organismos públicos (Ministerio de la Presidencia, Justicia y Relaciones con las Cortes).

b) Orden conjunta del titular del Ministerio del que dependan y del titular del Ministerio que tenga atribuida la competencia para la racionalización, análisis y evaluación de las estructuras organizativas de la Administración General del Estado y sus organismos públicos (Ministerio de Política Territorial y Memoria Democrática).

c) Real Decreto a propuesta conjunta del titular del Ministerio del que dependan y del titular del Ministerio que tenga atribuida la competencia para la racionalización, análisis y evaluación de las estructuras organizativas de la Administración General del Estado y sus organismos públicos (Ministerio de Política Territorial y Memoria Democrática).

d) Real Decreto a propuesta conjunta del titular del Ministerio del que dependan y del titular del Ministerio que tenga atribuida la competencia para la racionalización, análisis y evaluación de las estructuras organizativas de la Administración General del Estado y sus organismos públicos (Ministerio de la Presidencia, Justicia y Relaciones con las Cortes).

75. Conforme a la Ley 40/2015, de 1 de octubre, de Régimen Jurídico del Sector Público, los Secretarios de Estado:

a) Dirigen, impulsan y supervisan la Secretaría General Técnica.
b) Nombran y separan a los Subdirectores Generales de la Secretaría de Estado.
c) Tienen rango inferior al de Subsecretario.
d) No son "altos cargos".

Soluciones comentadas

1. a) El Delegado del Gobierno.

Artículo 154 de la Constitución Española y Artículo 72 de la Ley 40/2015, de 1 de octubre, de Régimen Jurídico del Sector Público: 2. Los Delegados del Gobierno dirigirán y supervisarán la Administración General del Estado en el territorio de las respectivas Comunidades Autónomas y la coordinarán, internamente y cuando proceda, con la administración propia de cada una de ellas y con la de las Entidades Locales radicadas en la Comunidad.

2. a) El Delegado del Gobierno.

Artículo 74 de la Ley 40/2015, de 1 de octubre, de Régimen Jurídico del Sector Público: En cada provincia y bajo la inmediata dependencia del Delegado del Gobierno en la respectiva Comunidad Autónoma, existirá un Subdelegado del Gobierno, con nivel de Subdirector General, que será nombrado por aquel mediante el procedimiento de libre designación entre funcionarios de carrera del Estado, de las Comunidades Autónomas o de las Entidades Locales, pertenecientes a Cuerpos o Escalas clasificados como Subgrupo A1.

3. b) Los Subdirectores Generales.

Artículo 55.3 de la Ley 40/2015, de 1 de octubre, de Régimen Jurídico del Sector Público: 3. En la organización central son órganos superiores y órganos directivos: a) Órganos superiores: 1.º Los Ministros. 2.º Los Secretarios de Estado. b) Órganos directivos: 1.º Los Subsecretarios y Secretarios generales. 2.º Los Secretarios generales técnicos y Directores generales. 3.º Los Subdirectores generales.

4. c) Subdirector General.

Artículo 74 de la Ley 40/2015, de 1 de octubre, de Régimen Jurídico del Sector Público: En cada provincia y bajo la inmediata dependencia del Delegado del Gobierno en la respectiva Comunidad Autónoma, existirá un Subdelegado del Gobierno, con nivel de Subdirector General.

5. d) Los Secretarios de Estado.

Artículo 55.3 de Ley 40/2015, de 1 de octubre, de Régimen Jurídico del Sector Público: 3. En la organización central son órganos superiores y órganos directivos: a) Órganos superiores: 1.º Los Ministros. 2.º Los Secretarios de Estado. b) Órganos directivos: 1.º Los Subsecretarios y Secretarios generales. 2.º Los Secretarios generales técnicos y Directores generales. 3.º Los Subdirectores generales.

6. c) Un Real Decreto del Presidente del Gobierno.

57.3 de la Ley 40/2015, de 1 de octubre, de Régimen Jurídico del Sector Público: 3. La determinación del número, la denominación y el ámbito de competencia respectivo de los Ministerios y las Secretarías de Estado se establecen mediante Real Decreto del Presidente del Gobierno.

7. b) Los Delegados del Gobierno, los Subdelegados del Gobierno y los Directores Insulares.

Artículos 55.4 y 70 de la Ley 40/2015, de 1 de octubre, de Régimen Jurídico del Sector Público, artículo 55. 4: En la organización territorial de la Administración General del Estado son órganos directivos tanto los Delegados del Gobierno en las Comunidades Autónomas, que tendrán rango de Subsecretario, como los Subdelegados del Gobierno en las provincias, los cuales tendrán nivel de Subdirector general, y artículo 70: Reglamentariamente se determinarán las islas en las que existirá un Director Insular de la Administración General del Estado, con el nivel que se determine en la relación de puestos de trabajo.

8. b) Subdelegado del Gobierno.

75.1 de la Ley 40/2015, de 1 de octubre, de Régimen Jurídico del Sector Público: A los Subdelegados del Gobierno les corresponde: a) Desempeñar las funciones de comunicación, colaboración y cooperación con la respectiva Comunidad Autónoma y con las Entidades Locales y, en particular, informar sobre la incidencia en el territorio de los programas de financiación estatal. En concreto les corresponde: Mantener las necesarias relaciones de cooperación y coordinación de la Administración General del Estado y sus Organismos públicos con la de la Comunidad Autónoma y con las correspondientes Entidades locales en el ámbito de la provincia.

9. c) El Ministerio de Política Territorial y Memoria Democrática.

Artículo 74 de la Ley 40/2015, de 1 de octubre, de Régimen Jurídico del Sector Público y artículo 12 del Real Decreto 829/2023, de 20 de noviembre, por el que se reestructuran los departamentos ministeriales y el artículo 11 del Real Decreto 1009/2023, de 5 de diciembre, por el que se establece la estructura orgánica básica de los departamentos ministeriales.

10. a) El Secretario de Estado.

Artículo 55.3 de Ley 40/2015, de 1 de octubre, de Régimen Jurídico del Sector Público: 3. En la organización central son órganos superiores y órganos directivos: a) Órganos superiores: 1.º Los Ministros. 2.º Los Secretarios de Estado. b) Órganos directivos: 1.º Los Subsecretarios y Secretarios generales. 2.º Los Secretarios generales técnicos y Directores generales. 3.º Los Subdirectores generales.

11. b) Por Real Decreto del Consejo de Ministros a propuesta del Presidente del Gobierno.

Artículo 72.4 de Ley 40/2015, de 1 de octubre, de Régimen Jurídico del Sector Público: 4. Los Delegados del Gobierno serán nombrados y separados por Real Decreto del Consejo de Ministros, a propuesta del Presidente del Gobierno. Su nombramiento atenderá a criterios de competencia profesional y experiencia. En todo caso, deberá reunir los requisitos de idoneidad establecidos en la Ley 3/2015, de 30 de marzo, reguladora del ejercicio del alto cargo de la Administración General del Estado.

12. a) Se producirá por libre designación entre funcionarios de carrera del Estado, de las Comunidades Autónomas o de las Entidades Locales, pertenecientes a Cuerpos o Escalas clasificados como Subgrupo A1.

Artículo 74 de la Ley 40/2015, de 1 de octubre, de Régimen Jurídico del Sector Público: En cada provincia y bajo la inmediata dependencia del Delegado del Gobierno en la respectiva Comunidad Autónoma, existirá un Subdelegado del Gobierno, con nivel de Subdirector General, que será nombrado por aquel mediante el procedimiento de libre designación entre funcionarios de carrera del Estado, de las Comunidades Autónomas o de las Entidades Locales, pertenecientes a Cuerpos o Escalas clasificados como Subgrupo A1.

13. c) Supervisar los servicios no integrados y dirigir los integrados.

Artículo 75 d) la Ley 40/2015, de 1 de octubre, de Régimen Jurídico del Sector Público: A los Subdelegados del Gobierno les corresponde: …d) Dirigir, en su caso, los servicios integrados de la Administración General del Estado, de acuerdo con las instrucciones del Delegado del Gobierno y de los Ministerios correspondientes; e impulsar, supervisar e inspeccionar los servicios no integrados.

14. a) Real Decreto del Consejo de Ministros.

Artículo 55.10 de la Ley 40/2015, de 1 de octubre, de Régimen Jurídico del Sector Público: 10. Los Ministros y Secretarios de Estado son nombrados de acuerdo con lo establecido en la Ley 50/1997, de 27 de noviembre, del Gobierno y en la Ley 3/2015, de 30 de marzo, reguladora del ejercicio del alto cargo de la Administración General del Estado. Al respecto el artículo 15. 1 de la Ley 50/1997, de 27 de noviembre, del Gobierno dispone: Los Secretarios de Estado son nombrados y separados por Real Decreto del Consejo de Ministros, aprobado a propuesta del Presidente del Gobierno o del miembro del Gobierno a cuyo Departamento pertenezcan.

15. a) El Secretario de Estado.

Artículo 55.3 de Ley 40/2015, de 1 de octubre, de Régimen Jurídico del Sector Público: 3. En la organización central son órganos superiores y órganos directivos: a) Órganos superiores: 1.º Los Ministros. 2.º Los Secretarios de Estado. b) Órganos directivos: 1.º Los Subsecretarios y Secretarios generales. 2.º Los Secretarios generales técnicos y Directores generales. 3.º Los Subdirectores generales.

16. b) Los órganos superiores y directivos tienen la condición de alto cargo, sin excepciones.

Artículo 55.6 de Ley 40/2015, de 1 de octubre, de Régimen Jurídico del Sector Público: 6. Los órganos superiores y directivos tienen además la condición de alto cargo, excepto los Subdirectores generales y asimilados, de acuerdo con lo previsto en la Ley 3/2015, de 30 de marzo, reguladora del ejercicio del alto cargo de la Administración General del Estado.

17. b) Se establecen mediante relaciones de puestos de trabajo.

Artículo 56.3 de Ley 40/2015, de 1 de octubre, de Régimen Jurídico del Sector Público: 3. Las unidades administrativas se establecen mediante las relaciones de puestos de trabajo, que se aprobarán de acuerdo con su regulación específica, y se integran en un determinado órgano.

18. d) Seguridad ciudadana, simplificación de estructuras e información de los ciudadanos.

Artículo 73 de Ley 40/2015, de 1 de octubre, de Régimen Jurídico del Sector Público: 1. Los Delegados del Gobierno en las Comunidades Autónomas son los titulares de las correspondientes Delegaciones del Gobierno y tienen, en los términos establecidos en este Capítulo, las siguientes competencias: ... b) Información de la acción del Gobierno e información a los ciudadanos. ... e) Políticas públicas ... 2.º Proponer ante el Ministro de Hacienda y Administraciones Públicas las medidas precisas para evitar la duplicidad de estructuras administrativas, tanto en la propia Administración General del Estado como con otras Administraciones Públicas, conforme a los principios de eficacia y eficiencia... 3. Corresponde a los Delegados del Gobierno proteger el libre ejercicio de los derechos y libertades y garantizar la seguridad ciudadana, a través de los Subdelegados del Gobierno y de las Fuerzas y Cuerpos de seguridad del Estado.

19. c) El Consejo de Ministros mediante Real Decreto.

Artículo 72.4 de la Ley 40/2015, de 1 de octubre, de Régimen Jurídico del Sector Público: 4. Los Delegados del Gobierno serán nombrados y separados por Real Decreto del Consejo de Ministros, a propuesta del Presidente del Gobierno. Su nombramiento atenderá a criterios de competencia profesional y experiencia. En todo caso, deberá reunir los requisitos de idoneidad establecidos en la Ley 3/2015, de 30 de marzo, reguladora del ejercicio del alto cargo de la Administración General del Estado.

20. a) Subsecretarios.

Artículo 55.4 de la Ley 40/2015, de 1 de octubre, de Régimen Jurídico del Sector Público: 4. En la organización territorial de la Administración General del Estado son órganos directivos tanto los Delegados del Gobierno en las Comunidades Autónomas, que tendrán rango de Subsecretario...

21. a) Tienen categorías de Subsecretarios, y serán nombrados y separados por Real Decreto del Consejo de Ministros, a propuesta del titular del Ministerio o del Presidente del Gobierno.

Artículo 64.3 de la Ley 40/2015, de 1 de octubre, de Régimen Jurídico del Sector Público: 3. Los Secretarios Generales, con categoría de Subsecretario, serán nombrados y separados por Real Decreto del Consejo de Ministros, a propuesta del titular del Ministerio o del Presidente del Gobierno.

22. c) Están bajo la inmediata dependencia del Subsecretario y tienen a todos los efectos la categoría de Director General.

Artículo 65.2 de la Ley 40/2015, de 1 de octubre, de Régimen Jurídico del Sector Público: 2. Los Secretarios generales técnicos tienen a todos los efectos la categoría de Director General y ejercen sobre sus órganos dependientes las facultades atribuidas a dicho órgano por el artículo siguiente.

23. c) Nombrar y separar a los Subdirectores.

Artículo 63.1 a), e), f) y l) de la Ley 40/2015, de 1 de octubre, de Régimen Jurídico del Sector Público: 1. Los Subsecretarios ostentan la representación ordinaria del Ministerio, dirigen los servicios comunes, ejercen las competencias correspondientes a dichos servicios comunes y, en todo caso, las siguientes: a) Apoyar a los órganos superiores en la planificación de la actividad del Ministerio, a través del correspondiente asesoramiento técnico… e) Asistir a los órganos superiores en materia de relaciones de puestos de trabajo, … f) Desempeñar la jefatura superior de todo el personal del Departamento… l) Nombrar y cesar a los Subdirectores y asimilados dependientes de la Subsecretaría, al resto de personal de libre designación y al personal eventual del Departamento. Por tanto, todas son funciones del Subsecretario, lo que ocurre es que esta última, es decir, el nombramiento de los Subdirectores Generales, no es exclusiva de los Subsecretarios, ya que nombrará únicamente a los dependientes de la Subsecretaría, mientras que otros Subdirectores que no dependan de ellos serán nombrados por otros cargos.

24. b) Serán asumidas por el Delegado del Gobierno cuando no exista Subdelegado.

Artículo 74 de la Ley 40/2015, de 1 de octubre, de Régimen Jurídico del Sector Público: En las Comunidades Autónomas uniprovinciales en las que no exista Subdelegado, el Delegado del Gobierno asumirá las competencias que esta Ley atribuye a los Subdelegados del Gobierno en las provincias.

25. b) Los órganos superiores y directivos, excepto los Subdirectores Generales y los asimilados.

Artículo 55.6 de la Ley 40/2015, de 1 de octubre, de Régimen Jurídico del Sector Público: 6. Los órganos superiores y directivos tienen además la condición de alto cargo, excepto los Subdirectores Generales y asimilados, de acuerdo con lo previsto en la Ley 3/2015, de 30 de marzo, reguladora del ejercicio del alto cargo de la Administración General del Estado.

26. a) Subsecretario, Director General y Subdirector General.

Artículo 55.3 de la Ley 40/2015, de 1 de octubre, de Régimen Jurídico del Sector Público: 3. En la organización central son órganos superiores y órganos directivos: a) Órganos superiores: 1.º Los Ministros. 2.º Los Secretarios de Estado. b) Órganos directivos: 1.º Los Subsecretarios y Secretarios generales. 2.º Los Secretarios generales técnicos y Directores generales. 3.º Los Subdirectores generales.

27. a) Delegados del Gobierno, Subdelegados del Gobierno y Directores Insulares de la Administración General del Estado.

Artículos 55.4 y 70 de la Ley 40/2015, de 1 de octubre, de Régimen Jurídico del Sector Público, artículo 55. 4: En la organización territorial de la Administración General del Estado son órganos directivos tanto los Delegados del Gobierno en las Comunidades Autónomas, que tendrán rango de Subsecretario, como los Subdelegados del Gobierno en las provincias, los cuales tendrán nivel de Subdirector general y artículo 70: Reglamentariamente se determinarán las islas en las que existirá un Director Insular de la Administración General del Estado, con el nivel que se determine en la relación de puestos de trabajo.

28. b) La localidad donde radique el Consejo de Gobierno de la Comunidad Autónoma.

Artículo 69.2 de la Ley 40/2015, de 1 de octubre, de Régimen Jurídico del Sector Público: 2. Las Delegaciones del Gobierno tendrán su sede en la localidad donde radique el Consejo de Gobierno de la Comunidad Autónoma, salvo que el Consejo de Ministros acuerde ubicarla en otra distinta y sin perjuicio de lo que disponga expresamente el Estatuto de Autonomía.

29. a) Direcciones Generales.

Artículo 58.3 de la Ley 40/2015, de 1 de octubre, de Régimen Jurídico del Sector Público: 3. Las Direcciones Generales son los órganos de gestión de una o varias áreas funcionalmente homogéneas.

30. d) Una Subsecretaría, y dependiendo de ella una Secretaría General Técnica, para la gestión de los servicios comunes previstos en el Título I de la Ley 40/2015, de 1 de octubre, de Régimen Jurídico del Sector Público.

Artículo 58.2 de la Ley 40/2015, de 1 de octubre, de Régimen Jurídico del Sector Público: 2. Los Ministerios contarán, en todo caso, con una Subsecretaría, y dependiendo de ella una Secretaría General Técnica, para la gestión de los servicios comunes previstos en este Título.

31. a) De la Presidencia del Gobierno.

Artículo 72.3 de la Ley 40/2015, de 1 de octubre, de Régimen Jurídico del Sector Público: 3. Los Delegados del Gobierno son órganos directivos con rango de Subsecretario que dependen orgánicamente del Presidente del Gobierno y funcionalmente del Ministerio competente por razón de la materia.

32. b) Real Decreto del Consejo de Ministros, a propuesta del Presidente del Gobierno.

Artículo 72.4 de la Ley 40/2015, de 1 de octubre, de Régimen Jurídico del Sector Público: 4. Los Delegados del Gobierno serán nombrados y separados por Real Decreto del Consejo de Ministros, a propuesta del Presidente del Gobierno. Su nombramiento atenderá a criterios de competencia profesional y experiencia. En todo caso, deberá reunir los requisitos de idoneidad establecidos en la Ley 3/2015, de 30 de marzo, reguladora del ejercicio del alto cargo de la Administración General del Estado.

33. c) El Subdelegado del Gobierno de la provincia donde aquel tenga su sede, salvo que el Delegado designe a otro Subdelegado.

Artículo 72.5 de la Ley 40/2015, de 1 de octubre, de Régimen Jurídico del Sector Público: 5. En caso de ausencia, vacante o enfermedad del titular de la Delegación del Gobierno, será suplido por el Subdelegado del Gobierno que el Delegado designe y, en su defecto, al de la provincia en que tenga su sede. En las Comunidades Autónomas uniprovinciales en las que no exista Subdelegado la suplencia corresponderá al Secretario General.

34. d) Elevar, con carácter anual, un informe al Gobierno, a través del Ministro de Política Territorial y Memoria Democrática, sobre el funcionamiento de los servicios públicos estatales y su evaluación global.

Artículo 73.1 b) 4 de la Ley 40/2015, de 1 de octubre, de Régimen Jurídico del Sector Público: 4.º Elevar al Gobierno, con carácter anual, a través del titular del Ministerio de Hacienda y Administraciones Públicas (actualmente Política Territorial y Memoria Democrática), un informe sobre el funcionamiento de los servicios públicos estatales en el ámbito autonómico.

35. b) El Ministro de Política Territorial y Memoria Democrática.

Artículo 73.1 e) 2 de la Ley 40/2015, de 1 de octubre, de Régimen Jurídico del Sector Público: 2.º Proponer ante el Ministro de Hacienda y Administraciones Públicas (Política Territorial y Memoria Democrática) las medidas precisas para evitar la duplicidad de estructuras administrativas, tanto en la propia Administración General del Estado como con otras Administraciones Públicas, conforme a los principios de eficacia y eficiencia. En este sentido, hemos de tener en cuenta el artículo 12 del Real Decreto 829/2023, de 20 de noviembre, por el que se reestructuran los departamentos ministeriales y el artículo 11 del Real Decreto 1009/2023, de 5 de diciembre, por el que se establece la estructura orgánica básica de los departamentos ministeriales.

36. c) Una Comisión territorial, presidida por el Delegado del Gobierno en la Comunidad Autónoma e integrada por los Subdelegados del Gobierno en las provincias comprendidas en el territorio de esta.

Artículo 79.1 de la Ley 40/2015, de 1 de octubre, de Régimen Jurídico del Sector Público: 1. En cada una de las Comunidades Autónomas pluriprovinciales existirá una Comisión territorial de asistencia al Delegado del Gobierno.

37. a) Comisiones de Asistencia.

Artículo 79.2 de la Ley 40/2015, de 1 de octubre, de Régimen Jurídico del Sector Público: 2. En las Comunidades Autónomas uniprovinciales existirá una Comisión de asistencia al Delegado del Gobierno, presidida por él mismo e integrada por el Secretario General y los titulares de los órganos y servicios territoriales, tanto integrados como no integrados, que el Delegado del Gobierno considere oportuno, con las funciones señaladas en el apartado anterior.

38. b) El Delegado del Gobierno.

Artículo 74 de la Ley 40/2015, de 1 de octubre, de Régimen Jurídico del Sector Público: En las Comunidades Autónomas uniprovinciales en las que no exista Subdelegado, el Delegado del Gobierno asumirá las competencias que esta ley atribuye a los Subdelegados del Gobierno en las provincias.

39. d) Subdirector General.

Artículo 74 de la Ley 40/2015, de 1 de octubre, de Régimen Jurídico del Sector Público: En cada provincia y bajo la inmediata dependencia del Delegado del Gobierno en la respectiva Comunidad Autónoma, existirá un Subdelegado del Gobierno, con nivel de Subdirector General.

40. c) Dirigir, en su caso, los servicios integrados de la Administración General del Estado, de acuerdo con las instrucciones del Delegado del Gobierno.

Artículo 75 b) y d) de la Ley 40/2015, de 1 de octubre, de Régimen Jurídico del Sector Público: b) Proteger el libre ejercicio de los derechos y libertades, garantizando la seguridad ciudadana, todo ello dentro de las competencias estatales en la materia. A estos efectos, dirigirá las Fuerzas y Cuerpos de Seguridad del Estado en la provincia. ....d) Dirigir, en su caso, los servicios integrados de la Administración General del Estado, de acuerdo con las instrucciones del Delegado del Gobierno y de los Ministerios correspondientes; e impulsar, supervisar e inspeccionar los servicios no integrados.

41. b) La Abogacía del Estado.

Artículo 77 de Ley 40/2015, de 1 de octubre, de Régimen Jurídico del Sector Público: La asistencia jurídica y las funciones de intervención y control económico financiero en relación con las Delegaciones y Subdelegaciones del Gobierno se ejercerán por la Abogacía del Estado y la Intervención General de la Administración del Estado respectivamente, de acuerdo con su normativa específica.

42. c) La Intervención General de la Administración del Estado.

Artículo 77 de Ley 40/2015, de 1 de octubre, de Régimen Jurídico del Sector Público: La asistencia jurídica y las funciones de intervención y control económico financiero en relación con las Delegaciones y Subdelegaciones del Gobierno se ejercerán por la Abogacía del Estado y la Intervención General de la Administración del Estado respectivamente, de acuerdo con su normativa específica.

43. a) El Delegado del Gobierno mediante el procedimiento de libre designación entre funcionarios de carrera del Estado, de las Comunidades Autónomas o de las Entidades Locales, pertenecientes a Cuerpos o Escalas clasificados como Subgrupo A1.

Artículo 70 de Ley 40/2015, de 1 de octubre, de Régimen Jurídico del Sector Público: Serán nombrados por el Delegado del Gobierno mediante el procedimiento de libre designación entre funcionarios de carrera del Estado, de las Comunidades Autónomas o de las Entidades Locales, pertenecientes a Cuerpos o Escalas clasificados como Subgrupo A1.

44. b) Subdelegados del Gobierno en las provincias.

Artículo 70 de Ley 40/2015, de 1 de octubre, de Régimen Jurídico del Sector Público: Los Directores Insulares dependen jerárquicamente del Delegado del Gobierno en la Comunidad Autónoma o del Subdelegado del Gobierno en la provincia, cuando este cargo exista, y ejercen, en su ámbito territorial, las competencias atribuidas por esta ley a los Subdelegados del Gobierno en las provincias.

45. c) Asistir a los órganos superiores en la elaboración, ejecución y seguimiento de los presupuestos y la planificación de los sistemas de información y comunicación.

Artículo 63.1 e) de Ley 40/2015, de 1 de octubre, de Régimen Jurídico del Sector Público:

1. Los Subsecretarios ostentan la representación ordinaria del Ministerio, dirigen los servicios comunes, ejercen las competencias correspondientes a dichos servicios comunes y, en todo caso, las siguientes:

    c) Asistir a los órganos superiores en materia de relaciones de puestos de trabajo, planes de empleo y política de directivos del Ministerio y sus Organismos públicos, así como en la elaboración, ejecución y seguimiento de los presupuestos y la planificación de los sistemas de información y comunicación.

46. b) Los órganos superiores y directivos tienen la condición de alto cargo, salvo los Subdirectores Generales y asimilados.

Artículo 55.6 de Ley 40/2015, de 1 de octubre, de Régimen Jurídico del Sector Público. 6. Los órganos superiores y directivos tienen además la condición de alto cargo, excepto los Subdirectores Generales y asimilados, de acuerdo con lo previsto en la Ley 3/2015, de 30 de marzo, reguladora del ejercicio del alto cargo de la Administración General del Estado.

47. c) Los Directores Generales y los Secretarios Generales Técnicos tienen la misma categoría.

Artículo 65.2 de Ley 40/2015, de 1 de octubre, de Régimen Jurídico del Sector Público: 2. Los Secretarios Generales Técnicos tienen a todos los efectos la categoría de Director General y ejercen sobre sus órganos dependientes las facultades atribuidas a dicho órgano por el artículo siguiente.

48. c) Las normas que regulan la estructura del Ministerio.

Artículo 64.1 de Ley 40/2015, de 1 de octubre, de Régimen Jurídico del Sector Público: 1. Cuando las normas que regulan la estructura de un Ministerio prevean la existencia de un Secretario general, deberán determinar las competencias que le correspondan sobre un sector de actividad administrativa determinada.

49. c) Secretario de Estado.

Artículo 55.3 de Ley 40/2015, de 1 de octubre, de Régimen Jurídico del Sector Público: 3. En la organización central son órganos superiores y órganos directivos: a) Órganos superiores: 1.º Los Ministros. 2.º Los Secretarios de Estado. b) Órganos directivos: 1.º Los Subsecretarios y Secretarios generales. 2.º Los Secretarios generales técnicos y Directores generales. 3.º Los Subdirectores generales.

50. b) Director General.

Artículo 65.2 de Ley 40/2015, de 1 de octubre, de Régimen Jurídico del Sector Público: 2. Los Secretarios generales técnicos tienen a todos los efectos la categoría de Director General.

51. c) Subsecretarios.

Artículo 63 de Ley 40/2015, de 1 de octubre, de Régimen Jurídico del Sector Público: 1. Los Subsecretarios ostentan la representación ordinaria del Ministerio, dirigen los servicios comunes, ejercen las competencias correspondientes a dichos servicios comunes.

52. c) Ministro correspondiente.

Artículo 61 c de Ley 40/2015, de 1 de octubre, de Régimen Jurídico del Sector Público: Los Ministros, como titulares del departamento sobre el que ejercen su competencia, dirigen los sectores de actividad administrativa integrados en su Ministerio, y asumen la responsabilidad inherente a dicha dirección. A tal fin, les corresponden las siguientes funciones: ……….. c) Aprobar las propuestas de los estados de gastos del Ministerio, y de los presupuestos de los Organismos públicos dependientes.

53. b) Subsecretario.

Artículo 63.1 b de Ley 40/2015, de 1 de octubre, de Régimen Jurídico del Sector Público: 1. Los Subsecretarios ostentan la representación ordinaria del Ministerio, dirigen los servicios comunes, ejercen las competencias correspondientes a dichos servicios comunes y, en todo caso, las siguientes: ……….. b) Asistir al Ministro en el control de eficacia del Ministerio y sus Organismos públicos.

54. a) A través de Real Decreto del Consejo de Ministros.

Artículo 69.4 de Ley 40/2015, de 1 de octubre, de Régimen Jurídico del Sector Público:

Podrán crearse por Real Decreto Subdelegaciones del Gobierno en las Comunidades Autónomas uniprovinciales, cuando circunstancias tales como la población del territorio, el volumen de gestión o sus singularidades geográficas, sociales o económicas así lo justifiquen.

55. d) Unidad administrativa.

Artículo 56.3 de Ley 40/2015, de 1 de octubre, de Régimen Jurídico del Sector Público: 3. Las unidades administrativas se establecen mediante las relaciones de puestos de trabajo, que se aprobarán de acuerdo con su regulación específica, y se integran en un determinado órgano.

56. d) Ministro.

Artículo 61 k de Ley 40/2015, de 1 de octubre, de Régimen Jurídico del Sector Público: Los Ministros, como titulares del departamento sobre el que ejercen su competencia, dirigen los sectores de actividad administrativa integrados en su Ministerio, y asumen la responsabilidad inherente a dicha dirección. A tal fin, les corresponden las siguientes funciones: ………….. k) Celebrar en el ámbito de su competencia, contratos y convenios, sin perjuicio de la autorización del Consejo de Ministros cuando sea preceptiva.

57. d) Al Ministro.

Artículo 61 a de Ley 40/2015, de 1 de octubre, de Régimen Jurídico del Sector Público: Los Ministros, como titulares del departamento sobre el que ejercen su competencia, dirigen los sectores de actividad administrativa integrados en su Ministerio, y asumen la responsabilidad inherente a dicha dirección. A tal fin, les corresponden las siguientes funciones: a) Ejercer la potestad reglamentaria en las materias propias de su Departamento.

58. d) Secretarios Generales Técnicos.

Artículo 65 de Ley 40/2015, de 1 de octubre, de Régimen Jurídico del Sector Público: 1. Los Secretarios Generales Técnicos, bajo la inmediata dependencia del Subsecretario, tendrán las competencias sobre servicios comunes que les atribuya el Real Decreto de estructura del Departamento y, en todo caso, las relativas a producción normativa, asistencia jurídica y publicaciones.

59. a) Dirige y coordina los servicios de la misma en el ámbito provincial.

Artículo 75 de Ley 40/2015, de 1 de octubre, de Régimen Jurídico del Sector Público: A los Subdelegados del Gobierno les corresponde: ……c) Dirigir y coordinar la protección civil en el ámbito de la provincia.

60. c) Subsecretario.

Artículo 63.1 g de Ley 40/2015, de 1 de octubre, de Régimen Jurídico del Sector Público: g) Responsabilizarse del asesoramiento jurídico al Ministro en el desarrollo de las funciones que a éste le corresponden y, en particular, en el ejercicio de su potestad normativa y en la producción de los actos administrativos de la competencia de aquél, así como a los demás órganos del Ministerio.

61. d) Secretario General.

Artículo 64.1 de Ley 40/2015, de 1 de octubre, de Régimen Jurídico del Sector Público: 1. Cuando las normas que regulan la estructura de un Ministerio prevean la existencia de un Secretario general, deberán determinar las competencias que le correspondan sobre un sector de actividad administrativa determinado.

62. c) Ministro correspondiente según el sector de actividad a que se refieran.

Artículo 61 h de Ley 40/2015, de 1 de octubre, de Régimen Jurídico del Sector Público: Los Ministros, como titulares del departamento sobre el que ejercen su competencia, dirigen los sectores de actividad administrativa integrados en su Ministerio, y asumen la responsabilidad inherente a dicha dirección. A tal fin, les corresponden las siguientes funciones:………… h) Mantener las relaciones con las Comunidades Autónomas y convocar las Conferencias sectoriales y los órganos de cooperación en el ámbito de las competencias atribuidas a su Departamento.

63. a) La Relación de Puestos de Trabajo.

Artículo 56. 3 de Ley 40/2015, de 1 de octubre, de Régimen Jurídico del Sector Público: 3. Las unidades administrativas se establecen mediante las relaciones de puestos de trabajo, que se aprobarán de acuerdo con su regulación específica, y se integran en un determinado órgano.

64. c) Libre designación.

Artículo 74 de Ley 40/2015, de 1 de octubre, de Régimen Jurídico del Sector Público: En cada provincia y bajo la inmediata dependencia del Delegado del Gobierno en la respectiva Comunidad Autónoma, existirá un Subdelegado del Gobierno, con nivel de Subdirector General, que será nombrado por aquel mediante el procedimiento de libre designación.

65. b) Consejo de Ministros.

Artículo 72. 4 de Ley 40/2015, de 1 de octubre, de Régimen Jurídico del Sector Público: 4. Los Delegados del Gobierno serán nombrados y separados por Real Decreto del Consejo de Ministro.

66. b) Presidente del Gobierno de la Nación.

Artículo 72. 4 de Ley 40/2015, de 1 de octubre, de Régimen Jurídico del Sector Público: 4. Los Delegados del Gobierno serán nombrados y separados por Real Decreto del Consejo de Ministros, a propuesta del Presidente del Gobierno.

67. c) Las Fuerzas y Cuerpos de Seguridad que radiquen en la Provincia.

Artículo 75 de Ley 40/2015, de 1 de octubre, de Régimen Jurídico del Sector Público:

A los Subdelegados del Gobierno les corresponde:......... b) Proteger el libre ejercicio de los derechos y libertades, garantizando la seguridad ciudadana, todo ello dentro de las competencias estatales en la materia. A estos efectos, dirigirá las Fuerzas y Cuerpos de Seguridad del Estado en la provincia.

68. a) Administrar los créditos para gastos de los presupuestos del Ministerio, aprobar y comprometer los gastos que no sean de la competencia del Consejo de Ministros.

Artículo 61 g de Ley 40/2015, de 1 de octubre, de Régimen Jurídico del Sector Público: Los Ministros, como titulares del departamento sobre el que ejercen su competencia, dirigen los sectores de actividad administrativa integrados en su Ministerio, y asumen la responsabilidad inherente a dicha dirección. A tal fin, les corresponden las siguientes funciones .... l) Administrar los créditos para gastos de los presupuestos del Ministerio, aprobar y comprometer los gastos que no sean de la competencia del Consejo de Ministros, aprobar las modificaciones presupuestarias que sean de su competencia, reconocer las obligaciones económicas.

69. b) Del Ministro de Política Territorial y Memoria Democrática.

Artículo 72.3 de la Ley 40/2015, de 1 de octubre, de Régimen Jurídico del Sector Público: 3. Los Delegados del Gobierno son órganos directivos con rango de

Subsecretario que dependen orgánicamente del Presidente del Gobierno y funcionalmente del Ministerio competente por razón de la materia. En este sentido, hemos de tener en cuenta el artículo 12 del Real Decreto 829/2023, de 20 de noviembre, por el que se reestructuran los departamentos ministeriales y el artículo 11 del Real Decreto 1009/2023, de 5 de diciembre, por el que se establece la estructura orgánica básica de los departamentos ministeriales.

70. d) Del Ministro del Interior.

Artículo 73.3 de la Ley 40/2015, de 1 de octubre, de Régimen Jurídico del Sector Público: 3. Corresponde a los Delegados del Gobierno proteger el libre ejercicio de los derechos y libertades y garantizar la seguridad ciudadana, a través de los Subdelegados del Gobierno y de las Fuerzas y Cuerpos de seguridad del Estado, cuya jefatura corresponderá al Delegado del Gobierno, quien ejercerá las competencias del Estado en esta materia bajo la dependencia funcional del Ministerio del Interior.

71. d) Real Decreto del Consejo de Ministros a propuesta del Ministerio de Política Territorial y Memoria Democrática, en razón de la dependencia orgánica de las Delegaciones del Gobierno.

Artículo 76.1 de la Ley 40/2015, de 1 de octubre, de Régimen Jurídico del Sector Público: 1. La estructura de las Delegaciones y Subdelegaciones del Gobierno se fijará por Real Decreto del Consejo de Ministros a propuesta del Ministerio de Hacienda y Administraciones Públicas (actualmente Ministerio de Política Territorial y Memoria Democrática), en razón de la dependencia orgánica de las Delegaciones del Gobierno. En este sentido, hemos de tener en cuenta el artículo 12 del Real Decreto 829/2023, de 20 de noviembre, por el que se reestructuran los departamentos ministeriales y el artículo 11 del Real Decreto 1009/2023, de 5 de diciembre, por el que se establece la estructura orgánica básica de los departamentos ministeriales.

72. c) Real Decreto de Consejo de Ministros, a propuesta del Ministerio de Política Territorial y Memoria Democrática, en razón de la dependencia orgánica de las Delegaciones del Gobierno, y del Ministerio competente del área de actividad.

Artículo 76.2 de la Ley 40/2015, de 1 de octubre, de Régimen Jurídico del Sector Público: 2. La integración de nuevos servicios territoriales o la desintegración de servicios territoriales ya integrados en las Delegaciones del Gobierno, se llevará a cabo mediante Real Decreto de Consejo de Ministros, a propuesta del Ministerio de Hacienda y Administraciones Públicas (actualmente Ministerio de Política Territorial y Memoria Democrática), en razón de la dependencia orgánica de las Delegaciones del Gobierno, y del Ministerio competente del área de actividad. En este sentido, hemos de tener en cuenta el artículo 12 del Real Decreto 829/2023, de 20 de noviembre, por el que se reestructuran los departamentos ministeriales y el artículo 11 del Real Decreto 1009/2023, de 5 de diciembre, por el que se establece la estructura orgánica básica de los departamentos ministeriales.

73. c) Real Decreto a propuesta conjunta del titular del Ministerio del que depen-dan y del titular del Ministerio que tenga atribuida la competencia para la raciona-lización, análisis y evaluación de las estructuras organizativas de la Administración General del Estado y sus organismos públicos (Ministerio de Política Territorial y Memoria Democrática).

Artículo 71.2 de Ley 40/2015, de 1 de octubre, de Régimen Jurídico del Sector Público: 2. La organización de los servicios territoriales no integrados en las Delegaciones del Gobierno se establecerá mediante Real Decreto a propuesta conjunta del titular del Ministerio del que dependan y del titular del Ministerio que tenga atribuida la compe-tencia para la racionalización, análisis y evaluación de las estructuras organizativas de la Administración General del Estado y sus organismos públicos, cuando contemple unidades con nivel de Subdirección General o equivalentes. En este sentido, hemos de tener en cuenta el artículo 12 del Real Decreto 829/2023, de 20 de noviembre, por el que se reestructuran los departamentos ministeriales y el artículo 11 del Real Decreto 1009/2023, de 5 de diciembre, por el que se establece la estructura orgánica básica de los departamentos ministeriales.

74. b) Orden conjunta del titular del Ministerio del que dependan y del titular del Mi-nisterio que tenga atribuida la competencia para la racionalización, análisis y evalua-ción de las estructuras organizativas de la Administración General del Estado y sus organismos públicos (Ministerio de Política Territorial y Memoria Democrática).

Artículo 71.2 de Ley 40/2015, de 1 de octubre, de Régimen Jurídico del Sector Público: 2. La organización de los servicios territoriales no integrados en las Delegaciones del Gobierno se establecerá mediante Real Decreto a propuesta conjunta del titular del Ministerio del que dependan y del titular del Ministerio que tenga atribuida la compe-tencia para la racionalización, análisis y evaluación de las estructuras organizativas de la Administración General del Estado y sus organismos públicos, cuando contemple uni-dades con nivel de Subdirección General o equivalentes, o por Orden conjunta cuando afecte a órganos inferiores. En este sentido, hemos de tener en cuenta, el artículo 12 del Real Decreto 829/2023, de 20 de noviembre, por el que se reestructuran los departa-mentos ministeriales y el artículo 11 del Real Decreto 1009/2023, de 5 de diciembre, por el que se establece la estructura orgánica básica de los departamentos ministeriales.

75. b) Nombran y separan a los Subdirectores Generales de la Secretaría de Estado.

Artículo 62.2 c de Ley 40/2015, de 1 de octubre, de Régimen Jurídico del Sector Público: 2. Los Secretarios de Estado dirigen y coordinan las Secretarías y las Direcciones Generales situadas bajo su dependencia, y responden ante el Ministro de la ejecución de los objetivos fijados para la Secretaría de Estado. A tal fin les corresponde: .... c) Nombrar y separar a los Subdirectores Generales de la Secretaría de Estado.

TÍTULO II

Organización y funcionamiento del sector público institucional

1. Las entidades que integran el sector público institucional están sometidas en su actuación a los principios de:

a) Estabilidad financiera, sostenibilidad presupuestaria, legalidad, transparencia, eficacia y eficiencia.

b) Publicidad, legalidad, sostenibilidad financiera, equidad y transparencia en su gestión.

c) Sostenibilidad financiera, estabilidad presupuestaria, legalidad, transparencia en su gestión y eficiencia.

d) Legalidad, igualdad, eficacia, eficiencia, transparencia en su gestión y solidaridad.

2. ¿Para qué Administraciones Públicas determina el art. 81.2 de la Ley 40/2015, de 1 de octubre, de Régimen Jurídico del Sector Público, que se deberá establecer un sistema de supervisión continua de sus entidades dependientes, con el objeto de comprobar la subsistencia de los motivos que justificaron su creación y su sostenibilidad financiera, y que deberá incluir la formulación expresa de propuestas de mantenimiento, transformación o extinción?

a) Para la Administración General del Estado.

b) Para la Administración Autonómica.

c) Para la Administración Local.

d) Para todas.

3. Se configura como registro público administrativo que garantiza la información pública y la ordenación de todas las entidades integrantes del sector público institucional, cualquiera que sea su naturaleza jurídica:

a) El Registro Público Nacional de Entidades Públicas.

b) El Inventario de Entidades del Sector Público Estatal, Autonómico y Local.

c) El Inventario Nacional de Entidades Públicas.

d) El Catálogo Nacional del Sector Público Estatal, Autonómico y Local.

4. El titular del máximo órgano de dirección de la entidad, a través de la intervención general de la Administración correspondiente, notificará, electrónicamente a efectos de su inscripción, al Inventario de Entidades del Sector Público Estatal, Autonómico y Local, la norma o el acto jurídico de creación en el plazo de:

a) Tres meses desde la entrada en vigor de la norma o del acto, según corresponda.
b) 30 días hábiles desde la entrada en vigor de la norma o del acto, según corresponda.
c) 20 días hábiles desde la entrada en vigor de la norma o del acto, según corresponda.
d) 15 días hábiles desde la entrada en vigor de la norma o del acto, según corresponda.

5. ¿En qué plazo se practicará la inscripción de la norma o el acto jurídico de creación en el Inventario de Entidades del Sector Público Estatal, Autonómico y Local?

a) Dentro del plazo de tres meses siguientes a la recepción de la solicitud de inscripción.
b) Dentro del plazo de 30 días hábiles siguientes a la recepción de la solicitud de inscripción.
c) Dentro del plazo de 20 días hábiles siguientes a la recepción de la solicitud de inscripción.
d) Dentro del plazo de 15 días hábiles siguientes a la recepción de la solicitud de inscripción.

6. No integran el sector público institucional estatal:

a) Los consorcios.
b) Las fundaciones del sector público.
c) Los fondos con personalidad jurídica.
d) Las universidades públicas no transferidas.

7. Cualquier organismo autónomo, entidad pública empresarial, sociedad mercantil estatal o fundación del sector público institucional estatal podrá transformarse y adoptar la naturaleza jurídica de cualquiera de las entidades citadas. Aunque suponga modificación de la Ley de creación, la transformación se llevará a cabo mediante:

a) Ley Orgánica.
b) Ley ordinaria.
c) Real Decreto.
d) Reglamento.

8. Señala la respuesta incorrecta respecto a las transformaciones de las entidades integrantes del sector público institucional estatal:

a) La transformación no alterará las condiciones financieras de las obligaciones asumidas.
b) La transformación podrá ser entendida como causa de resolución de las relaciones jurídicas.
c) La transformación tendrá lugar, conservando su personalidad jurídica, por cesión e integración global, en unidad de acto, de todo el activo y el pasivo de la entidad transformada con sucesión universal de derechos y obligaciones.
d) Cualquier organismo autónomo, entidad pública empresarial, sociedad mercantil estatal o fundación del sector público institucional estatal podrá transformarse y adoptar la naturaleza jurídica de cualquiera de las entidades citadas.

9. Los organismos públicos se estructuran, según se determine en su respectivo Estatuto, en:

a) Órganos ejecutivos, órganos de gestión y en órganos de administración.
b) Órganos de administración y en órganos de gobierno.
c) Órganos de administración, órganos ejecutivos y en órganos de dirección.
d) Órganos ejecutivos y en órganos de gobierno.

10. Con carácter general, los máximos órganos de gobierno de los organismos públicos son:

a) El Presidente y el Consejo Rector.
b) El Presidente, el Vicepresidente, el Consejo Rector y el Gerente.
c) El Presidente, el Consejo Rector y el Gerente.
d) El Presidente, el Consejo Rector y el Secretario General.

11. ¿A quién corresponde la clasificación de las entidades, conforme a su naturaleza y a los criterios previstos en Real Decreto 451/2012, de 5 de marzo, por el que se regula el régimen retributivo de los máximos responsables y directivos en el sector público empresarial y otras entidades?

a) Al Ministro de Hacienda.
b) A la Secretaría General de Coordinación Autonómica y Local.
c) A la Intervención General de la Administración del Estado.
d) A la Secretaría de Estado de Presupuestos, Gastos y Gestión Pública.

12. ¿En cuántos grupos se clasifican las entidades, conforme a su naturaleza y a los criterios previstos en Real Decreto 451/2012, de 5 de marzo, por el que se regula el régimen retributivo de los máximos responsables y directivos en el sector público empresarial y otras entidades?

a) En seis grupos.
b) En cinco grupos.
c) En cuatro grupos.
d) En tres grupos.

13. La creación de los organismos públicos se efectúa:

a) Por Ley Orgánica.
b) Por Ley.
c) Mediante Reglamento.
d) Mediante Real Decreto.

14. Los organismos públicos deberán acomodar su actuación a lo previsto en su plan inicial de actuación. Dicho plan se actualizará:

a) Anualmente.
b) Cada dos años.

c) Cada tres años.

d) Cada cinco años.

15. ¿Cuándo deberá ser aprobado el plan anual de actuación por el departamento del que dependa o al que esté vinculado el organismo?

a) En el primer trimestre del año natural.

b) En el último trimestre del año natural.

c) Antes del 31 de enero del año natural.

d) Antes de 15 de marzo del año natural.

16. El Plan de actuación incorporará una revisión de la programación estratégica del organismo:

a) Cada semestre.

b) Cada año.

c) Cada dos años.

d) Cada tres años.

17. ¿Cuándo deberán ser publicados los estatutos de los organismos públicos?

a) Con carácter previo a la entrada en funcionamiento efectivo del organismo público.

b) En el plazo máximo de un mes desde la entrada en funcionamiento efectivo del organismo público.

c) En el plazo máximo de tres meses desde la entrada en funcionamiento efectivo del organismo público.

d) Lo antes posible desde la entrada en funcionamiento efectivo del organismo público.

18. ¿Dónde se hará público el plan de actuación y los anuales, así como sus modificaciones?

a) En el BOE.

b) En los Boletines Oficiales Autonómicos y en el BOE.

c) En cualquier periódico de tirada nacional.

d) En la página web del organismo público al que corresponda.

19. La falta de aprobación del plan anual de actuación dentro del plazo fijado por causa imputable al organismo, y hasta tanto se subsane la omisión, llevará aparejada la paralización de las transferencias que deban realizarse a favor del organismo con cargo a los Presupuestos Generales del Estado:

a) Salvo que el Presidente del Gobierno adopte otra decisión.

b) Salvo que el Ministro de Hacienda adopte otra decisión.

c) Salvo que el Consejo de Ministros adopte otra decisión.

d) Salvo que el Consejo de Estado adopte otra decisión.

20. ¿Cómo se aprueban los estatutos de los organismos públicos?

a) Por medio de ley.
b) Por Real Decreto del Consejo de Ministros.
c) Por Real Decreto del Ministro de Hacienda.
d) Por Real Decreto del Ministro al que el organismo esté vinculado o sea dependiente.

21. ¿A propuesta de quién se aprueban los estatutos de los organismos públicos?

a) A propuesta del Ministerio de Hacienda.
b) A propuesta del Consejo de Ministros.
c) A propuesta de Ministerio al que el organismo esté vinculado o sea dependiente.
d) A propuesta conjunta del Ministerio de Hacienda y del Ministerio al que el organismo esté vinculado o sea dependiente.

22. ¿A quién corresponde efectuar, a tenor del art. 104.4 de la Ley 40/2015, de 1 de octubre, y con la periodicidad adecuada, controles específicos sobre la gestión de los recursos humanos de las entidades públicas empresariales de ámbito estatal?

a) Al Consejo de Estado.
b) Al Consejo de Ministros.
c) Al Ministerio de Economía.
d) Al Ministerio de Hacienda.

23. La falta de aprobación del plan anual de actuación dentro del plazo fijado por causa imputable al organismo, y hasta tanto se subsane la omisión, llevará aparejada:

a) La denegación de las transferencias que deban realizarse a favor del organismo con cargo a los Presupuestos Generales del Estado.
b) La aprobación de la mitad de las transferencias que deban realizarse a favor del organismo con cargo a los Presupuestos Generales del Estado, quedando pendiente el resto a que se apruebe definitivamente el plan anual.
c) La paralización de las transferencias que deban realizarse a favor del organismo con cargo a los Presupuestos Generales del Estado.
d) La aprobación de la tercera parte de las transferencias que deban realizarse a favor del organismo con cargo a los Presupuestos Generales del Estado, quedando pendiente el resto a que se apruebe definitivamente el plan anual.

24. La fusión de los organismos públicos estatales de la misma naturaleza jurídica se llevará a cabo mediante:

a) Ley orgánica.
b) Ley ordinaria.

c) Real Decreto.

d) Norma reglamentaria.

25. El plan de redimensionamiento deberá ser aprobado por cada uno de los organismos públicos fusionados si se integran en uno nuevo o por el organismo público absorbente, previo informe preceptivo de:

a) El Consejo de Ministros.

b) El Presidente del Gobierno.

c) El Ministerio de Hacienda.

d) La Intervención General de la Administración del Estado.

26. Señala la respuesta incorrecta respecto de la aprobación de la norma de fusión de los organismos públicos estatales:

a) Los distintos tipos de personal de los organismos públicos fusionados tendrán los derechos y obligaciones que les correspondan de acuerdo con la normativa que les sea de aplicación.

b) La aprobación de la norma de fusión conllevará la integración de las organizaciones de los organismos públicos fusionados, incluyendo los medios personales, materiales y económicos, en los términos previstos en el plan de redimensionamiento.

c) La fusión podrá alterar las condiciones financieras de las obligaciones asumidas, pudiendo ser entendida como causa de resolución de las relaciones jurídicas.

d) La integración de quienes hasta ese momento vinieran ejerciendo funciones reservadas a funcionarios públicos sin serlo podrá realizarse con la condición de «a extinguir», debiéndose valorar previamente las características de los puestos afectados y las necesidades del organismo donde se integren.

27. Si se hubiera previsto en el plan de redimensionamiento, las obligaciones, bienes y derechos patrimoniales que se consideren liquidables se integrarán en un fondo, sin personalidad jurídica y con contabilidad separada, adscrito al nuevo organismo público resultante de la fusión o al organismo público absorbente, según proceda, que designará un liquidador al que le corresponderá la liquidación de este fondo. Salvo excepciones, la liquidación deberá llevarse a cabo:

a) Durante el año siguiente a la aprobación de la norma reglamentaria.

b) Durante los dos años siguientes a la aprobación de la norma reglamentaria.

c) Durante los tres años siguientes a la aprobación de la norma reglamentaria.

d) Durante los cinco años siguientes a la aprobación de la norma reglamentaria.

28. ¿Quién podrá acordar la prórroga de la liquidación, sin perjuicio de los posibles derechos que puedan corresponder a los acreedores?

a) El Consejo de Ministros.

b) El Presidente del Gobierno.

c) El Ministerio de Hacienda.

d) La Intervención General de la Administración del Estado.

29. Los Organismos públicos estatales deberán disolverse por encontrarse en situación de desequilibrio financiero durante:

a) Al menos, un ejercicio presupuestario.
b) Dos ejercicios presupuestarios consecutivos.
c) Como mínimo, tres ejercicios presupuestarios consecutivos o alternos.
d) Como mínimo, dos ejercicios presupuestarios consecutivos o tres alternos.

30. Señala cuál de los siguientes NO es uno de los motivos por los que los organismos públicos estatales deberán disolverse:

a) Por el transcurso del tiempo de existencia señalado en la ley de creación.
b) Cuando del seguimiento del plan de actuación resulte el incumplimiento de los fines que justificaron la creación del organismo o que su subsistencia no es el medio más idóneo para lograrlos y así se concluya en el control de eficacia o de supervisión continua.
c) Porque sus fines hayan sido mayoritariamente cumplidos, de forma que no se justifique la pervivencia del organismo público, y así se haya puesto de manifiesto en el control de eficacia.
d) Porque la totalidad de sus fines y objetivos sean asumidos por los servicios de la Administración General del Estado.

31. Cuando un organismo público se disuelva por transcurrir el tiempo de existencia señalado en la ley de creación, el titular del máximo órgano de dirección del organismo dispondrá de un plazo para comunicarlo a la Administración General del Estado, de:

a) Veinte días a contar desde la concurrencia de dicha causa.
b) Un mes a contar desde la concurrencia de dicha causa.
c) Dos meses a contar desde la concurrencia de dicha causa.
d) Tres meses a contar desde la concurrencia de dicha causa.

32. ¿Transcurrido qué plazo sin que el acuerdo de disolución haya sido publicado, el organismo público quedará automáticamente disuelto y no podrá realizar ningún acto jurídico, salvo los estrictamente necesarios para garantizar la eficacia de su liquidación y extinción?

a) Transcurridos quince días.
b) Transcurridos veinte días.
c) Transcurrido un mes.
d) Transcurridos dos meses.

33. Cuando un organismo público incurra en alguna de las causas de disolución previstas en las letras a), b), c), d) o e) del artículo 96.1 de la Ley 40/2015, de 1 de octubre, el titular del máximo órgano de dirección del organismo lo comunicará al titular del departamento de adscripción en el plazo de:

a) Dos meses desde que concurra la causa de disolución.
b) Tres meses desde que concurra la causa de disolución.
c) Seis meses desde que concurra la causa de disolución.
d) No hay plazo establecido legalmente.

34. Según dispone el art. 96.2 de la Ley 40/2015, de 1 de octubre, transcurridos dos meses sin que se haya producido la comunicación y concurriendo la causa de disolución, el organismo público quedará automáticamente disuelto:

a) No pudiendo realizar ningún acto jurídico.

b) Y no podrá realizar ningún acto jurídico, salvo los estrictamente necesarios para garantizar la eficacia de su liquidación.

c) Y no podrá realizar ningún acto jurídico, salvo los estrictamente necesarios para garantizar la eficacia de su extinción.

d) Son correctas las respuestas b) y c).

35. En el plazo de dos meses desde la recepción de la comunicación a la que se refiere el artículo 96.2 de la Ley 40/2015, de 1 de octubre, el Consejo de Ministros adoptará el correspondiente acuerdo de disolución, en el que designará al órgano administrativo o entidad del sector público institucional estatal que asumirá las funciones de liquidador, y se comunicará para su publicación a:

a) El Inventario de Entidades del Sector Público Estatal, Autonómico y Local.

b) La Intervención General de la Administración del Estado.

c) La Secretaría General de Financiación Autonómica y Local.

d) La Secretaría General de Liquidaciones.

36. Los Organismos públicos estatales deberán disolverse cuando así lo acuerde:

a) El Presidente del Gobierno.

b) El Consejo de Ministros.

c) El Consejo de Estado.

d) Cualquiera de los anteriores.

37. En el plazo de dos meses desde la recepción de la comunicación, ¿qué órgano adoptará el correspondiente acuerdo de disolución, en el que designará al órgano administrativo o entidad del sector público institucional estatal que asumirá las funciones de liquidador, y se comunicará al Inventario de Entidades del Sector Público Estatal, Autonómico y Local para su publicación?

a) El Presidente del Gobierno.

b) El Consejo de Ministros.

c) La persona titular del Ministerio de Hacienda.

d) La persona titular del Ministerio de Asuntos Económicos y Transformación Digital.

38. ¿Cuándo se producirá la extinción automática del organismo público?

a) Cuando se formalice su disolución.

b) Cuando así lo ratifique el Presidente del Gobierno.

c) Cuando lo declare formalmente el Ministro de Economía, Comercio y Empresa.

d) Cuando se formalice su liquidación.

39. Los organismos autónomos estatales dependen de la Administración General del Estado en lo que corresponde a:

a) Únicamente el control de su eficacia.
b) Exclusivamente en la evaluación de los resultados de su actividad.
c) Su dirección política.
d) Su dirección estratégica, la evaluación de los resultados de su actividad y el control de eficacia.

40. Con independencia de cuál sea su denominación, cuando un organismo público tenga la naturaleza jurídica de organismo autónomo deberá figurar en su denominación:

a) La abreviatura «OAE».
b) La indicación «organismo estatal autónomo».
c) La abreviatura «OA».
d) La indicación «organismo estatal».

41. ¿Quién será el órgano de contratación del organismo autónomo estatal?

a) La Intervención General de la Administración del Estado.
b) El Ministro de Hacienda.
c) El titular del máximo órgano de dirección del organismo autónomo.
d) El titular del máximo órgano de coordinación del organismo autónomo.

42. ¿A quién establece el artículo 100.1 de la Ley 40/2015, de 1 de octubre, ha de comunicar el organismo autónomo cuantos acuerdos o resoluciones adopte en aplicación del régimen específico de personal establecido en su Ley de creación o en sus estatutos:

a) Al Ministerio de Hacienda y Administraciones Públicas (actualmente Ministerio de Hacienda).
b) A la Intervención General de la Administración del Estado.
c) Al Consejo de Ministros.
d) Al Consejo de Estado.

43. Con independencia de cuál sea su denominación, cuando un organismo público tenga naturaleza jurídica de entidad pública empresarial deberá figurar en su denominación:

a) La abreviatura «EP».
b) La indicación de «entidad estatal empresarial».
c) La abreviatura «EPE».
d) La indicación de «entidad empresarial».

44. La selección del personal laboral de las entidades públicas empresariales de ámbito estatal, con la excepción del personal directivo, se hará mediante convocatoria pública basada en los principios de:

a) Legalidad, igualdad y transparencia.
b) Igualdad, mérito y oportunidad.
c) Igualdad, mérito y capacidad.
d) Mérito, capacidad y antigüedad.

45. El personal directivo de las entidades públicas empresariales de ámbito estatal será nombrado atendiendo a los siguientes criterios:

a) Competencia profesional y experiencia.
b) Mérito y capacidad.
c) Antigüedad y capacidad.
d) Experiencia profesional y antigüedad selectiva.

46. Indica cuáles de los siguientes NO se consideran servicios comunes de los organismos públicos:

a) Gestión de bienes muebles.
b) Asistencia jurídica.
c) Publicaciones.
d) Sistemas de información y comunicación.

47. ¿Cuándo deberán ser aprobados los estatutos de los organismos públicos?

a) Con carácter previo a la entrada en funcionamiento efectivo del organismo público.
b) En el plazo máximo de un mes desde la entrada en funcionamiento efectivo del organismo público.
c) En el plazo máximo de tres meses desde la entrada en funcionamiento efectivo del organismo público.
d) Lo antes posible desde la entrada en funcionamiento efectivo del organismo público.

48. ¿Qué norma determinará las condiciones conforme a las cuales los funcionarios de la Administración General del Estado podrán cubrir destinos en las entidades públicas empresariales de ámbito estatal así como establecer las competencias que a la misma correspondan sobre este personal:

a) La Ley 33/2003, de 3 de noviembre.
b) El Real Decreto Legislativo 3/2011, de 14 de noviembre.
c) La Ley 7/2007, de 12 de abril.
d) La Ley de creación de cada entidad pública empresarial.

49. Excepcionalmente, cuando así lo prevea la Ley de creación, las entidades públicas empresariales de ámbito estatal podrán financiarse con los recursos económicos que provengan de la siguiente fuente:

a) Valores que constituyen su patrimonio.

b) Transferencias corrientes o de capital que procedan de las Administraciones o entidades públicas.

c) Bienes que constituyen su patrimonio.

d) Productos y rentas que constituyen su patrimonio.

50. Señala la respuesta incorrecta respecto al régimen económico-financiero y patrimonial de los organismos autónomos estatales:

a) Los organismos autónomos aplicarán el régimen presupuestario, económico-financiero, de contabilidad, y de control establecido por la Ley 47/2003, de 26 de noviembre.

b) La gestión y administración de sus bienes y derechos propios, así como de aquellos del Patrimonio de la Administración que se les adscriban para el cumplimiento de sus fines, será ejercida de acuerdo con lo establecido para los organismos autónomos en la Ley 33/2003, de 3 de noviembre.

c) Los organismos autónomos estatales se financiarán mayoritariamente con ingresos de mercado.

d) Los organismos autónomos tendrán, para el cumplimiento de sus fines, un patrimonio propio, distinto del de la Administración Pública, integrado por el conjunto de bienes y derechos de los que sean titulares.

51. Las entidades públicas empresariales aplicarán el régimen presupuestario, económico-financiero, de contabilidad y de control establecido en:

a) La Ley 47/2003, de 26 de noviembre.

b) El Real Decreto Legislativo 3/2011, de 14 de noviembre.

c) La Ley 33/2003, de 3 de noviembre.

d) La Ley de Procedimiento Administrativo Común.

52. Indica cuál de los siguientes no es uno de los principios generales a los que han de someter su actuación las entidades que integran el sector público institucional:

a) Eficiencia.

b) Legalidad.

c) Transparencia en la gestión.

d) Racionalidad en el gasto.

53. Indica cuál de las siguientes entidades no forman parte del sector público institucional estatal:

a) Los fondos con personalidad jurídica.

b) Las universidades públicas no transferidas.

c) Las sociedades mercantiles estatales.

d) Los consorcios.

54. Señala la respuesta correcta respecto al control de eficacia de las entidades integrantes del sector público institucional estatal:

a) Todas las entidades integrantes del sector público institucional estatal contarán, en el momento de su creación, con un plan de actuación, que contendrá las líneas estratégicas en torno a las cuales se desenvolverá la actividad de la entidad.

b) El plan de actuación del momento de creación de las entidades integrantes del sector público institucional estatal se revisará cada dos años y se completará con planes anuales que desarrollarán el de creación para el ejercicio siguiente.

c) Todas las entidades integrantes del sector público institucional estatal están sujetas desde su creación hasta su extinción a la supervisión continua del Ministerio de Economía, Comercio y Empresa, a través de la Intervención General de la Administración del Estado, que vigilará la concurrencia de los requisitos previstos en esta ley.

d) Los resultados de la evaluación efectuada por el Ministerio de Economía, Comercio y Empresa se plasmarán en un informe sujeto a procedimiento contradictorio que, según las conclusiones que se hayan obtenido, podrá contener recomendaciones de mejora o una propuesta de transformación o supresión del organismo público o entidad.

55. Cualquier organismo autónomo, entidad pública empresarial, sociedad mercantil estatal o fundación del sector público institucional estatal podrá transformarse y adoptar la naturaleza jurídica de cualquiera de las entidades citadas. La transformación, cuando suponga modificación de la Ley de creación, se llevará a cabo mediante:

a) Ley ordinaria.

b) Ley orgánica.

c) Reglamento.

d) Real Decreto.

56. Cuando un organismo autónomo o entidad pública empresarial se transforme en una entidad pública empresarial, sociedad mercantil estatal o en una fundación del sector público, el Real Decreto mediante el que se lleve a cabo la transformación deberá ir acompañado de un informe en el que se valorará el cumplimiento de lo previsto en el art. 87 de la Ley 40/2015, de 1 de octubre. Dicho informe preceptivo corresponderá realizarlo:

a) Al Consejo de Estado.

b) Al Ministerio de Economía, Comercio y Empresa.

c) A la Intervención General de la Administración del Estado.

d) Al Ministerio de Hacienda.

57. Los organismos públicos dependientes o vinculados a la Administración General del Estado se estructuran en los órganos de gobierno, y ejecutivos que se determinen en su respectivo Estatuto. Aunque su estatuto puede prever otros órganos de gobierno con atribuciones distintas, los máximos órganos de gobierno son el Presidente y:

a) El Vicepresidente.
b) El Consejo Rector.
c) El Consejo de Dirección.
d) El Secretario General.

58. Según preceptúa el artículo 90.2 de la Ley 40/2015, de 1 de octubre, corresponde al Ministro de Hacienda y Administraciones Públicas (actualmente Ministerio de Hacienda) la clasificación de las entidades, conforme a su naturaleza y a los criterios previstos en Real Decreto 451/2012, de 5 de marzo, por el que se regula el régimen retributivo de los máximos responsables y directivos en el sector público empresarial y otras entidades. A estos efectos, las entidades serán clasificadas en:

a) Cuatro grupos y dos subgrupos.
b) Cuatro grupos y tres subgrupos.
c) Tres grupos.
d) Cuatro grupos.

59. Señala cuál de los siguientes no es uno de los motivos por los que los Organismos públicos estatales deberán disolverse:

a) Por encontrarse en situación de desequilibrio financiero durante dos ejercicios presupuestarios consecutivos.
b) Por el transcurso del tiempo de existencia señalado en la ley de creación.
c) Porque la totalidad o parte de sus fines y objetivos sean asumidos por los servicios de la Administración General del Estado.
d) Porque sus fines hayan sido totalmente cumplidos, de forma que no se justifique la pervivencia del organismo público, y así se haya puesto de manifiesto en el control de eficacia.

60. ¿A quién corresponderá comunicar al titular del departamento de adscripción el hecho de que un organismo público incurra en la causa de su disolución por el transcurso del tiempo de existencia señalado en la ley de creación?

a) Al Consejo de Dirección.
b) Al Vicepresidente del organismo público.
c) Al Secretario del organismo.
d) Al máximo órgano de dirección del organismo.

61. Indica cuál de los siguientes no es uno de los principios en los que se ha de basar la convocatoria pública para la selección del personal, a excepción del directivo, de las entidades públicas empresariales:

a) Mérito.
b) Capacidad.
c) Experiencia.
d) Igualdad.

62. Las entidades público-empresariales se financiarán mayoritariamente con ingresos de mercado. Se entiende que se financian mayoritariamente con ingresos de mercado cuando tengan la consideración de productor de mercado de conformidad con:

a) El Sistema Nacional de Cuentas.
b) El Ministerio de Economía, Comercio y Empresa.
c) El Comité Técnico de Cuentas Nacionales.
d) El Sistema Europeo de Cuentas.

63. ¿Cuándo podrán las entidades públicas empresariales financiarse con transferencias corrientes o de capital que procedan de Administraciones o entidades públicas?

a) En ningún caso.
b) Siempre, de forma ordinaria.
c) Excepcionalmente.
d) Siempre que cuenten con el informe favorable del Ministerio de Economía, Comercio y Empresa.

64. Señala cuál de las siguientes no es una de las causas por la que deberán de disolverse los Organismos públicos estatales a tenor de lo dispuesto en el art. 96.1 de la Ley 40/2015, de 1 de octubre:

a) Porque la totalidad de sus fines y objetivos sean asumidos por los servicios de la Administración General del Estado.
b) Por el transcurso del tiempo de existencia señalado en la ley de creación.
c) Porque así lo acuerde el Consejo de Ministros siguiendo el procedimiento determinado al efecto en el acto jurídico que acuerde la disolución.
d) Porque sus fines hayan sido total o parcialmente cumplidos, de forma que no se justifique la pervivencia del organismo público, y así se haya puesto de manifiesto en el control de eficacia.

65. ¿Cuándo supondrá la fusión de organismos públicos estatales causa de resolución de las relaciones jurídicas?

a) En ningún caso.
b) Cuando así lo determine el Consejo de Estado.

c) Cuando cuente con el previo informe preceptivo de la Intervención General de la Administración del Estado.

d) Cuando así lo determine el Ministro de Hacienda a propuesta de la Intervención General de la Administración del Estado.

66. Las entidades de derecho público con personalidad jurídica propia pero vinculadas a la Administración General del Estado, que requieren para el desempeño de sus funciones independencia o especial autonomía respecto de esta, se denominan:

a) Consorcios.
b) Sociedades Mercantiles Estatales.
c) Fundaciones del Sector Público.
d) Autoridades Administrativas Independientes.

67. Las funciones que la LRJSP encomienda a las Autoridades Administrativas Independientes son:

a) La regulación o supervisión de carácter externo sobre sectores económicos o actividades determinadas.

b) El ejercicio de potestades administrativas, desarrollo de actividades prestacionales y gestión de servicios o de producción de bienes de interés público, susceptibles de contraprestación.

c) La dirección estratégica, evaluación de los resultados en el ámbito de su actividad y el control de la eficacia administrativa.

d) La gestión compartida de servicios administrativos comunes.

68. Las funciones que se atribuyan a las Autoridades Administrativas Independientes de ámbito estatal deberán determinarse mediante:

a) Acuerdo entre todas las Administraciones con competencia en el ámbito o sector en el que operen.

b) Delegación de competencias por parte de la Administración a la que se encuentren vinculadas.

c) Ley.
d) Reglamento estatutario.

69. La nota característica de las Autoridades Administrativas Independientes en su actuación respecto de los intereses empresariales o comerciales consiste en:

a) Su vinculación.
b) Su independencia.
c) Su subordinación.
d) Su colaboración.

70. Las Autoridades Administrativas Independientes se rigen principalmente:

a) Por la Ley 39/2015 de Procedimiento Administrativo Común de las Administraciones Públicas.
b) Por su Ley de creación.
c) Por la Ley 40/2015 de Régimen Jurídico del Sector Público.
d) Por el derecho común.

71. En cuanto a los recursos económicos de las Autoridades Administrativas Independientes, la Ley 40/2015, de 1 de octubre, las sujeta al principio de:

a) Lealtad institucional.
b) Dependencia presupuestaria.
c) Sostenibilidad financiera.
d) Eficiencia en la asignación y utilización de los recursos públicos.

72. Se entiende por Sociedad mercantil estatal:

a) Las entidades de derecho público que se encuentran participadas por empresas privadas.
b) Las asociaciones cuyo patrimonio esté integrado en más de un 50% por bienes o derechos aportados o cedidos por sujetos integrantes del sector público institucional estatal.
c) Las sociedades de naturaleza mercantil con capital social mayoritaria y absolutamente controlado por el Sector público estatal.
d) Las sociedades de capital que actúan sujetas al derecho administrativo.

73. En el caso de que una Sociedad mercantil estatal esté controlada indirectamente por otra sociedad que a su vez es participada íntegra y exclusivamente por un Organismo Autónomo estatal:

a) Se tratará de una sociedad privada.
b) Solo se considerará Sociedad mercantil estatal si la sociedad que la controla ostenta la mayoría de su capital social.
c) Será una Sociedad mercantil estatal si recibe la aprobación de la Comisión Nacional del Mercado de Valores.
d) Se habrá de considerar como una Sociedad mercantil estatal.

74. La gestión de las Sociedades mercantiles estatales se guiará por los principios rectores de:

a) Rentabilidad, sostenibilidad y eficacia.
b) Publicidad, equilibrio presupuestario y economía financiera.
c) Eficiencia, transparencia y buen gobierno.
d) Productividad, economicidad y privacidad.

75. Las Sociedades mercantiles estatales, en materia presupuestaria, contable, de personal, de control económico-financiero y de contratación, se regirán por lo previsto en la LRJSP, en la Ley de Patrimonio de las Administraciones Públicas y por lo dispuesto en:

a) Las normas que les sean de aplicación a tales materias.
b) Su Ley de creación.
c) El ordenamiento jurídico privado.
d) La Ley General Presupuestaria.

76. Las Sociedades mercantiles estatales no podrán disponer, en ningún caso, de facultades que impliquen el ejercicio de:

a) Competencias administrativas.
b) Facultades administrativas.
c) Potestades administrativas.
d) Autoridad Pública.

77. La creación de una Sociedad mercantil estatal o la adquisición de este carácter de forma sobrevenida precisará de:

a) Autorización del consejo de Ministros.
b) Acuerdo del consejo de administración.
c) Aprobación del Registrador Mercantil del domicilio de la sociedad.
d) Formalización en documento mercantil autorizado por el Ministro del ramo al que dedique su actividad.

78. En el expediente de autorización para la creación de una Sociedad mercantil estatal deberá incluirse:

a) Un plan económico y una memoria de sostenibilidad financiera.
b) Un análisis de mercado y los mecanismos de control administrativo.
c) Una memoria de la actividad económica a desarrollar y la propuesta de inclusión de las partidas económicas necesarias para ello, que deberán ser incluidas en los Presupuestos Generales del Estado.
d) Una propuesta de estatutos y de un plan de actuación.

79. El plan de actuación base para el control de eficacia de las Sociedades mercantiles estatales, cuya falta de aprobación, por causa imputable a la sociedad, lleva aparejada la paralización de las aportaciones que deban realizarse a favor de la sociedad con cargo a los presupuestos generales del Estado, se denomina:

a) Plan Contable.
b) Programa de Actuación Plurianual.
c) Memoria de Sostenibilidad Financiera.
d) Previsión de Equilibrio Contable.

80. El órgano encargado de la liquidación de una Sociedad mercantil estatal es:

a) El Consejo de Administración.
b) El Registrador mercantil.
c) Un órgano administrativo o entidad integrante del sector público estatal.
d) Un administrador concursal.

81. La responsabilidad de la Administración Pública por los actos cometidos por el empleado público por ella designado, en el ejercicio del cargo de liquidador de las Sociedades mercantiles estatales, será:

a) Directa.
b) Subsidiaria.
c) Inexistente.
d) Mancomunada.

82. ¿Es exigible por la Administración alguna responsabilidad a los empleados públicos que, en el ejercicio del cargo de liquidador de una Sociedad mercantil estatal, actúen dolosa, culposa o negligentemente?

a) No, en ningún caso.
b) Sí, mediante la llamada acción de regreso.
c) No, si han recibido instrucciones precisas del órgano de gobierno.
d) Solo si no han sido por ella designados.

83. ¿Es exigible por la Administración alguna responsabilidad a los empleados públicos que, en el ejercicio del cargo de Administrador de una Sociedad mercantil estatal, actúen dolosa, culposa o negligentemente?

a) No, en ningún caso.
b) Sí, en todo caso.
c) No, si actúan cumpliendo instrucciones del órgano que los designó.
d) Solo si no han sido por ella designados.

84. Las Sociedades mercantiles estatales formularán y rendirán sus cuentas de acuerdo con los principios y normas de contabilidad que figuran en:

a) El Código de Comercio.
b) Su Ley de creación.
c) Sus Estatutos.
d) La Ley de Presupuestos Generales del Estado.

85. Además de las competencias que ostenta el Tribunal de Cuentas, la gestión económico-financiera de las Sociedades mercantiles estatales estará sometida al control de/del:

a) La Comisión Nacional del Mercados de Valores.
b) Banco de España.

c) La Intervención General de la Administración del Estado.
d) Instituto de Contabilidad y Auditoría de Cuentas.

86. El personal directivo de las Sociedades mercantiles estatal se regirá por el derecho:

a) Administrativo.
b) Laboral.
c) Civil.
d) Mercantil.

87. Los Consorcios:

a) Desarrollan actividades de interés común a todas las entidades que los conforman dentro del ámbito de sus competencias.
b) Son entidades de derecho privado.
c) No tienen personalidad jurídica independiente de las entidades que los conforman.
d) Están integrados exclusivamente por entidades del sector público.

88. Los Consorcios no podrán realizar actividades de:

a) Gestión de servicios públicos.
b) Fomento.
c) Prestacionales con ánimo de lucro.
d) Gestión de servicios de cooperación transfronteriza.

89. La competencia para regular a los Consorcios públicos la ostenta:

a) El Estado exclusivamente.
b) El Estado en cuanto a su regulación básica y las comunidades autónomas en el desarrollo de la misma.
c) Las comunidades autónomas exclusivamente.
d) El Estado, las comunidades autónomas o las corporaciones locales, dependiendo del ámbito de su actuación.

90. El régimen jurídico del derecho de separación, disolución y extinción de los Consorcios públicos se regula con carácter supletorio por lo previsto:

a) En la Ley de Sociedades de Capital.
b) En el Código de Comercio.
c) En la Ley General Presupuestaria.
d) En el Código Civil.

91. Con carácter exclusivamente supletorio, el régimen de liquidación de los Consorcios públicos se encuentra en:

a) La Ley de Sociedades de Capital.
b) El Código Civil.

c) La Ley General Presupuestaria.

d) La Ley del Patrimonio de las Administraciones Públicas.

92. Los Consorcios locales se rigen principalmente por:

a) La Ley 27/2013, de 21 de diciembre, de racionalización y sostenibilidad de la Administración Local.

b) La Ley 7/1985, de 2 de abril, de Bases de Régimen Local.

c) La LRJSP.

d) La normativa de desarrollo dictada por la Entidad Local a la que se encuentren adscritos.

93. El régimen de adscripción de los Consorcios públicos, de conformidad con los criterios legalmente aplicables, se establecerá:

a) Por Ley.

b) En su plan presupuestario.

c) Mediante su inscripción registral.

d) Por sus estatutos.

94. ¿Cuál de los siguientes criterios será el prioritario para la adscripción de un Consorcio a una determinada Administración Pública?

a) La que tenga facultades para nombrar o destituir a la mayoría de los miembros de los órganos ejecutivos.

b) Aquella que tenga facultades para nombrar o destituir a la mayoría de los miembros del personal directivo.

c) La que ostente el mayor porcentaje de participación en el fondo patrimonial.

d) Quien tenga facultades para nombrar o destituir a la mayoría de los miembros del órgano de gobierno.

95. La adscripción de los Consorcios a una determinada Administración Pública tendrá carácter:

a) Permanente.

b) Bianual.

c) Indefinido, hasta tanto no se modifique la composición del órgano de Gobierno.

d) Temporal, para cada ejercicio presupuestario.

96. El cambio de adscripción de un Consorcio de una Administración Pública a otra:

a) No se podrá producir hasta transcurridos seis meses desde el inicio del nuevo ejercicio presupuestario.

b) No se producirá hasta tanto se modifiquen los Estatutos.

c) Se producirá transcurridos seis meses desde la modificación estatutaria.

d) Será efectivo desde que se cause, debiéndose modificar los estatutos en el plazo de seis meses a contar desde el inicio del ejercicio presupuestario siguiente.

97. El personal al servicio de los Consorcios:

a) Será personal funcionario de la Administración a la que se encuentren adscritos.

b) Podrá ser funcionario o laboral de las Administraciones participantes, y excepcionalmente, contratados directamente.

c) Será funcionario o laboral de la Administración de adscripción, y excepcionalmente, contratados directamente previa autorización del Ministerio de Hacienda.

d) Será personal laboral de contratación directa, bajo los principios de capacidad, mérito y publicidad.

98. El régimen jurídico al que deberá someterse el personal al servicio de los Consorcios será:

a) El de la Administración Pública de adscripción.

b) El de la Administración Pública de la que procedan.

c) El que se establezca por convenio colectivo.

d) El que se determine en su contrato de trabajo.

99. El régimen presupuestario, de contabilidad, control económico-financiero y patrimonial al que estarán sujetos los Consorcios será:

a) El que se determine en sus Estatutos.

b) El de la Administración Pública de adscripción.

c) El regulado en la Ley General Presupuestaria.

d) El que se fije en su Ley de creación.

100. Los Consorcios públicos se crean:

a) Por convenio.

b) Mediante Ley.

c) En virtud de Resolución Administrativa.

d) Mediante acuerdo del Consejo de Ministros.

101. ¿Cuál de los siguientes requisitos no se exige para la creación de aquellos Consorcios en los que participe la Administración General del Estado o sus organismos públicos y entidades vinculados o dependientes?

a) Publicación del convenio en el BOE.

b) Informe preceptivo favorable del Ministerio de Hacienda.

c) Informe previo favorable del titular del Ministerio de adscripción.

d) Autorización del Consejo de Ministros.

102. Los estatutos de cada Consorcio público incluirán:

a) Cláusulas que contemplen la suspensión temporal del derecho de voto o a la participación en la formación de los acuerdos.

b) Clausulas limitativas de la responsabilidad de las Administraciones intervinientes conforme a la Ley Orgánica de Estabilidad Presupuestaria y Sostenibilidad Financiera.

c) Sede, objeto, fines y dotación presupuestaria con la que cuenta la entidad.

d) Las causas de separación del socio.

103. El Ayuntamiento de un municipio español que, formando parte de un Consorcio, deja de prestar el servicio al que el mismo dedica su objeto:

a) No podrá separarse hasta que se disuelva la entidad.

b) Podrá separarse en cualquier momento si no se hubiere fijado duración determinada únicamente.

c) Podrá separarse del mismo incumpliendo la obligación de realizar la aportación patrimonial correspondiente.

d) Podrá separarse en cualquier momento, aun cuando tuviera una duración determinada y no se hubiese cumplido el plazo.

104. En los Consorcios de duración determinada, un partícipe tendrá derecho de separación:

a) En cualquier momento.

b) Si alguno de los partícipes incumple alguna de sus obligaciones estatutarias.

c) Exclusivamente en el caso de que algún interviniente incumpliese su obligación de realizar aportaciones al fondo patrimonial.

d) Solo a la finalización del plazo.

105. El ejercicio del derecho de separación de uno de los miembros de un Consorcio se realizará:

a) Mediante notificación al titular de la Administración de adscripción.

b) Por resolución administrativa que acredite el incumplimiento.

c) Por escrito dirigido al órgano rector de la entidad.

d) En virtud de resolución judicial firme.

106. El efecto que produce el ejercicio del derecho de separación por parte de una entidad pública interviniente en un Consorcio constituido por dos Administraciones Públicas y una entidad privada, es:

a) Su disolución, salvo que los restantes miembros decidan su continuidad.

b) La repartición de la cuota correspondiente al separado entre los restantes miembros.

c) La modificación estatutaria dentro del plazo de seis meses a contar desde el inicio del siguiente ejercicio presupuestario.

d) La disolución del mismo en todo caso.

107. Si el ejercicio del derecho de separación no conlleva la disolución del Consorcio, pero existe una cuota con saldo negativo, la misma se hará efectiva:

a) En el momento en que se abone la deuda.
b) En cuanto sea determinada dicha cuota.
c) Tras la notificación del escrito por el que se ejercita el derecho al máximo órgano de gobierno.
d) En el momento en que la cuota sea cero.

108. La cuota de separación del Consorcio que corresponda a quien ejercite su derecho de separación se calculará, primeramente, atendiendo a/al:

a) Porcentaje de las aportaciones al fondo patrimonial del Consorcio que haya efectuado quien ejerce el derecho de separación.
b) Criterio de reparto dispuesto en los estatutos.
c) La que le hubiera correspondido en la liquidación.
d) La financiación concedida cada año.

109. En el caso de que el miembro del Consorcio que ejercite el derecho de separación estuviera exento de hacer aportaciones, la cuota se calculará:

a) Conforme a la participación en los ingresos que, en su caso, hubiera recibido durante el tiempo que ha pertenecido al mismo.
b) De conformidad con la financiación que le haya sido concedida anualmente.
c) En atención a la cuota de decisión en los órganos de gobierno que le hubiera correspondido.
d) De ninguna manera, pues no tendrá derecho a ella en caso de que fuese positiva ni tiene obligación de pago en otro caso.

110. Si el Consorcio estuviera adscrito, de acuerdo con lo previsto en la ley, a la Administración que pretende ejercer el derecho de separación:

a) Podrá ejercitar el derecho, acordándose por las restantes Administraciones a cuál de ellas se adscribe conforme a los criterios legalmente establecidos.
b) Podrá separarse, pero continuará adscrito a la misma hasta que se produzca la modificación estatutaria.
c) No podrá separarse mientras no conste su adscripción a otro de los miembros.
d) No podrá separarse hasta tanto no finalice el ejercicio presupuestario.

111. En el supuesto de que participen en el Consorcio entidades privadas, el régimen de adscripción será:

a) El que resulte del Convenio de creación.
b) El que acuerden los miembros del mismo, al participar en él entidades no sujetas al derecho administrativo.

c) El que impongan las Administraciones participantes.
d) El establecido legalmente.

112. La disolución del Consorcio produce:

a) La liquidación y extinción del mismo.
b) La pérdida de objeto.
c) La modificación de sus estatutos.
d) El incumplimiento de sus fines.

113. Será causa de disolución de un Consorcio, en todo caso:

a) El incumplimiento de la obligación de realizar aportaciones al fondo patrimonial.
b) El resultado negativo en la cuota de liquidación final del ejercicio presupuestario.
c) El ejercicio del derecho de separación de uno de sus miembros.
d) El cumplimiento de los fines para los que fue creado.

114. La competencia para adoptar el acuerdo de liquidación de un Consorcio la ostenta:

a) El Órgano de gobierno.
b) El Liquidador.
c) El titular de la Administración a la que se encuentre adscrito.
d) El Consejo de Ministros.

115. El nombramiento del cargo de liquidador de un Consorcio deberá recaer en:

a) Un miembro del máximo órgano de gobierno.
b) Un órgano o entidad de una de las Administraciones miembros.
c) Un órgano o entidad de la Administración de adscripción.
d) Un auditor de cuentas colegiado.

116. La responsabilidad ante terceros en que incurra el empleado público como miembro de la entidad u órgano liquidador de un Consorcio será exigible:

a) Directamente al mismo.
b) A la Administración que lo designó.
c) A cualquiera de las Administraciones miembros.
d) Exclusivamente a la propia entidad liquidada o en liquidación.

117. La cuota de liquidación que corresponda a cada miembro del Consorcio en la liquidación se calculará:

a) De acuerdo con la liquidación que le corresponda en el saldo resultante del patrimonio neto.
b) En atención al porcentaje de las aportaciones patrimoniales de cada uno al fondo de participación.

c) Conforme a lo dispuesto en los Estatutos.

d) Según el porcentaje de las aportaciones que haya efectuado cada uno al fondo patrimonial del mismo y la financiación concedida cada año.

118. La extinción de un Consorcio se llevará a cabo sin necesidad de proceder a liquidación en el caso de que:

a) La cuota que previsiblemente resulte de la liquidación sea igual a cero.

b) Se acuerde la cesión global de activos y pasivos a otra entidad del sector público.

c) Todos los miembros del Consorcio no hubieren realizado aportaciones por no estar obligados a ello.

d) Se hubiera determinado la cuota de liquidación con anterioridad a la disolución en el mismo ejercicio presupuestario con ocasión de la separación de la Administración de adscripción.

119. Se habrá de considerar Fundación del sector público aquella en la que:

a) Sus patronos pertenecen a entidades del sector público.

b) La aportación inicial realizada con anterioridad a su constitución haya sido satisfecha por la Administración General del Estado o cualquiera de los sujetos integrantes del sector público institucional estatal.

c) La mayoría de votos en su Patronato corresponda a sujetos que actúen como representantes de la Administración General del Estado o del sector público institucional estatal.

d) Su patrimonio esté integrado mayoritariamente por bienes cedidos con cualquier carácter por la Administración General del Estado o cualquiera de los sujetos integrantes del sector público institucional estatal.

120. La nota característica de las Fundaciones del sector público estatal radica en que sus actividades son realizadas:

a) Sin ánimo de lucro.

b) Mediante contraprestación.

c) A título gratuito.

d) Para la prestación de un servicio público.

121. Las Fundaciones del sector público, únicamente podrán:

a) Realizar actividades en el ámbito de las competencias propias que les sean delegadas.

b) Actuar como coadyuvantes en las actividades competenciales de las entidades del sector público fundadoras.

c) Ejercer potestades públicas.

d) Asumir las competencias que correspondan a las entidades del sector público fundadoras en el ámbito de la actividad que desarrollen.

122. ¿Cuál de los siguientes organismos públicos estatales no precisan llevar siglas tras su denominación?

a) Autoridad Administrativa Independiente.
b) Consorcios.
c) Fundaciones.
d) Todos están obligados a llevarlas.

123. Las aportaciones del sector privado al patrimonio de las Fundaciones del sector público para la financiación de sus actividades y mantenimiento de la misma:

a) Son incompatibles con el objeto de las mismas.
b) Deben autorizarse por acuerdo del Patronato.
c) Pueden realizarse siempre que no constituyan la mayoría de las aportaciones que reciban.
d) Deben proceder de entidades que, aunque privadas, no tengan ánimo de lucro, exclusivamente.

124. La Administración Pública a la que quedará adscrita una Fundación del sector público viene determinada:

a) Por Ley autonómica.
b) Por sus estatutos.
c) Por Ley estatal.
d) Por resolución administrativa.

125. La aplicación de los criterios legalmente establecidos para la adscripción de las Fundaciones del sector público a la Administración Pública que corresponda se realizará con referencia:

a) Al primer día del año natural.
b) Al momento de entrada en vigor de su ley de creación.
c) Al primer día del ejercicio presupuestario.
d) Al día de la aprobación de sus Estatutos.

126. Indica cuál de los siguientes criterios legales será determinante para la adscripción de una Fundación a la Administración Pública en que concurra:

a) Tenga facultades para nombrar o destituir a la mayoría de los miembros del Patronato.
b) Tenga facultades para nombrar o destituir a la mayoría de los miembros de los órganos ejecutivos.
c) Tenga facultades para nombrar o destituir a la mayoría de los miembros del personal directivo.
d) Disponga de mayoría de patronos.

127. Es un criterio para la adscripción de la Fundación a una Administración Pública determinada:

a) Que sus competencias guarden una relación específica con la actividad desarrollada por la misma.

b) Venga establecida por su norma de creación.

c) Financie en más de un cincuenta por ciento, o en su defecto, en mayor medida la actividad desarrollada por la misma.

d) Tenga mayor número de habitantes o extensión territorial dependiendo de si los fines definidos en el estatuto están orientados a la prestación de servicios a las personas, o al desarrollo de actuaciones sobre el territorio.

128. La modificación estatutaria provocada por el cambio de adscripción en una Fundación del sector público deberá llevarse a cabo en el plazo de:

a) Tres meses como máximo, a contar desde el inicio del ejercicio presupuestario siguiente a aquel en que se produjo el cambio de adscripción.

b) Tres meses desde que se produjo el cambio de adscripción.

c) Seis meses como máximo, a contar desde el inicio del ejercicio presupuestario siguiente a aquel en que se produjo el cambio de adscripción.

d) Seis meses o menos desde el cambio de adscripción.

129. En lo no previsto por la LRJSP, las Fundaciones del sector público estatal se rigen por:

a) La Ley 50/2002, de 26 de diciembre.

b) El Real Decreto Legislativo 1/2010, de 2 de julio.

c) La Ley del Patrimonio de las Administraciones Públicas.

d) La Ley de Enjuiciamiento Civil.

130. En materia de contratación, las Fundaciones del sector público se regirán por:

a) El Código Civil.

b) El Código Mercantil.

c) La normativa autonómica que les sea aplicable por razón del territorio.

d) La Ley 9/2017, de 8 de noviembre, de Contratos del Sector Público.

131. Las Fundaciones del sector público estatal se someterán al régimen presupuestario, económico-financiero, de contabilidad, y de control establecido por:

a) La Ley de Fundaciones.

b) La Ley General Presupuestaria.

c) La Ley del Patrimonio de las Administraciones Públicas.

d) La Ley de Estabilidad Presupuestaria y Sostenibilidad Financiera.

132. La adquisición del carácter de Fundación del sector público estatal de forma sobrevenida se realizará:

a) Mediante Reglamento.
b) Por Real Decreto.
c) Por Ley.
d) De forma estatutaria.

133. Los estatutos de las Fundaciones del sector público estatal son aprobados por:

a) Su ley de creación.
b) Real Decreto del Consejo de Ministros.
c) Orden Ministerial del titular que ejerza el protectorado, o en su defecto, del competente en materia de Hacienda.
d) Acuerdo del Consejo de Ministros.

134. El Protectorado de las Fundaciones del sector público será ejercido por:

a) La Administración General del Estado a través de un único órgano administrativo.
b) La Intervención General de la Administración del Estado.
c) Un órgano de la Administración de adscripción al que se le atribuya tal competencia.
d) El Tribunal de Cuentas.

135. La disolución de las Fundaciones del sector público se hará:

a) Por acuerdo del Consejo de Ministros.
b) Por resolución de la Administración Pública de adscripción.
c) Por acuerdo del Patronato.
d) Por acuerdo del Protectorado.

136. Los Fondos carentes de personalidad jurídica del sector público estatal:

a) Se crean mediante disposición reglamentaria.
b) No se encuentran definidos legalmente.
c) No se encuentran adscritos a ninguna Administración Pública.
d) Se rigen por el ordenamiento jurídico privado.

137. El régimen presupuestario, de contabilidad y de control económico-financiero de los Fondos carentes de personalidad jurídica del sector público estatal se encuentra en:

a) Su ley de creación.
b) Sus estatutos.

c) La Ley General Presupuestaria.

d) Su Reglamento de creación.

138. Aquella entidad del sector público institucional estatal que se crea por convenio, que sus estatutos determinan la Administración Pública a la que se adscribe y que se disuelve por acuerdo del máximo órgano de gobierno de la misma, se denomina:

a) Sociedad estatal mercantil.

b) Consorcio.

c) Fundación.

d) Fondo carente de personalidad jurídica.

139. ¿De quién depende la integración y gestión del Inventario de Entidades del Sector Público Estatal, Autonómico y Local:

a) De la Secretaría General de Coordinación Autonómica y Local.

b) De la Secretaría General de Intervención y Fiscalización.

c) De la Secretaría de Estado de Presupuestos, Gastos y Gestión Pública.

d) De la Intervención General de la Administración del Estado.

140. ¿De quién depende la captación y el tratamiento de la información enviada por las Comunidades Autónomas y las Entidades locales para la formación y mantenimiento del Inventario de Entidades del Sector Público Estatal, Autonómico y Local?

a) De la Secretaría General de Coordinación Autonómica y Local.

b) De la Intervención General de la Administración del Estado.

c) De la Secretaría General de Intervención y Fiscalización.

d) De la Secretaría de Estado de Presupuestos, Gastos y Gestión Pública.

141. ¿A quién corresponde, a tenor del artículo 94.4 de la Ley 40/2015, de 1 de octubre, la aprobación de las normas a las que tendrá que ajustarse la contabilidad del fondo en el que se integren las obligaciones, bienes y derechos patrimoniales que se consideren liquidables resultado de las fusiones de organismo públicos estatales?

a) Al Consejo de Ministros.

b) Al Presidente del Gobierno.

c) Al Ministro de Hacienda y Función Pública.

d) A la Intervención General de la Administración del Estado.

142. ¿A propuesta de quién se aprobará por el órgano correspondiente las normas a las que tendrá que ajustarse la contabilidad del fondo en las que se integren las obligaciones, bienes y derechos patrimoniales que se consideren liquidables resultado de las fusiones de organismo públicos estatales?

a) A propuesta del Consejo de Ministros.

b) A propuesta del Presidente del Gobierno.

c) A propuesta del Ministro de Hacienda.
d) A propuesta de la Intervención General de la Administración del Estado.

143. Las entidades de derecho público, creadas por el Gobierno para el cumplimiento de los programas correspondientes a las políticas públicas que desarrolle la Administración General del Estado en el ámbito de sus competencias se denominan:

a) Sociedades Mercantiles Estatales.
b) Autoridades Administrativas Independientes de ámbito estatal.
c) Entes de Gestión Estatales.
d) Agencias Estatales.

144. El contrato plurianual de gestión que deben suscribir las Agencias Estatales es:

a) Su Estatuto fundacional.
b) Una formalidad para dotarlas de personalidad jurídica pública.
c) El marco de actuación con arreglo al que esta se produce.
d) Su adscripción a una Administración Pública.

145. El personal directivo de las agencias estatales es nombrado y cesado por:

a) El Ministro de Hacienda.
b) El Consejo Rector.
c) El Consejo de Ministros.
d) La Intervención General de la Administración del Estado.

146. ¿Cuál de los siguientes recursos económicos está prohibido a las agencias estatales, salvo Ley en contra, para su financiación?

a) La enajenación de bienes y valores que constituyan su patrimonio.
b) El endeudamiento mediante cargas y gravámenes para la obtención de liquidez.
c) Los ingresos recibidos de personas físicas o jurídicas como consecuencia del patrocinio de actividades o instalaciones.
d) Las aportaciones voluntarias, donaciones, herencias y legados y otras aportaciones a título gratuito de entidades privadas y de particulares.

147. ¿Qué órgano es el encargado de fiscalizar las cuentas de las agencias estatales?

a) El Tribunal de Cuentas.
b) La Intervención General de la Administración del Estado.
c) El Consejo Rector.
d) El Ministro de Hacienda.

148. Los controles específicos sobre la evolución de los gastos de personal de las entidades públicas empresariales de ámbito estatal serán efectuados, con la periodicidad adecuada, por el:

a) Consejo de Estado.
b) Consejo de Ministros.
c) Ministerio de Asuntos Económicos y Trasformación Digital.
d) Ministerio de Hacienda

149. La valoración del cumplimiento de los requisitos que se imponen por la LRJSP para la creación de las Sociedades mercantiles estatales se hará mediante:

a) La autorización prestada por acuerdo del Consejo de Ministros.
b) El programa de actuación plurianual emitido por el Tribunal de Cuentas.
c) Informe preceptivo favorable del Ministerio de Hacienda o la Intervención General de la Administración del Estado.
d) El plan de reestructuración del sector público empresarial del Estado.

150. En el caso de que no se haya atribuido expresamente la tutela de una Sociedad mercantil estatal con forma de sociedad anónima, esta recaerá en:

a) El Consejo de Ministros.
b) El Ministerio de Hacienda.
c) El Ministerio del ramo de actividad de la misma.
d) Su Consejo de Administración.

Soluciones comentadas

1. c) Sostenibilidad financiera, estabilidad presupuestaria, legalidad, transparencia en su gestión y eficiencia.

(Ver artículo 81.1.)

Las entidades que integran el sector público institucional están sometidas en su actuación a los principios de legalidad, eficiencia, estabilidad presupuestaria y sostenibilidad financiera así como al principio de transparencia en su gestión.

2. d) Para todas.

(Ver artículo 81.2.)

Todas las Administraciones Públicas deberán establecer un sistema de supervisión continua de sus entidades dependientes, con el objeto de comprobar la subsistencia de los motivos que justificaron su creación y su sostenibilidad financiera, y que deberá incluir la formulación expresa de propuestas de mantenimiento, transformación o extinción.

3. b) El Inventario de Entidades del Sector Público Estatal, Autonómico y Local.

(Ver artículo 82.1.)

El Inventario de Entidades del Sector Público Estatal, Autonómico y Local, se configura como un registro público administrativo que garantiza la información pública y la ordenación de todas las entidades integrantes del sector público institucional cualquiera que sea su naturaleza jurídica.

4. b) 30 días hábiles desde la entrada en vigor de la norma o del acto, según corresponda.

(Ver artículo 83.2.)

El titular del máximo órgano de dirección de la entidad, a través de la intervención general de la Administración correspondiente, notificará, electrónicamente a efectos de su inscripción, al Inventario de Entidades del Sector Público Estatal, Autonómico y Local, la norma o el acto jurídico de creación en el plazo de 30 días hábiles desde la entrada en vigor de la norma o del acto, según corresponda.

5. d) Dentro del plazo de 15 días hábiles siguientes a la recepción de la solicitud de inscripción.

(Ver artículo 83.2.)

La inscripción en el Inventario de Entidades del Sector Público Estatal, Autonómico y Local se practicará dentro del plazo de 15 días hábiles siguientes a la recepción de la solicitud de inscripción.

6. c) Los fondos con personalidad jurídica.

(Ver artículo 84.1.)

Integran el sector público institucional estatal las siguientes entidades:

a) Los organismos públicos vinculados o dependientes de la Administración General del Estado, los cuales se clasifican en:

   1.º Organismos autónomos.

   2.º Entidades Públicas Empresariales.

b) Las autoridades administrativas independientes.

c) Las sociedades mercantiles estatales.

d) Los consorcios.

e) Las fundaciones del sector público.

f) Los fondos sin personalidad jurídica.

g) Las universidades públicas no transferidas.

7. c) Real Decreto.

(Ver artículo 87.3.)

La transformación se llevará a cabo mediante Real Decreto, aunque suponga modificación de la Ley de creación, salvo en el caso de la transformación en agencias estatales que deberá efectuarse por ley.

8. b) La transformación podrá ser entendida como causa de resolución de las relaciones jurídicas.

(Ver artículo 87.2.)

La transformación no alterará las condiciones financieras de las obligaciones asumidas ni podrá ser entendida como causa de resolución de las relaciones jurídicas.

9. d) Órganos ejecutivos y en órganos de gobierno.

(Ver artículo 90.1.)

Los organismos públicos se estructuran en los órganos de gobierno, y ejecutivos que se determinen en su respectivo Estatuto.

10. a) El Presidente y el Consejo Rector.

(Ver artículo 90.1.)

Los máximos órganos de gobierno son el Presidente y el Consejo Rector. El estatuto puede, no obstante, prever otros órganos de gobierno con atribuciones distintas.

11. a) Al Ministro de Hacienda.

(Ver artículo 90.2.)

Corresponde al Ministro de Hacienda y Administraciones Públicas (actualmente Ministro de Hacienda) la clasificación de las entidades, conforme a su naturaleza y a los criterios previstos en Real Decreto 451/2012, de 5 de marzo, por el que se regula el régimen retributivo de los máximos responsables y directivos en el sector público empresarial y otras entidades.

12. d) Entre tres grupos.

(Ver artículo 90.2.)

A estos efectos, las entidades serán clasificadas en tres grupos.

13. b) Por Ley.

(Ver artículo 91.1.)

La creación de los organismos públicos se efectuará por ley.

14. a) Anualmente.

(Ver artículo 92.2.)

Los organismos públicos deberán acomodar su actuación a lo previsto en su plan inicial de actuación. Este se actualizará anualmente mediante la elaboración del correspondiente plan que permita desarrollar para el ejercicio siguiente las previsiones del plan de creación.

15. b) En el último trimestre del año natural.

(Ver artículo 92.2.)

El plan anual de actuación deberá ser aprobado en el último trimestre del año natural por el departamento del que dependa o al que esté vinculado el organismo y deberá guardar coherencia con el Programa de actuación plurianual previsto en la normativa presupuestaria.

16. d) Cada tres años.

(Ver artículo 92.2.)

El Plan de actuación incorporará, cada tres años, una revisión de la programación estratégica del organismo.

17. a) Con carácter previo a la entrada en funcionamiento efectivo del organismo público.

(Ver artículo 93.3.)

Los estatutos deberán ser aprobados y publicados con carácter previo a la entrada en funcionamiento efectivo del organismo público.

18. d) En la página web del organismo público al que corresponda.

(Ver artículo 92.3.)

El plan de actuación y los anuales, así como sus modificaciones, se hará público en la página web del organismo público al que corresponda.

19. c) Salvo que el Consejo de Ministros adopte otra decisión.

(Ver artículo 92.2.)

La falta de aprobación del plan anual de actuación dentro del plazo fijado por causa imputable al organismo, y hasta tanto se subsane la omisión, llevará aparejada la paralización de las transferencias que deban realizarse a favor del organismo con cargo a los Presupuestos Generales del Estado, salvo que el Consejo de Ministros adopte otra decisión.

20. b) Por Real Decreto del Consejo de Ministros.

(Ver artículo 93.2.)

Los estatutos de los organismos públicos se aprobarán por Real Decreto del Consejo de Ministros a propuesta conjunta del Ministerio de Hacienda y del Ministerio al que el organismo esté vinculado o sea dependiente.

21. d) A propuesta conjunta del Ministerio de Hacienda y del Ministerio al que el organismo esté vinculado o sea dependiente.

(Ver artículo 93.2.)

Los estatutos de los organismos públicos se aprobarán por Real Decreto del Consejo de Ministros a propuesta conjunta del Ministerio de Hacienda y Administraciones Públicas (actualmente Ministerio de Hacienda) y del Ministerio al que el organismo esté vinculado o sea dependiente.

22. d) Al Ministerio de Hacienda.

(Ver artículo 106.4.)

El Ministerio de Hacienda y Administraciones Públicas (actualmente Ministerio de Hacienda) efectuará, con la periodicidad adecuada, controles específicos sobre la evolución de los gastos de personal y de la gestión de sus recursos humanos, conforme a los criterios previamente establecidos por los mismos.

23. c) La paralización de las transferencias que deban realizarse a favor del organismo con cargo a los Presupuestos Generales del Estado.

(Ver artículo 92.2.)

La falta de aprobación del plan anual de actuación dentro del plazo fijado por causa imputable al organismo, y hasta tanto se subsane la omisión, llevará aparejada la paralización de las transferencias que deban realizarse a favor del organismo con cargo a los Presupuestos Generales del Estado, salvo que el Consejo de Ministros adopte otra decisión.

24. d) Norma reglamentaria.

(Ver artículo 94.2.)

La fusión se llevará a cabo mediante norma reglamentaria, aunque suponga modificación de la Ley de creación.

25. d) La Intervención General de la Administración del Estado.

(Ver artículo 94.3.)

El plan de redimensionamiento, previo informe preceptivo de la Intervención General de la Administración del Estado deberá ser aprobado por cada uno de los organismos públicos fusionados si se integran en uno nuevo o por el organismo público absorbente, según corresponda al tipo de fusión.

26. c) La fusión podrá alterar las condiciones financieras de las obligaciones asumidas, pudiendo ser entendida como causa de resolución de las relaciones jurídicas.

(Ver artículo 94.4.)

La fusión no alterará las condiciones financieras de las obligaciones asumidas ni podrá ser entendida como causa de resolución de las relaciones jurídicas.

27. b) Durante los dos años siguientes a la aprobación de la norma reglamentaria.

(Ver artículo 94.4.)

La liquidación deberá llevarse a cabo durante los dos años siguientes a la aprobación de la norma reglamentaria de fusión, salvo que el Consejo de Ministros acuerde su prórroga, sin perjuicio de los posibles derechos que puedan corresponder a los acreedores.

28. a) El Consejo de Ministros.

(Ver artículo 94.4.)

La liquidación deberá llevarse a cabo durante los dos años siguientes a la aprobación de la norma reglamentaria de fusión, salvo que el Consejo de Ministros acuerde su prórroga, sin perjuicio de los posibles derechos que puedan corresponder a los acreedores.

29. b) Dos ejercicios presupuestarios consecutivos.

(Ver artículo 96.1.)

Los Organismos públicos estatales deberán disolverse por encontrarse en situación de desequilibrio financiero durante dos ejercicios presupuestarios consecutivos.

30. c) Porque sus fines hayan sido mayoritariamente cumplidos, de forma que no se justifique la pervivencia del organismo público, y así se haya puesto de manifiesto en el control de eficacia.

(Ver artículo 96.1.)

Los Organismos públicos estatales deberán disolverse:

a) Por el transcurso del tiempo de existencia señalado en la ley de creación.

b) Porque la totalidad de sus fines y objetivos sean asumidos por los servicios de la Administración General del Estado.

c) Porque sus fines hayan sido totalmente cumplidos, de forma que no se justifique la pervivencia del organismo público, y así se haya puesto de manifiesto en el control de eficacia.

d) Cuando del seguimiento del plan de actuación resulte el incumplimiento de los fines que justificaron la creación del organismo o que su subsistencia no es el medio más idóneo para lograrlos y así se concluya en el control de eficacia o de supervisión continua.

e) Por cualquier otra causa establecida en los estatutos.

f) Cuando así lo acuerde el Consejo de Ministros siguiendo el procedimiento determinado al efecto en el acto jurídico que acuerde la disolución.

31. c) Dos meses a contar desde la concurrencia de dicha causa.

(Ver artículo 96.3.)

Cuando un organismo público incurra en causa de disolución por transcurrir el tiempo de existencia señalado en la ley de creación, el titular del máximo órgano de dirección del organismo dispondrá del plazo de dos meses, a contar desde la concurrencia de dicha causa, para comunicarlo a la Administración General del Estado.

32. d) Transcurridos dos meses

(Ver artículo 96.2)

En el plazo de dos meses desde la recepción de la comunicación a la que se refiere el párrafo anterior, el Consejo de Ministros adoptará el correspondiente acuerdo de disolución, en el que designará al órgano administrativo o entidad del sector público institucional estatal que asumirá las funciones de liquidador, y se comunicará al Inventario de Entidades del Sector Público Estatal, Autonómico y Local para su publicación. Transcurrido dicho plazo sin que el acuerdo de disolución haya sido publicado, el organismo público quedará automáticamente disuelto y no podrá realizar ningún acto jurídico, salvo los estrictamente necesarios para garantizar la eficacia de su liquidación y extinción.

33. a) Dos meses desde que concurra la causa de disolución.

(Ver artículo 96.2)

Cuando un organismo público incurra en alguna de las causas de disolución previstas en las letras a), b), c), d) o e) del apartado anterior, el titular del máximo órgano de dirección del organismo lo comunicará al titular del departamento de adscripción en el plazo de dos meses desde que concurra la causa de disolución.

34. d) Son correctas las respuestas b) y c).

(Ver artículo 96.2)

Cuando un organismo público incurra en alguna de las causas de disolución previstas en las letras a), b), c), d) o e) del artículo 96.1, el titular del máximo órgano de dirección del organismo lo comunicará al titular del departamento de adscripción en el plazo de dos meses desde que concurra la causa de disolución. Transcurrido dicho plazo sin que se haya producido la comunicación y concurriendo la causa de disolución, el organismo público quedará automáticamente disuelto y no podrá realizar ningún acto jurídico, salvo los estrictamente necesarios para garantizar la eficacia de su liquidación y extinción.

35. a) El Inventario de Entidades del Sector Público Estatal, Autonómico y Local.

(Ver artículo 96.2)

En el plazo de dos meses desde la recepción de la comunicación a la que se refiere el párrafo primero del art. 96.2, el Consejo de Ministros adoptará el correspondiente acuerdo de disolución, en el que designará al órgano administrativo o entidad del sector público institucional estatal que asumirá las funciones de liquidador, y se comunicará al Inventario de Entidades del Sector Público Estatal, Autonómico y Local para su publicación.

36. b) El Consejo de Ministros.

(Ver artículo 96.1)

Los Organismos públicos estatales deberán disolverse:

a) Por el transcurso del tiempo de existencia señalado en la ley de creación.

b) Porque la totalidad de sus fines y objetivos sean asumidos por los servicios de la Administración General del Estado.

c) Porque sus fines hayan sido totalmente cumplidos, de forma que no se justifique la pervivencia del organismo público, y así se haya puesto de manifiesto en el control de eficacia.

d) Cuando del seguimiento del plan de actuación resulte el incumplimiento de los fines que justificaron la creación del organismo o que su subsistencia no es el medio más idóneo para lograrlos y así se concluya en el control de eficacia o de supervisión continua.

e) Por cualquier otra causa establecida en los estatutos.

f) Cuando así lo acuerde el Consejo de Ministros siguiendo el procedimiento determinado al efecto en el acto jurídico que acuerde la disolución.

37. b) El Consejo de Ministros.

(Ver artículo 96.2.)

En el plazo de dos meses desde la recepción de la comunicación, el Consejo de Ministros adoptará el correspondiente acuerdo de disolución, en el que designará al órgano administrativo o entidad del sector público institucional estatal que asumirá las funciones de liquidador, y se comunicará al Inventario de Entidades del Sector Público Estatal, Autonómico y Local para su publicación. Transcurrido dicho plazo sin que el acuerdo de disolución haya sido publicado, el organismo público quedará automáticamente disuelto y no podrá realizar ningún acto jurídico, salvo los estrictamente necesarios para garantizar la eficacia de su liquidación y extinción.

38. d) Cuando se formalice su liquidación.

(Ver artículo 97.4.)

Formalizada la liquidación del organismo público se producirá su extinción automática.

39. d) Su dirección estratégica, la evaluación de los resultados de su actividad y el control de eficacia.

(Ver artículo 98.2.)

Los organismos autónomos dependen de la Administración General del Estado a la que corresponde su dirección estratégica, la evaluación de los resultados de su actividad y el control de eficacia.

40. c) La abreviatura «OA».

(Ver artículo 98.3.)

Con independencia de cuál sea su denominación, cuando un organismo público tenga la naturaleza jurídica de organismo autónomo deberá figurar en su denominación la indicación «organismo autónomo» o su abreviatura «OA».

41. c) El titular del máximo órgano de dirección del organismo autónomo.

(Ver artículo 100.2.)

El titular del máximo órgano de dirección del organismo autónomo será el órgano de contratación.

42. a) Al Ministerio de Hacienda y Administraciones Públicas (actualmente Ministerio de Hacienda).

(Ver artículo 100.1.)

El organismo autónomo estará obligado a aplicar las instrucciones sobre recursos humanos dictadas por el Ministerio de Hacienda y Administraciones Públicas (actualmente Ministerio de Hacienda) y a comunicarle a este departamento cuantos acuerdos o resoluciones adopte en aplicación del régimen específico de personal establecido en su Ley de creación o en sus estatutos.

43. c) La abreviatura «EPE».

(Ver artículo 103.3.)

Con independencia de cuál sea su denominación, cuando un organismo público tenga naturaleza jurídica de entidad pública empresarial deberá figurar en su denominación la indicación de «entidad pública empresarial» o su abreviatura «EPE».

44. c) Igualdad, mérito y capacidad.

(Ver artículo 106.2.)

La selección del personal laboral de las entidades públicas empresariales de ámbito estatal, con la excepción del personal directivo se hará mediante convocatoria pública basada en los principios de igualdad, mérito y capacidad.

45. a) Competencia profesional y experiencia.

(Ver artículo 106.2.)

El personal directivo, que se determinará en los estatutos de la entidad, será nombrado con arreglo a los criterios establecidos en el apartado 11 del artículo 55, atendiendo a la experiencia en el desempeño de puestos de responsabilidad en la gestión pública o privada.

46. a) Gestión de bienes muebles.

(Ver artículo 95.2.)

Se consideran servicios comunes de los organismos públicos, al menos, los siguientes:

a) Gestión de bienes inmuebles.

b) Sistemas de información y comunicación.

c) Asistencia jurídica.

d) Contabilidad y gestión financiera.

e) Publicaciones.

f) Contratación pública.

47. a) Con carácter previo a la entrada en funcionamiento efectivo del organismo público.

(Ver artículo 93.3.)

Los estatutos deberán ser aprobados y publicados con carácter previo a la entrada en funcionamiento efectivo del organismo público.

48. d) La Ley de creación de cada entidad pública empresarial.

(Ver artículo 106.5.)

La Ley de creación de cada entidad pública empresarial deberá determinar las condiciones conforme a las cuales, los funcionarios de la Administración General del Estado, podrán cubrir destinos en la referida entidad, y establecerá, asimismo, las competencias que a la misma correspondan sobre este personal que, en todo caso, serán las que tengan legalmente atribuidas los Organismos autónomos.

49. b) Transferencias corrientes o de capital que procedan de las Administraciones o entidades públicas.

(Ver artículo 107.2.)

Las entidades públicas empresariales podrán financiarse excepcionalmente, cuando así lo prevea la Ley de creación, podrá financiarse con los recursos económicos que provengan de las siguientes fuentes:

a) Las consignaciones específicas que tuvieran asignadas en los Presupuestos Generales del Estado.

b) Las transferencias corrientes o de capital que procedan de las Administraciones o entidades públicas.

c) Las donaciones, legados, patrocinios y otras aportaciones de entidades privadas y de particulares.

50. c) Los organismos autónomos estatales se financiarán mayoritariamente con ingresos de mercado.

(Ver artículo 101.)

Los recursos económicos de los organismos autónomos podrán provenir de las siguientes fuentes:

a) Los bienes y valores que constituyen su patrimonio.

b) Los productos y rentas de dicho patrimonio.

c) Las consignaciones específicas que tuvieren asignadas en los presupuestos generales del Estado.

d) Las transferencias corrientes o de capital que procedan de la Administración o entidades públicas.

e) Las donaciones, legados, patrocinios y otras aportaciones de entidades privadas y de particulares.

f) Cualquier otro recurso que estén autorizados a percibir, según las disposiciones por las que se rijan o que pudieran serles atribuidos.

51. a) La Ley 47/2003, de 26 de noviembre.

(Ver artículo 108.)

Las entidades públicas empresariales aplicarán el régimen presupuestario, económico-financiero, de contabilidad y de control establecido en la Ley 47/2003, de 26 de noviembre.

52. d) Racionalidad en el gasto.

(Ver artículo 81.1.)

Las entidades que integran el sector público institucional están sometidas en su actuación a los principios de legalidad, eficiencia, estabilidad presupuestaria y sostenibilidad financiera así como al principio de transparencia en su gestión. En particular se sujetarán en materia de personal, incluido el laboral, a las limitaciones previstas en la normativa presupuestaria y en las previsiones anuales de los presupuestos generales.

53. a) Los fondos con personalidad jurídica.

(Ver artículo 84.1.)

Integran el sector público institucional estatal las siguientes entidades:

a) Los organismos públicos vinculados o dependientes de la Administración General del Estado, los cuales se clasifican en:

   1.º Organismos autónomos.

   2.º Entidades Públicas Empresariales.

   3.º Agencias estatales.

b) Las autoridades administrativas independientes.

c) Las sociedades mercantiles estatales.

d) Los consorcios.

e) Las fundaciones del sector público.

f) Los fondos sin personalidad jurídica.

g) Las universidades públicas no transferidas.

54. a) Todas las entidades integrantes del sector público institucional estatal contarán, en el momento de su creación, con un plan de actuación, que contendrá las líneas estratégicas en torno a las cuales se desenvolverá la actividad de la entidad.

(Ver artículo 85.1.)

Las entidades integrantes del sector público institucional estatal estarán sometidas al control de eficacia y supervisión continua, sin perjuicio de lo establecido en el artículo 110 de la Ley 40/2015, de 1 de octubre.

Para ello, todas las entidades integrantes del sector público institucional estatal contarán, en el momento de su creación, con un plan de actuación, que contendrá las líneas estratégicas en torno a las cuales se desenvolverá la actividad de la entidad, que se revisarán cada tres años, y que se completará con planes anuales que desarrollarán el de creación para el ejercicio siguiente.

55. d) Real Decreto.

(Ver artículo 87.3.)

La transformación se llevará a cabo mediante Real Decreto, aunque suponga modificación de la Ley de creación, salvo en el caso de la transformación en agencias estatales que deberá efectuarse por ley.

56. c) A la Intervención General de la Administración del Estado.

(Ver artículo 87.4.)

Cuando un organismo autónomo, entidad pública empresarial o Agencias Estatales se transforme en una entidad pública empresarial, Agencias Estatales, sociedad mercantil estatal o en una fundación del sector público, el Real Decreto o la Ley mediante el que se lleve a cabo la transformación deberá ir acompañado de la siguiente documentación:

a) Una memoria.

b) Un informe preceptivo de la Intervención General de la Administración del Estado en el que se valorará el cumplimiento de lo previsto en este artículo.

57. b) El Consejo Rector.

(Ver artículo 90.1.)

Los máximos órganos de gobierno son el Presidente y el Consejo Rector. El estatuto puede, no obstante, prever otros órganos de gobierno con atribuciones distintas.

58. c) Tres grupos.

(Ver artículo 90.2.)

Corresponde al Ministro de Hacienda y Administraciones Públicas (actualmente Ministro de Hacienda) la clasificación de las entidades, conforme a su naturaleza y a los criterios previstos en Real Decreto 451/2012, de 5 de marzo, por el que se regula el régimen retributivo de los máximos responsables y directivos en el sector público empresarial y otras entidades. A estos efectos, las entidades serán clasificadas en tres grupos.

59. c) Porque la totalidad o parte de sus fines y objetivos sean asumidos por los servicios de la Administración General del Estado.

(Ver artículo 96.1.)

Los Organismos públicos estatales deberán disolverse:

a) Por el transcurso del tiempo de existencia señalado en la ley de creación.

b) Porque la totalidad de sus fines y objetivos sean asumidos por los servicios de la Administración General del Estado.

c) Porque sus fines hayan sido totalmente cumplidos, de forma que no se justifique la pervivencia del organismo público, y así se haya puesto de manifiesto en el control de eficacia.

d) Cuando del seguimiento del plan de actuación resulte el incumplimiento de los fines que justificaron la creación del organismo o que su subsistencia no es el medio más idóneo para lograrlos y así se concluya en el control de eficacia o de supervisión continua.

e) Por cualquier otra causa establecida en los estatutos.

f) Cuando así lo acuerde el Consejo de Ministros siguiendo el procedimiento determinado al efecto en el acto jurídico que acuerde la disolución.

60. d) Al máximo órgano de dirección del organismo.

(Ver artículo 96.2.)

Cuando un organismo público incurra en alguna de las causas de disolución previstas en las letras a), b), c), d) o e) del apartado anterior, el titular del máximo órgano de dirección del organismo lo comunicará al titular del departamento de adscripción en el plazo de dos meses desde que concurra la causa de disolución. Transcurrido dicho plazo sin que se haya producido la comunicación y concurriendo la causa de disolución, el organismo público quedará automáticamente disuelto y no podrá realizar ningún acto jurídico, salvo los estrictamente necesarios para garantizar la eficacia de su liquidación y extinción.

61. c) Experiencia.

(Ver artículo 106.2.)

La selección del personal laboral de estas entidades se realizará conforme a las siguientes reglas:

a) El personal directivo, que se determinará en los estatutos de la entidad, será nombrado con arreglo a los criterios establecidos en el apartado 11 del artículo 55, atendiendo a la experiencia en el desempeño de puestos de responsabilidad en la gestión pública o privada.

b) El resto del personal será seleccionado mediante convocatoria pública basada en los principios de igualdad, mérito y capacidad.

62. d) El Sistema Europeo de Cuentas.

(Ver artículo 107.3.)

Las entidades público-empresariales se financiarán mayoritariamente con ingresos de mercado. Se entiende que se financian mayoritariamente con ingresos de mercado cuando tengan la consideración de productor de mercado de conformidad con el Sistema Europeo de Cuentas.

63. c) Excepcionalmente.

(Ver artículo 107.2.)

Las entidades públicas empresariales podrán financiarse con los ingresos que se deriven de sus operaciones, obtenidos como contraprestación de sus actividades comerciales, y con los recursos económicos que provengan de las siguientes fuentes:

a) Los bienes y valores que constituyen su patrimonio.

b) Los productos y rentas de dicho patrimonio y cualquier otro recurso que pudiera serle atribuido.

Excepcionalmente, cuando así lo prevea la Ley de creación, podrá financiarse con los recursos económicos que provengan de las siguientes fuentes:

a) Las consignaciones específicas que tuvieran asignadas en los Presupuestos Generales del Estado.

b) Las transferencias corrientes o de capital que procedan de las Administraciones o entidades públicas.

c) Las donaciones, legados, patrocinios y otras aportaciones de entidades privadas y de particulares.

64. d) Porque sus fines hayan sido total o parcialmente cumplidos, de forma que no se justifique la pervivencia del organismo público, y así se haya puesto de manifiesto en el control de eficacia.

(Ver artículo 96.1.)

Los Organismos públicos estatales deberán disolverse:

a) Por el transcurso del tiempo de existencia señalado en la ley de creación.

b) Porque la totalidad de sus fines y objetivos sean asumidos por los servicios de la Administración General del Estado.

c) Porque sus fines hayan sido totalmente cumplidos, de forma que no se justifique la pervivencia del organismo público, y así se haya puesto de manifiesto en el control de eficacia.

d) Cuando del seguimiento del plan de actuación resulte el incumplimiento de los fines que justificaron la creación del organismo o que su subsistencia no es el medio más idóneo para lograrlos y así se concluya en el control de eficacia o de supervisión continua.

e) Por cualquier otra causa establecida en los estatutos.

f) Cuando así lo acuerde el Consejo de Ministros siguiendo el procedimiento determinado al efecto en el acto jurídico que acuerde la disolución.

65. a) En ningún caso.

(Ver artículo 94.4.)

La fusión no alterará las condiciones financieras de las obligaciones asumidas ni podrá ser entendida como causa de resolución de las relaciones jurídicas.

66. d) Autoridades Administrativas Independientes.

El art. 109.1 de la Ley 40/2015, de 1 de octubre, define a las Autoridades Administrativas Independientes de ámbito estatal como entidades de derecho público que, vinculadas a la Administración General del Estado y con personalidad jurídica propia, tienen atribuidas funciones de regulación o supervisión de carácter externo sobre sectores económicos o actividades determinadas, por requerir su desempeño de independencia funcional o una especial autonomía respecto de la Administración General del Estado, lo que deberá determinarse en una norma con rango de ley.

Aunque no es esta una categoría nueva, pues ya se hacía referencia a algunas de ellas en la LOFAGE (la Comisión Nacional del Mercado de Valores, el Consejo de Seguridad Nuclear, las Universidades no transferidas, la Agencia Española de Protección de Datos, el Consorcio de la Zona Especial Canaria, la Comisión Nacional de los Mercados y la Competencia, el Consejo de Transparencia y Buen Gobierno, el Museo Nacional del Prado, el Museo Nacional Centro de Arte Reina Sofía y el FROB), sí constituye una novedad la regulación que ahora se hace de las mismas, a las que incluso se le asigna categoría de Organismo Público, al mencionar el artículo 88 LRJSP entre las actividades que corresponden a estos últimos, "la supervisión o regulación de sectores económicos", que es precisamente la función que el artículo 109 LRJSP atribuye a las Autoridades Administrativas Independientes.

67. a) La regulación o supervisión de carácter externo sobre sectores económicos o actividades determinadas.

La función que el art. 109.1 de la LRJSP destina a las Autoridades Administrativas Independientes es la regulación o supervisión de carácter externo sobre sectores económicos o actividades determinadas, por requerir su desempeño de independencia funcional o una especial autonomía respecto de la Administración General del Estado.

Lo que parece perseguirse con estas entidades del sector público institucional es que puedan desarrollar las labores que se les encomienden con cierta independencia o autonomía respecto de la Administración, resultando así un híbrido entre su vinculación administrativa y la función tuitiva atribuida sobre determinados actividades o sectores económicos.

68. c) Ley.

El inciso último del apartado 1.º del art 109 de la LRJSP, exige que las funciones que les sean atribuidas a estas entidades sean determinadas mediante una norma con rango de ley.

Esta exigencia legal se desprende, en este caso, de la independencia que precisa la labor que se les encomienda, lo que hace necesario que sea el poder legislativo y no el ejecutivo quien determine cuáles son esas funciones y los límites y consecuencias de sus actividades.

69. b) Su independencia.

Efectivamente, la respuesta a esta pregunta va implícita en la propia denominación que la ley concede a estas entidades de derecho público.

No obstante lo cual, el apartado 2.º del art. 109 de la LRJSP determina expresamente que en el desarrollo de su actividad y para el cumplimiento de sus fines, deberán actuar con independencia de cualquier interés empresarial o comercial, lo que resulta necesario dado su carácter de ente regulador y supervisor de los sectores económicos o actividades que conforman su ámbito de actuación.

70. b) Por su Ley de creación.

El art. 110 de la LRJSP dispone que las Autoridades Administrativas Independientes se regirán por su Ley de creación, sus estatutos y la legislación especial de los sectores económicos sometidos a su supervisión y, supletoriamente y en cuanto sea compatible con su naturaleza y autonomía, por lo dispuesto en esta ley, en particular lo dispuesto para organismos autónomos, la Ley del Procedimiento Administrativo Común de las Administraciones Públicas, la Ley 47/2003, de 26 de noviembre, el Real Decreto Legislativo 3/2011, de 14 de noviembre, la Ley 33/2003, de 3 de noviembre, así como el resto de las normas de derecho administrativo general y especial que le sea de aplicación. En defecto de norma administrativa, se aplicará el derecho común.

La parca regulación que se hace de estas entidades de derecho público se entiende cuando la propia Ley deja a expensas de la norma de creación de estas "EAI" su regulación y funcionamiento, añadiendo lo que dispongan sus estatutos y las normas sectoriales de su ámbito de actuación.

Solo de forma subsidiaria remite su regulación a la LRJSP, la Ley 39/2015 de PACAP, la Ley 47/2003, de 26 de noviembre, General Presupuestaria, el derogado Real Decreto Legislativo 3/2011, de 14 de noviembre, que habrá de entenderse referido a la Ley 9/2017, de 8 de noviembre, de Contratos del Sector Público, y la Ley 33/2003, de 3 de noviembre, del Patrimonio de las Administraciones Públicas.

71. c) Sostenibilidad financiera.

Aunque no cabe duda de que todos los principios económicos contenidos en la Ley Orgánica 2/2012, de 27 de abril, de Estabilidad Presupuestaria y Sostenibilidad Financiera deberán, en mayor o menor medida, ser cumplidos por las Autoridades Administrativas Independientes, la LRJSP, en su art. 110.2.º, cita expresamente el principio de sostenibilidad financiera como base de la política presupuestaria de estas entidades de derecho público.

Conforme al art. 4 de la citada Ley Orgánica 2/2012, de 27 de abril, se entiende por sostenibilidad financiera la capacidad para financiar compromisos de gasto presentes y futuros dentro de los límites de déficit, deuda pública y morosidad de deuda comercial conforme a lo establecido en dicha ley, la normativa sobre morosidad y en la normativa europea.

72. c) Las sociedades de naturaleza mercantil con capital social mayoritariamente controlado por el Sector público estatal.

Según dispone el apartado 1.º del art. 111 de la LRJSP: "Se entiende por Sociedad mercantil estatal aquella sociedad mercantil sobre la que se ejerce control estatal".

La nota característica, pues, de estas sociedades de naturaleza mercantil radica en la participación mayoritaria del sector público estatal en la toma de decisiones, de tal manera que sea la administración o administraciones, o cualquier otro ente administrativo o suma de todos ellos quienes ostenten el control de la entidad, lo que en sociedades mercantiles se dará cuando la participación de dicho sector público en su capital social sea mayoritario y absoluto, permitiendo que su/s voto/s permita imponer sus decisiones sobre el de los restantes socios o partícipes.

73. d) Se habrá de considerar como una Sociedad mercantil estatal.

Entre los supuestos que el art. 111 de la LRJSP cita para considerar como tal a una Sociedad mercantil estatal se encuentra el enunciado de la pregunta. En concreto el apartado b) del párrafo 1.º de dicho precepto dispone que se entenderá como tal a aquellas sociedades de naturaleza mercantil que se encuentren en el supuesto previsto en el artículo 4 de la Ley 24/1988, de 28 de julio, del Mercado de Valores, respecto de la Administración General del Estado o de sus organismos públicos vinculados o dependientes.

La Ley 24/1988 ha sido derogada (por cierto, que resulta curioso cuanto menos que la LRJSP haga referencia a una norma que ya se encontraba derogada a su fecha de entrada en vigor), por el Real Decreto Legislativo 4/2015, de 23 de octubre, por el que se aprueba el texto refundido de la Ley del Mercado de Valores, y la remisión hecha al art. 4 habrá de hacerse ahora al art. 5 de esta, relativo al grupo de sociedades, para cuya definición se remite al art. 42 del Código de Comercio. Esta última norma citada dispone que se considerará la existencia de un grupo de empresas cuando una sociedad ostente frente a otra la mayoría de derechos de voto o pueda disponer de dicha mayoría en virtud de acuerdos celebrados con terceros, o tenga la facultad de nombrar la mayoría de miembros del consejo de administración.

Por tanto, en el supuesto de la pregunta no cabe duda de que la sociedad participada íntegramente por el Organismo Público, de la cual ostenta la mayoría de votos de la sociedad, controla a la que a su vez participa, por lo que se entiende que aquel controla también a esta última, sin que sea óbice que lo haga indirectamente como contempla el propio art. 42 del C.Com., por lo que habrá de ser considerada como Sociedad mercantil estatal.

74. c) Eficiencia, transparencia y buen gobierno.

El art. 112 de la LRJSP dispone que "La Administración General del Estado y las entidades integrantes del sector público institucional, en cuanto titulares del capital social de las Sociedades mercantiles estatales, perseguirán la eficiencia, transparencia y buen gobierno en la gestión de dichas sociedades mercantiles, para lo cual promoverán las buenas prácticas y códigos de conducta adecuados a la naturaleza de cada entidad."

La ley se aparta de criterios economicistas para la dirección de dichas entidades, cuya configuración es la de sociedad mercantil, por cuanto se adapta mejor a las necesidades para la prestación de los productos o servicios a que dedica su objeto social, si bien continúa la norma más arriba transcrita incidiendo en que "Todo ello sin perjuicio de la supervisión general que ejercerá el accionista sobre el funcionamiento de la Sociedad mercantil estatal, conforme prevé la Ley 33/2003, de 3 de noviembre, del Patrimonio de las Administraciones Públicas."

Dicha Ley 33/2003 prevé la posibilidad de que las Administraciones Públicas instauren mecanismos de control para la supervisión financiera de estas entidades.

75. a) Las normas que les sean de aplicación a tales materias.

El art. 113 de la LRJSP preceptúa que "Las Sociedades mercantiles estatales se regirán por lo previsto en esta ley, por lo previsto en la Ley 33/2003, de 3 de noviembre, y por el ordenamiento jurídico privado, salvo en las materias en que le sea de aplicación la normativa presupuestaria, contable, de personal, de control económico-financiero y de contratación".

Esta disposición ya venía expresamente contemplada por el art. 166.2 de la Ley 33/2003, de 3 de noviembre del Patrimonio de las Administraciones Públicas, a excepción del personal, en virtud del cual "Las Sociedades mercantiles estatales, con forma de sociedad anónima, cuyo capital sea en su totalidad de titularidad, directa o indirecta, de la Administración General del Estado o de sus organismos públicos, se regirán por el presente título y por el ordenamiento jurídico privado, salvo en las materias en que les sean de aplicación la normativa presupuestaria, contable, de control financiero y de contratación."

76. d) Autoridad Pública.

El art. 113, *in fine*, de la LRJSP dispone que las Sociedades mercantiles estatales "En ningún caso podrán disponer de facultades que impliquen el ejercicio de autoridad pública, sin perjuicio de que excepcionalmente la ley pueda atribuirle el ejercicio de potestades administrativas".

Constituye una novedad el reconocimiento que la LRJSP hace de la posibilidad de atribuir a las empresas públicas el ejercicio de potestades administrativas, lo que implicará la dotación de las competencias y facultades necesarias para el desarrollo de dicha potestad, lo que descarta el resto de respuestas ofrecidas en la pregunta.

Lo que de ninguna manera se les reconoce, y esto sí es tradicional en nuestro ordenamiento jurídico, es el ejercicio de autoridad pública dado el carácter meramente privado con el que actúan estas entidades, cuyo objeto se desarrolla en el tráfico mercantil en franca competencia con el sector privado, caso por ejemplo de la Sociedad mercantil estatal "Corporación de Radio y Televisión Española S.A."

77. a) Autorización del consejo de Ministros.

El art. 114.1.º de la LRJSP impone que "La creación de una Sociedad mercantil estatal o la adquisición de este carácter de forma sobrevenida será autorizada mediante acuerdo del Consejo de Ministros."

Ya el art. 169, apartado f) de la Ley 33/2003, de 3 de noviembre del Patrimonio de las Administraciones Públicas, atribuía al Consejo de Ministros la competencia para "autorizar la creación, transformación, fusión, escisión y extinción de Sociedades mercantiles estatales, así como los actos y negocios que impliquen la pérdida o adquisición de esta condición por sociedades existentes", por lo que no se ha hecho sino continuar con el régimen establecido con anterioridad a la entrada en vigor de la LRJSP, que es fiel reflejo de la asunción del control administrativo de estas entidades con apariencia de empresas privadas.

78. d) Una propuesta de estatutos y de un plan de actuación.

El art. 114.1.º de la LRJSP impone que al acuerdo del Consejo de Ministros autorizando la creación de una Sociedad mercantil estatal se acompañe una propuesta de estatutos y de un plan de actuación que contendrá, al menos:

a) Las razones que justifican la creación de la sociedad por no poder asumir esas funciones otra entidad ya existente, así como la inexistencia de duplicidades. A estos efectos, deberá dejarse constancia del análisis realizado sobre la existencia de órganos o entidades que desarrollan actividades análogas sobre el mismo territorio y población y las razones por las que la creación de la nueva sociedad no entraña duplicidad con entidades existentes.

b) Un análisis que justifique que la forma jurídica propuesta resulta más eficiente frente a la creación de un organismo público u otras alternativas de organización que se hayan descartado.

c) Los objetivos anuales y los indicadores para medirlos.

Esto supone una novedad respecto a lo exigido en el art. 169.f) de la Ley 33/2003, de 3 de noviembre, del Patrimonio de las Administraciones Públicas, que solo refiere que se acompañe a dicha autorización una memoria relativa a los efectos económicos previstos.

79. b) Programa de Actuación Plurianual.

El art. 114.1.º, *in fine*, de la LRJSP establece que el Programa de Actuación Plurianual debe ser elaborado por las Sociedades mercantiles estatales cada año conforme a la Ley 47/2003, de 26 de noviembre, General Presupuestaria, incluyendo en el mismo un plan de actuación anual que servirá de base para el control de eficacia de la sociedad.

Por su parte, el art. 65 de la norma legal a la que se remite, dispone que "El programa de actuación plurianual estará integrado por los estados financieros determinados en el artículo 64 de esta ley y, junto con la documentación indicada en el apartado siguiente, reflejará los datos económico-financieros previstos para el ejercicio relativo al proyecto de Presupuestos Generales del Estado y a los dos ejercicios inmediatamente siguientes, según las líneas estratégicas y objetivos definidos para la entidad."

80. c) Un órgano administrativo o entidad integrante del sector público estatal.

El art. 114.2.º de la LRJSP preceptúa que la liquidación de una Sociedad mercantil estatal recaerá en un órgano de la Administración General del Estado o en una entidad integrante del sector público institucional estatal.

Hay que tener en cuenta que lo que atribuye es la actuación liquidadora en sí, puesto que el art. 169 de la Ley 33/2003 dispone que la competencia para autorizar la liquidación de estas entidades la ostenta el Consejo de Ministros.

81. a) Directa.

El art. 114.2.º, párrafo 2.º de la LRJSP manifiesta que "La responsabilidad que le corresponda al empleado público como miembro de la entidad u órgano liquidador será directamente asumida por la entidad o la Administración General del Estado que lo designó".

Esta disposición va en consonancia con lo preceptuado en el art. 36.1.º de la propia LRJSP, que faculta a los particulares para exigir directamente a la Administración Pública correspondiente las indemnizaciones por los daños y perjuicios causados por las autoridades y personal a su servicio.

82. b) Sí, mediante la llamada acción de regreso.

Después de asumir la responsabilidad patrimonial directa de la entidad o la Administración General del Estado que haya designado a un empleado público como miembro de la entidad u órgano liquidador de una Sociedad mercantil estatal, el último inciso del apartado 2.º del art. 114 de la RJAP permite a aquella exigir de oficio al mismo la responsabilidad que, en su caso, corresponda cuando concurra dolo, culpa o negligencia grave conforme a lo previsto en las leyes administrativas en materia de responsabilidad patrimonial.

Esta es la llamada "acción de regreso" prevista en el art. 36.2.º de la LRJSP, en virtud de la cual, la Administración, cuando hubiere indemnizado a los lesionados, exigirá, de oficio, en vía administrativa de sus autoridades y demás personal a su servicio la responsabilidad en que hubieran incurrido por dolo, o culpa o negligencia graves, previa instrucción del correspondiente procedimiento.

83. c) No, si actúan cumpliendo instrucciones del órgano que los designó.

El art. 115.2.º de la LRJSP se pronuncia respecto de los empleados públicos que actúen como administradores de las Sociedades estatales mercantiles en los mismos términos que respecto de los liquidadores, facultando a la Administración para exigir de oficio de aquellos la responsabilidad en que hubieran incurrido por los daños y perjuicios causados en sus bienes o derechos cuando hubiera concurrido dolo, o culpa o negligencia graves, conforme a lo previsto en las leyes administrativas en materia de responsabilidad patrimonial.

No obstante, la Ley 33/2003, de 3 de noviembre, del Patrimonio de las Administraciones Públicas prevé en sus arts. 178 y 179, la posibilidad de que el Órgano administrativo al que corresponda la tutela de la sociedad dicte instrucciones para que realicen determinadas actividades, cuando resulte de interés público su ejecución, eximiendo a los administradores de las sociedades a las que se hayan impartido instrucciones de responsabilidad si del cumplimiento de dichas instrucciones se derivaren consecuencias lesivas.

84. a) El Código de Comercio.

Además de la remisión expresa que el art. 117.2.º de la LRJSP hace al código mercantil, esta previsión es lógica dado que las Sociedades estatales mercantiles operan en el ámbito del derecho privado y bajo la forma jurídica de las sociedades reguladas en la

Ley de Sociedades de Capital, por lo que sus normas deberán atemperarse a lo previsto para estas, sin perjuicio de las especialidades de su régimen jurídico previsto en las leyes administrativas.

El Código de Comercio, publicado por Real Decreto de 22 de agosto de 1885, regula las actividades comerciales y mercantiles en nuestro ordenamiento jurídico.

85. c) La Intervención General de la Administración del Estado.

El art. 117.3.º de la LRJSP dispone que "Sin perjuicio de las competencias atribuidas al Tribunal de Cuentas, la gestión económico financiera de las Sociedades mercantiles estatales estará sometida al control de la Intervención General de la Administración del Estado".

La Ley 47/2003, de 26 de noviembre, General Presupuestaria establece que la Intervención General de la Administración del Estado realizará anualmente la auditoría de las cuentas anuales (art. 168), revisará la memoria (art. 172 y Disp. Adicional. Décima) y realizará la auditoría de las operaciones de transmisión de la propiedad de las Sociedades mercantiles estatales.

86. b) Laboral.

Así lo prevé el apartado 4.º del art. 117 de la LRJSP, según el cual "El personal de las Sociedades mercantiles estatales, incluido el que tenga condición de directivo, se regirá por el Derecho laboral".

La relación laboral de carácter especial del personal de Alta Dirección se regula por el Real Decreto 1382/1985, de 1 de agosto, afectando a aquellos trabajadores que ejercitan poderes inherentes a la titularidad jurídica de la Empresa, y relativos a los objetivos generales de la misma, con autonomía y plena responsabilidad solo limitadas por los criterios e instrucciones directas emanadas de la persona o de los órganos superiores de gobierno y administración de la Entidad que respectivamente ocupe aquella titularidad, y que es de aplicación los máximos responsables y personal directivo a que se refiere el Real Decreto 451/2012, de 5 de marzo, sobre régimen retributivo de los máximos responsables y directivos en el sector público empresarial y otras entidades, que no estén vinculados por una relación mercantil, en aquello que no se oponga al mismo ni al Real Decreto-ley 3/2012, de 10 de febrero, de medidas urgentes para la reforma del mercado laboral.

87. a) Desarrollan actividades de interés común a todas las entidades que los conforman dentro del ámbito de sus competencias.

El art. 118.1.º de la LRJSP define a los Consorcios como aquellas entidades de derecho público, con personalidad jurídica propia y diferenciada, creadas por varias Administraciones Públicas o entidades integrantes del sector público institucional, entre sí o con participación de entidades privadas, para el desarrollo de actividades de interés común a todas ellas dentro del ámbito de sus competencias.

Las notas características, pues, de los Consorcios son:

– Entidades de derecho público, sometidos por tanto al derecho administrativo.

– Personalidad jurídica propia, actuando en el tráfico jurídico independientemente de las entidades que lo conforman.

– Integrados por varias Administraciones Públicas, entidades del sector público y admitiendo la participación privada.

– Desarrollan actividades de interés común a todas estas entidades conformantes, operando en el ámbito de la competencia de cada una de ellas.

88. c) Prestacionales con ánimo de lucro.

Si bien los apartados 2.º y 3.º del art. 118 de la LRJSP permiten a los Consorcios realizar actividades de fomento, prestacionales o de gestión común de servicios públicos y cuantas otras estén previstas en las leyes, así como utilizarse para la gestión de los servicios públicos en el marco de los convenios de cooperación transfronteriza en que participen las Administraciones españolas, y de acuerdo con las previsiones de los convenios internacionales ratificados por España en la materia, el art. 120 de dicha norma impide que estos tengan ánimo de lucro, supuesto obvio para el caso de que solo participen entidades del sector público en los mismos, pero que extiende a aquellos casos en los que intervengan, también, entidades privadas.

89. b) El Estado en cuanto a su regulación básica y las comunidades autónomas en el desarrollo de la misma.

El artículo 119.1.º de la LRJSP dispone que los Consorcios se regirán por lo establecido en esta ley, en la normativa autonómica de desarrollo y sus estatutos. Por tanto, la normativa básica es competencia del Estado, atribuyendo a las comunidades autónomas el desarrollo de la legislación que determine el régimen jurídico de los mismos.

La regulación relativa a los Consorcios se fundamenta en la competencia exclusiva del legislador estatal reconocida en el artículo 149.1.18 de la CE, esto es, en la competencia para dictar la legislación básica del régimen jurídico de las Administraciones Públicas.

90. d) En el Código Civil.

El art. 119.2.º de la LRJSP establece que, en lo no previsto en esta ley, en la normativa autonómica aplicable, ni en sus Estatutos sobre el régimen del derecho de separación, disolución y extinción, se estará a lo previsto en el Código Civil sobre la sociedad civil.

El Título VIII (arts. 1665 a 1708) del Código Civil regula la sociedad civil, y en concreto los arts. 1700 a 1708 se refieren a la separación, disolución y extinción de la misma.

91. a) La Ley de Sociedades de Capital.

El art. 119.2.º de la LRJSP establece como derecho supletorio, cuando el régimen de liquidación del Consorcio no venga previsto en la LRJSP, excepción hecha del art. 97 de esta que considera aplicable, ni en la normativa autonómica de desarrollo ni en sus estatutos, se estará a lo establecido en el Real Decreto Legislativo 1/2010, de 2 de julio, por el que se aprueba el texto refundido de la Ley de Sociedades de Capital.

El capítulo II del Título X de dicho texto refundido se refiere a la liquidación de las sociedades, y en concreto sus arts. 371 a 400.

92. c) La LRJSP.

Según el art. 119.3.º de la LRJSP, la normativa establecida en este texto es el aplicable también a los Consorcios locales, siendo la establecida en la Ley 7/1985, de 2 de abril, y en la Ley 27/2013, de 21 de diciembre, de racionalización y sostenibilidad de la Administración Local, de carácter supletorio respecto a lo en ella dispuesto, sobre todo tras haber sido derogado el art. 87 de la LBRL, que regulaba los Consorcios locales, por la letra a) de la disposición derogatoria única de la propia LRJSP.

93. d) Por sus estatutos.

El art. 120 de la LRJSP determina que el régimen de adscripción de los Consorcios será determinado en sus estatutos, de conformidad con los criterios prioritarios que fija en el apartado 2.º de dicho precepto.

Los Estatutos propios de cada Consorcio serán su norma esencial en cuanto a su funcionamiento, régimen orgánico y financiero y regulará los aspectos a que se refiere el art. 124 de la LRJSP.

94. a) La que tenga facultades para nombrar o destituir a la mayoría de los miembros de los órganos ejecutivos.

El apartado 2.º del art. 120 de la LRJSP establece una serie ordenada de criterios mediante los cuales se determina la Administración Pública interviniente a la que quedará adscrito el Consorcio. De entre los aquí expuestos, el primero de ellos es el de la Administración que tenga facultades para designar a la mayoría de los miembros de los órganos ejecutivos, que se impone frente a los restantes órganos de la entidad, y también, frente a los criterios económicos.

Como manifiesta la profesora Mercedes Fuertes, "reflejan en primer lugar estos criterios: el control de los órganos de gobierno –la mayoría de votos, el poder de designar o cesar, o la dirección sobre la actividad–; en segundo lugar, la influencia económica –la aportación realizada, los recursos que financia o las aportaciones que se hayan realizado–; para, por último, señalar a aquella Administración que tenga mayor número de habitantes o extensión territorial."

95. d) Temporal, para cada ejercicio presupuestario.

Así lo establece el párrafo 2.º del art. 120 de la LRJSP, según el cual, la aplicación de los criterios hará referencia a la situación en el primer día del ejercicio presupuestario, quedando adscrito el Consorcio conforme a las circunstancias que se den en ese momento en cada ejercicio presupuestario y por todo el periodo correspondiente.

Es decir, que si al inicio del ejercicio presupuestario que corresponda, la adscripción se determina por el cumplimiento del criterio prioritario, dicha adscripción permanecerá hasta el ejercicio siguiente, independientemente que en el ínterin del mismo variasen las circunstancias, que habrán de valorarse al inicio del próximo periodo.

96. d) Será efectivo desde que se cause, debiéndose modificar los estatutos en el plazo de seis meses a contar desde el inicio del ejercicio presupuestario siguiente.

El art. 120.4.º de la LRJSP preceptúa que "Cualquier cambio de adscripción a una Administración Pública, cualquiera que fuere su causa, conllevará la modificación de los estatutos del Consorcio en un plazo no superior a seis meses, contados desde el inicio del ejercicio presupuestario siguiente a aquel en se produjo el cambio de adscripción."

Por tanto, en el momento en el que se decida el cambio de adscripción, este se hará efectivo, lo que, necesariamente debe conllevar la modificación estatutaria correspondiente, si bien se establece como plazo para este acto formal, el de seis meses a contar desde el inicio del ejercicio presupuestario siguiente.

97. b) Podrá ser funcionario o laboral de las Administraciones participantes, y excepcionalmente, contratados directamente.

El art. 121 se refiere al régimen de personal de los Consorcios, que será por regla general funcionario o laboral procedente exclusivamente de cualquiera de las Administraciones participantes, si bien, prevé que, excepcionalmente, cuando no resulte posible contar con personal procedente de las Administraciones participantes en el Consorcio en atención a la singularidad de las funciones a desempeñar, el Ministerio de Hacienda u órgano competente de la Administración a la que se adscriba el Consorcio, podrá autorizar la contratación directa de personal por parte del Consorcio para el ejercicio de dichas funciones.

Esta prevención ha venido a confirmar lo que ya barruntaba la Disposición adicional decimotercera de la Ley 27/2013, de 27 de diciembre, de racionalización y sostenibilidad de la Administración Local, que preveía que el personal al servicio de los Consorcios constituidos antes de la entrada en vigor de esta ley, que presten servicios mínimos a los que se refiere el artículo 26 de la Ley 7/1985, de 2 de abril, reguladora de las Bases de Régimen Local, podrá integrarse por quienes no sean personal funcionario o laboral procedente de una reasignación de puestos de trabajo de las Administraciones participantes en el Consorcio.

98. a) El de la Administración Pública de adscripción.

El art. 121.1.º, *in fine*, de la LRJSP dispone que el régimen jurídico del personal al servicio de los Consorcios será el de la Administración Pública de adscripción y sus retribuciones en ningún caso podrán superar las establecidas para puestos de trabajo equivalentes en aquella.

La pregunta será, por ejemplo, qué ocurre si en un cambio de adscripción, las retribuciones que venían percibiendo son superiores a las establecidas en la nueva, en tanto que pugnaría la consolidación salarial con los términos empleados en el transcrito precepto –en ningún caso podrán superar–, aunque este supuesto será difícil, por no decir imposible, que se dé en la práctica.

99. b) El de la Administración Pública de adscripción.

El art. 122 de la LRJSP somete a los Consorcios al régimen de presupuestación, contabilidad y control de la Administración Pública a la que estén adscritos, sin perjuicio de su sujeción a lo previsto en la Ley Orgánica 2/2012, de 27 de abril.

La Ley Orgánica 2/2012, de 27 de abril, de Estabilidad Presupuestaria y Sostenibilidad Financiera extiende su ámbito de aplicación a las entidades públicas empresariales, sociedades mercantiles y demás entes de derecho público dependientes de las Administraciones Públicas, no incluidas en el apartado anterior, que tendrán asimismo consideración de sector público.

100. a) Por convenio.

El art. 123.1.º de la LRJSP dispone que los Consorcios se crearán mediante convenio suscrito por las Administraciones, organismos públicos o entidades participantes.

El art. 47 de dicho Texto legal define los convenios como aquellos acuerdos con efectos jurídicos adoptados por las Administraciones Públicas, los organismos públicos y entidades de derecho público vinculados o dependientes o las Universidades Públicas entre sí o con sujetos de derecho privado para un fin común.

101. c) Informe previo favorable del titular del Ministerio de adscripción.

Según el art. 123.2.º de la LRJSP, en los Consorcios en los que participe la Administración General del Estado o sus organismos públicos y entidades vinculados o dependientes se requerirá:

–   Autorización legal.

–   Autorización previa del Consejo de Ministros.

–   Informe preceptivo favorable del Ministerio de Hacienda.

–   Publicación del convenio de creación en el «Boletín Oficial del Estado».

102. a) Cláusulas que contemplen la suspensión temporal del derecho de voto o a la participación en la formación de los acuerdos.

Solo esta respuesta de entre las que se proponen, se recoge en el art. 124 de la LRJSP, precepto que establece que en los Estatutos de los Consorcios deberá figurar:

–   Sede, objeto, fines y funciones. Pero no la dotación presupuestaria, pues la misma habrá de determinarse conforme a lo dispuesto en el art. 122 de la Ley.

–   Identificación de participantes en el Consorcio así como las aportaciones de sus miembros, que deberán someterse al principio de responsabilidad previsto en el art. 8 de la LOEPySF, por lo que no podrán introducir cláusulas de exención de la misma, sino más bien al contrario.

–   Órganos de gobiernos y administración. Aquí se establece la novedad (y la respuesta correcta) pues se prevé la posibilidad de incluir cláusulas que permitan suspender temporalmente el derecho de voto o a la participación en la formación de los acuerdos cuando las Administraciones o entidades consorciadas incumplan manifiestamente sus obligaciones para con el Consorcio, especialmente en lo que se refiere a los compromisos de financiación de las actividades del mismo. Esto supone una novedad legislativa.

– Finalmente, las causas de disolución. Por su parte, el derecho de separación del socio está regulado legalmente a través del art. 125 de la LRJSP.

103. d) Podrá separarse en cualquier momento, aun cuando tuviera una duración determinada y no se hubiese cumplido el plazo.

El art. 125.1.º, apartado 3, de la LRJSP permite a un municipio participante en un Consorcio separarse del mismo, cuando dejase de prestar un servicio, de acuerdo con lo previsto en la Ley 7/1985, de 2 de abril, y ese servicio sea uno de los prestados por el Consorcio al que pertenece.

La LBRL establece para coordinar la prestación de servicios a que el art. 26 obliga a los municipios, la implantación de fórmulas de gestión compartida a través de Consorcios, mancomunidades u otras fórmulas. Obviamente, si el fin del que se sirve el municipio desaparece por dejar de prestar el servicio de que se trate, carece de sentido que continúe formando parte del mismo, reconociéndole la ley el derecho de separación.

104. b) Si alguno de los partícipes incumple alguna de sus obligaciones estatutarias.

El art. 125.1, párrafo 2.º de la LRJSP reconoce el derecho de cualquiera de sus miembros a separarse, pese a que el Consorcio tenga duración determinada y antes de la finalización del plazo, si alguno de los miembros del Consorcio hubiera incumplido alguna de sus obligaciones estatutarias.

Por tanto, cualquier incumplimiento estatutario permite al interviniente o partícipe cumplidor separarse, si bien la Ley presta especial atención a supuestos que por su relevancia para la entidad, le merecen mención, como aquellas obligaciones que impidan cumplir con el fin para el que fue creado el Consorcio, como la de realizar aportaciones al fondo patrimonial, que en definitiva, serán los incumplimientos que realmente determinen a uno de los miembros a separase.

No obstante, el tenor literal de la norma especifica que dará lugar al derecho de separación es cualquier incumplimiento de las obligaciones estatutarias.

105. c) Por escrito dirigido al órgano rector de la entidad.

El art. 125.2.º de la LRJSP manifiesta que el derecho de separación habrá de ejercitarse mediante escrito notificado al máximo órgano de gobierno del Consorcio. En el escrito deberá hacerse constar, en su caso, el incumplimiento que motiva la separación si el Consorcio tuviera duración determinada, la formulación de requerimiento previo de su cumplimiento y el transcurso del plazo otorgado para cumplir con la obligación de que se trate tras el requerimiento.

106. d) La disolución del mismo en todo caso.

El art. 126.1.º de la LRJSP prevé la disolución del Consorcio tras el ejercicio del derecho de separación, salvo que permanezcan en el mismo, al menos, dos Administraciones, o entidades u organismos públicos vinculados o dependientes de más de una Administración, y estas acuerden su continuidad.

En el caso de la pregunta, como quiera que el Consorcio estaba formado por dos Administraciones Públicas y una entidad privada, no es posible su continuidad, por lo que el efecto tras la separación será la disolución de la entidad en todo caso.

107. a) En el momento en que se abone la deuda.

El art. 126.2.a) de la LRJSP impide que sea efectiva la separación del Consorcio hasta tanto no se haya pagado la deuda, en el supuesto de que la cuota correspondiente al miembro que ejercita el derecho sea negativa.

Será el propio Consorcio el que determine mediante acuerdo la forma y condiciones de dicho pago.

108. b) Criterio de reparto dispuesto en los estatutos.

Manifiesta el art. 126.2.º de la LRJSP que se calculará la cuota de separación que corresponda a quien ejercite su derecho de separación, de acuerdo con la participación que le hubiera correspondido en el saldo resultante del patrimonio neto, de haber tenido lugar la liquidación, teniendo en cuenta el criterio de reparto dispuesto en los estatutos.

A falta de previsión estatutaria, se considerará cuota de separación la que le hubiera correspondido en la liquidación. En defecto de determinación de la cuota de liquidación se tendrán en cuenta, tanto el porcentaje de las aportaciones al fondo patrimonial del Consorcio que haya efectuado quien ejerce el derecho de separación, como la financiación concedida cada año. Si el miembro del Consorcio que se separa no hubiere realizado aportaciones por no estar obligado a ello, el criterio de reparto será la participación en los ingresos que, en su caso, hubiera recibido durante el tiempo que ha pertenecido al Consorcio.

Es decir, que los criterios ordenados por prioridad son dos:

– Lo dispuesto estatutariamente, en cuanto a las normas de reparto del saldo resultante tras la liquidación.

– La cuota que le hubiese correspondido en la liquidación. Si bien, para determinar esta última se atenderá:

   * Al porcentaje de las aportaciones al fondo patrimonial.

   * A la financiación concedida cada año.

109. a) Conforme a la participación en los ingresos que, en su caso, hubiera recibido durante el tiempo que ha pertenecido al mismo.

El art. 126.1.º. a) de la LRJSP prevé, en su párrafo 2.º, *in fine*, el supuesto de que sea un miembro del Consorcio que no tuviese la obligación de realizar aportaciones el que se separe. En este caso, la cuota de separación vendrá determinada por el porcentaje de ingresos que le haya correspondido mientras perteneció a la entidad, resultando que si aquella no ha repartido ingresos –que será el caso más probable– o sus cuentas han resultado negativas generalmente –que también será lo más probable– su cuota será cero.

110. a) Podrá ejercitar el derecho, acordándose por las restantes Administraciones a cuál de ellas se adscribe conforme a los criterios legalmente establecidos.

Así lo dispone el art. 126 de la LRJSP, debiendo acordar las Administraciones restantes que permanecen en el Consorcio a cuál de ellas se adscribe teniendo en cuenta los criterios establecidos en el art. 120 de la Ley. Conforme a este precepto, los criterios se tomarán en cuenta referidos a la situación concurrente al primer día del ejercicio presupuestario.

111. d) El establecido legalmente.

El art. 120.3.º de la LRJSP determina que el régimen de adscripción será el que resulte de acuerdo con los criterios establecidos en el apartado anterior (art. 120.2.º). Por tanto, es indiferente a este particular, que el Consorcio esté formado por el Sector Público exclusivamente o participen, en el mismo, entidades privadas, pues el régimen de adscripción es el previsto en dicha ley.

112. a) La liquidación y extinción del mismo.

Así lo expresa literalmente el art. 127 de la LRJSP, según el cual, la disolución del Consorcio produce su liquidación y extinción. Su régimen se adecuará a lo previsto en el apartado 2 del art. 119 de dicha norma, y en lo no previsto en esta, ni en la normativa autonómica aplicable, ni en sus Estatutos se estará a lo previsto en el Código Civil sobre la sociedad civil, salvo el régimen de liquidación, que se someterá a lo dispuesto en el art. 97, y en su defecto, al Real Decreto Legislativo 1/2010, de 2 de julio, por el que se aprueba el texto refundido de la Ley de Sociedades de Capital.

113. d) El cumplimiento de los fines para los que fue creado.

El art. 127.1.º de la LRJSP dispone expresamente que "En todo caso, será causa de disolución que los fines para los que fue creado el Consorcio hayan sido cumplidos." Pese a la falta de pulcritud en su redacción, la finalidad del precepto es clara, pues el cumplimiento de la finalidad de la entidad determina, como no puede ser de otro modo, su disolución. Pensemos en un Consorcio constituido para la construcción de un vial, y que las obras ya han sido realizadas, careciendo de objeto la entidad, por lo que no cabe otra que proceder a su disolución.

114. a) El Órgano de gobierno.

Conforme al art. 127.2.º de la LRJSP, el máximo órgano de gobierno será el encargado de adoptar el acuerdo de liquidación. Esto supone una significativa diferencia respecto del régimen de liquidación de los Organismos públicos previstos en el art. 96 de la LRJSP, en los que la competencia la ostenta el Consejo de Ministros, que será quien adoptará el acuerdo de liquidación, limitándose el órgano rector de aquellos a notificar a este la concurrencia de la causa de disolución.

115. c) Un órgano o entidad de la Administración de adscripción.

Según el art. 127.2.º de la LRJSP, el liquidador será un órgano o entidad, vinculada o dependiente, de la Administración Pública a la que el Consorcio esté adscrito.

En pura lógica jurídica, si conforme al art. 122 de la LRJSP, el régimen presupuestario, de contabilidad, control económico-financiero y patrimonial del Consorcio es el de la Administración Pública al que se encuentre adscrito, debe convenirse que el liquidador más adecuado será el perteneciente a esta.

116. b) A la Administración que lo designó.

El art. 127.2 de la LRJSP impone a la administración o entidad pública que designó al liquidador, la asunción directa de la responsabilidad que en el ejercicio del cargo haya podido incurrir, todo ello de conformidad con lo dispuesto en el art. 36 de la LRJSP.

Así, el tercero que sufra un perjuicio patrimonial en sus bienes y derechos a consecuencia de la actuación del liquidador de un Consorcio, está legitimado para exigir la indemnización que corresponda a la Administración Pública que lo designó. Este detalle normativo es especialmente interesante si tenemos en cuenta que, al momento de la liquidación, el Consorcio se habrá disuelto o estará a punto, si no lo ha sido ya, de extinguirse, lo que conllevaría la imposibilidad de exigir responsabilidad alguna a dicha entidad.

117. c) Conforme a lo dispuesto en los Estatutos.

Al igual que se preveía para calcular la cuota correspondiente al miembro que ejerciese el derecho de separación, el art. 127.3 de la LRJSP se encarga de determinar la resultante de la liquidación del Consorcio, calculándose en primer lugar conforme a las previsiones estatutarias, si bien y como quiera que el art. 124 no contempla entre el contenido obligatorio de los Estatutos la determinación de la cuota de liquidación, la norma establece una forma subsidiaria de realizar su cálculo.

Por ello, a falta de disposición estatutaria al respecto, la cuota de determinará de acuerdo con la participación que le corresponda en el saldo resultante del patrimonio neto tras la liquidación conforme al criterio de reparto dispuesto en los estatutos, y teniendo en cuenta tanto el porcentaje de las aportaciones que haya efectuado cada miembro del Consorcio al fondo patrimonial del mismo como la financiación concedida cada año.

118 b) Se acuerde la cesión global de activos y pasivos a otra entidad del sector público.

El art. 127.5.º de la LRJSP preceptúa que "Las entidades consorciadas podrán acordar, con la mayoría que se establezca en los estatutos, o a falta de previsión estatutaria por unanimidad, la cesión global de activos y pasivos a otra entidad del sector público jurídicamente adecuada con la finalidad de mantener la continuidad de la actividad y alcanzar los objetivos del Consorcio que se extingue. La cesión global de activos y pasivos implicará la extinción sin liquidación del Consorcio cedente."

Esta previsión ya consta en el artículo que la ley dedica a la liquidación de las Organismos Públicos, el 97, disponiendo que en estos casos "La liquidación tendrá lugar por la cesión e integración global, en unidad de acto, de todo el activo y el pasivo del organismo público en la Administración General del Estado que le sucederá universalmente en todos sus derechos y obligaciones. El órgano o entidad designada como liquidador determinará, en cada caso, el órgano o entidad concreta, de la Administración General del Estado, donde se integrarán los elementos que forman parte del activo y del pasivo del organismo público liquidado."

La diferencia radica en que en este último supuesto, la cesión es obligatoria, mientras que en el caso de los Consorcios debe mediar el acuerdo unánime (o el que dispongan los Estatutos) para que las operaciones extintivas se lleven así a efecto.

119. c) La mayoría de votos en su Patronato corresponda a sujetos que actúen como representantes de la Administración General del Estado o del sector público institucional estatal.

A efectos de lo que se pregunta, y de conformidad con los requisitos que el art. 128 de la LRJSP impone para considerar como integrantes del sector público a las Fundaciones, solo la respuesta c) cumple con lo dispuesto en dicha norma, es decir, que "la mayoría de derechos de voto en su Patronato corresponda a representantes de la Administración General del Estado o del sector público institucional estatal".

Por el contrario, el resto de las respuestas no son válidas, aunque su redacción se parezca, pero se han introducido modificaciones determinantes de su invalidez.

Así, la respuesta a) no se cuenta entre los requisitos exigidos, ya que entre los miembros del Patronato pueden coincidir representantes de entidades privadas, exigiéndose solo que los Patronos designados por los sujetos de la Administración General del Estado o del sector público institucional estatal sean mayoría por aplicación de lo dispuesto en el art. 135 de la LRJSP, lo cual servirá también para determinar el régimen de adscripción de la entidad (art. 129.2.a LRJSP).

La respuesta b) peca de que la aportación se permite realizarse tanto en momento anterior como con posterioridad a su constitución.

Y la c) en tanto que la cesión de bienes (y derechos) por parte de sujetos integrantes de la Administración General del Estado o del sector público institucional estatal o del sector público debe hacerse no con cualquier carácter, sino de forma permanente.

120. a) Sin ánimo de lucro.

La nota que caracteriza a las Fundaciones estriba en la ausencia de ánimo de lucro en la realización de sus actividades, como indica el apartado 2.º del art. 128 de la LRJSP, para el cumplimiento de fines de interés general, no de servicios públicos, y ello con independencia de que la misma se realice mediante contraprestación o a título gratuito.

Ya el art. 2 de la Ley 50/2002, de 26 de diciembre, de Fundaciones (que hasta la vigencia de la LRJSP regulaba también a las del sector público en los arts. 44 a 46 derogados por aquella), las define como organizaciones constituidas sin fin de lucro que, por voluntad de sus creadores, tienen afectado de modo duradero su patrimonio a la realización de fines de interés general.

121. b) Actuar como coadyuvantes en las actividades competenciales de las entidades del sector público fundadoras.

El art. 128.2.º de la LRJSP impide a las Fundaciones del sector público ejercer potestades públicas en ningún caso, pero también la asunción de competencias propias de las Administraciones o entidades del sector público fundadoras, circunscribiendo su radio de actuación al papel de coadyuvantes en la prosecución y, en su caso, consecución de los fines de interés general ínsitos en el ámbito competencial de aquellas, pero sin que ello suponga una delegación de competencias en su favor.

122. d) Todos están obligados a llevarlas.

Efectivamente, todos los organismos públicos estatales están obligados a que en su denominación figure necesariamente la indicación de su tipología o la abreviatura de la misma.

Así la LRJSP lo impone para:

– Los Organismos Autónomos Estatales (OA) ex art. 98.3.

– Las Entidades Públicas Empresariales de ámbito estatal (EPE), ex art. 103.3.

– Las Autoridades Administrativas Independientes (AAI) ex art. 109.3.

– Las Sociedades Mercantiles Estatales (SME) ex Art. 111.2.

– Los Consorcios (C) ex art. 118.4.

– Las Fundaciones (FSP) ex art. 128.2.

– Los Fondos carentes de personalidad jurídica (FCPJ) ex art. 137.3.

123. c) Pueden realizarse siempre que no constituyan la mayoría de las aportaciones que reciban.

El art. 128.3.º LRJSP permite que las Fundaciones del sector público reciban aportaciones del sector privado, siempre que sea de forma no mayoritaria, y que se haya previsto esta posibilidad, pero sin exigir que dicha previsión se haga de determinada forma o manera, si bien lo previsible es que figure en su Ley de creación y/o al menos en sus estatutos.

Esto supone una novedad legislativa, ya que en la derogada regulación que se hacía en los arts. 44 a 46 de la Ley 50/2002 de Fundaciones no se establecía nada al respecto.

124. b) En sus estatutos.

El art. 129.1.º de la LRJSP asigna a los estatutos de cada Fundación la determinación de la Administración Pública a la que estará adscrita, si bien de conformidad con los criterios, ordenados por prioridad en su aplicación, que establece en su párrafo siguiente. No obstante, si la aplicación de estos criterios no resultara determinante, se adscribirá a la Administración General del Estado, y, en el caso de que ésta no participe, se adscribirá a la administración que decida su patronato.

En realidad, son los criterios legalmente establecidos los que vienen a determinar la adscripción del ente, si bien la formalidad oportuna se llevará a cabo a través de los estatutos y las modificaciones a que haya lugar.

125. c) Al primer día del ejercicio presupuestario.

Según el art. 129.2.º de la LRJSP, la situación que debe tomarse para aplicar los criterios legalmente establecidos para el régimen de adscripción de las fundaciones del sector público es el primer día del ejercicio presupuestario, extendiéndose para todo el periodo, es decir, que no podrá haber modificaciones derivadas de la aplicación de los mismos mientras no transcurra el ejercicio en cuestión, de tal manera que aun cuando variase la situación en el ínterin del ejercicio, la entidad continuará adscrita a la Administración Pública hasta el comienzo del nuevo ejercicio presupuestario.

126. d) Disponga de mayoría de patronos.

El art. 129.2.º de la LRJSP ordena priorizadamente los criterios de adscripción, siendo el primero de ellos el que consta en la respuesta válida d), por lo que la Fundación quedará adscrita a aquella Administración Pública que disponga de mayoría de patronos.

Los patronos son aquellas personas físicas o jurídicas que forman parte del Patronato, que a su vez, es el órgano de gobierno y representación de la Fundación (arts. 14 y 15 de la Ley 50/2002, de 26 de diciembre, de Fundaciones.

127. c) Financie en más de un cincuenta por ciento, o en su defecto, en mayor medida la actividad desarrollada por la misma.

Este es el único criterio, de entre todos los que se ofrecen en las restantes respuestas que figura en el art. 129.2.º de la LRJSP, pues los restantes se refieren a otros organismos públicos, como en el caso de la letra a) referidas a la tutela de las Sociedades mercantiles estatales, la letra b) que se refiere al régimen de adscripción de los fondos carentes de personalidad jurídica del sector público estatal, o la letra d) que está referida a los Consorcios.

128. a) Tres meses como máximo, a contar desde el inicio del ejercicio presupuestario siguiente a aquél en se produjo el cambio de adscripción.

El art. 129.4º de la LRJSP establece un plazo máximo de tres meses a contar desde el ejercicio siguiente a aquel en el que se produjo el cambio de adscripción.

Este plazo es diferente al que se prevé para los Consorcios, que es de seis meses, aunque el cómputo comienza también desde el primer día del ejercicio siguiente a aquel en que se produjo el cambio de adscripción.

129. a) La Ley 50/2002, de 26 de diciembre.

El art. 130 de la LRJSP preceptúa, en cuanto a su régimen jurídico, que "Las fundaciones del sector público estatal se rigen por lo previsto en esta ley, por la Ley 50/2002, de 26 de diciembre, de Fundaciones, la legislación autonómica que resulte aplicable en materia de fundaciones, y por el ordenamiento jurídico privado, salvo en las materias en que le sea de aplicación la normativa presupuestaria, contable, de control económico-financiero y de contratación del sector público." Esta última salvedad es consecuencia de la reforma operada en el art. 129.5 de la Ley por la disposición final 27.4 de la Ley 22/2021, de 28 de diciembre, según la cual las fundaciones estarán sujetas al régimen presupuestario, económico financiero y de control de la Administración Pública a la que estén adscritas.

Resulta curioso que se haga mención tanto al propio texto legal que contiene la norma y a la Ley de Fundaciones, así como a la normativa autonómica, como también al ordenamiento jurídico privado, referencia necesaria al Código Civil, texto el cual menciona, en algunos de sus preceptos, a las fundaciones, en aspectos tales como la nacionalidad (artículo 28), personalidad jurídica (artículo 35), regulación de la capacidad civil (artículos 37 y 38), extinción y destino de sus bienes (artículo 39), domicilio (artículo 41) y actuación en la aceptación o repudiación de herencias (artículo 993). El Código Civil, por tanto, regula las fundaciones desde su perspectiva de persona jurídica.

130. d) La Ley 9/2017, de 8 de noviembre, de Contratos del Sector Público.

El art. 131 de la LRJSP somete la contratación de las Fundaciones al régimen jurídico establecido en la Ley de Contratos del Sector Público.

El art. 3.1.º de la Ley 9/2017, de 8 de noviembre, de Contratos del Sector Público, por la que se transponen al ordenamiento jurídico español las Directivas del Parlamento Europeo y del Consejo 2014/23/UE y 2014/24/UE, de 26 de febrero de 2014, incluye en su ámbito subjetivo de aplicación a las Fundaciones públicas (apdo. f), llegándolas a considerar como poderes adjudicadores (apdo. 3º) a los efectos de esa norma.

131. b) La Ley General Presupuestaria.

Así lo dispone el art. 132.2.º de la LRJSP, según el cual, las fundaciones del sector público estatal aplicarán el régimen presupuestario, económico-financiero, de contabilidad, y de control establecido por la Ley 47/2003, de 26 de noviembre, y sin perjuicio de las competencias atribuidas al Tribunal de Cuentas, estarán sometidas al control de la Intervención General de la Administración del Estado.

Aquí la ley quiere dejar muy claro que permite que las Fundaciones del sector público puedan regirse por normas del ordenamiento jurídico privado, pero en el régimen presupuestario y económico financiero se aplican las cuentas públicas.

132. c) Por Ley.

Tanto la creación como la adquisición del carácter de Fundación pública estatal se harán por ley, que establecerá los fines de la Fundación y, en su caso, los recursos económicos con los que se le dota, a tenor de lo dispuesto en el art. 133 de la LRJSP.

Junto con las Autoridades Administrativas Independientes y los Fondos carentes de personalidad jurídica, son los organismos no integrados plenamente en la Administración que son creados mediante ley, pues los Consorcios se crean por Convenio y las Sociedades mercantiles estatales por acuerdo del Consejo de Ministros.

133. b) Real Decreto del Consejo de Ministros.

Según el art. 133.3.º de la LRJSP, "Los estatutos de las fundaciones del sector público estatal se aprobarán por Real Decreto de Consejo de Ministros, a propuesta conjunta del titular del Ministerio de Hacienda y del Ministerio que ejerza el protectorado, que estará determinado en sus Estatutos."

No obstante, por Acuerdo del Consejo de Ministros podrá modificarse el Ministerio al que se adscriba inicialmente la Fundación, que deberá tener su reflejo en los Estatutos de la misma.

134. c) Un órgano de la Administración de adscripción al que se le atribuya tal competencia.

El Protectorado es el órgano que vela por el correcto ejercicio del derecho de Fundación y por la legalidad de la constitución y funcionamiento de la misma (art. 34 de la Ley 50/2002, de 26 de diciembre, de Fundaciones).

En cuanto a la competencia para el ejercicio del cargo, el art. 134 de la LRJSP se la atribuye al órgano de la Administración de adscripción que se designe a tal fin, apartándose del régimen hasta ahora vigente de la Ley de Fundaciones que se la otorgaba a un órgano único de la Administración General del Estado.

135. a) Por acuerdo del Consejo de Ministros.

El art. 135 de la LRJSP remite el régimen de fusión, disolución, liquidación y extinción de las fundaciones del sector público estatal, a lo previsto en los artículos 94, 96 y 97.

Por su parte el art. 96.2.º, párrafo 2º, de la LRJSP dispone, para todas las causas de disolución, que el Consejo de Ministros adoptará el correspondiente acuerdo de disolución, en el que designará al órgano administrativo o entidad del sector público institucional estatal que asumirá las funciones de liquidador, y se comunicará al Inventario de Entidades del Sector Público Estatal, Autonómico y Local para su publicación. Hay que tener en cuenta que la letra f) del art. 96.1º de la Ley establece como causa, precisamente, como causa de disolución el acuerdo del Consejo de Ministros siguiendo el procedimiento determinado al efecto en el acto jurídico que acuerde la disolución.

136. b) No se encuentran definidos legalmente.

El Capítulo VIII (arts. 137 a 139) de la LRJSP se dedica a los Fondos carentes de personalidad jurídica del sector público estatal, sin que podamos encontrar ni en esta norma legal ni en ninguna otra cuál es la definición de estas pseudoentidades, que como señala el Consejo de Estado "ni siquiera son una unidad organizativa orgánica, sino tan solo masas patrimoniales".

La LRJSP los incluye entre las entidades que conforman el sector público institucional (art. 84.1.º.f), si bien los dota de una parca regulación cuyo objetivo parece recaer en someterlos al régimen de presupuestación, contabilidad y control previsto en la Ley 47/2003, de 26 de noviembre, General Presupuestaria, sin más artificio.

137. c) La Ley General Presupuestaria.

La pregunta es obligada, porque como analizábamos en la respuesta que precede a esta, el único objetivo que se distingue de su pobre regulación parece estar en someter a los preceptos de la Ley 47/2003, de 26 de noviembre, el régimen económico financiero de estos entes sin personalidad jurídica.

En esta concepción coinciden numerosos autores, señalando Alejandra Boto que "La inclusión de estos fondos en el sector institucional estatal según la acomete la Ley 40/2015 solo tiene sentido porque se quieran sujetar al régimen de control presupuestario, aunque sorprendentemente esto parece ignorarse por otros preceptos normativos, incluso en la legislación de los presupuestos anuales".

138. b) Consorcio.

Efectivamente, el Consorcio es la única de las entidades que conforman el sector público institucional estatal que se crea por Convenio suscrito entre las administraciones, organismos públicos o entidades participantes (art. 123.1 LRJSP), los estatutos de cada Consorcio determinarán la Administración Pública a la que estará adscrito (art. 124 LRJSP) y es su máximo órgano de gobierno quien adopta el acuerdo de disolución de la entidad (art. 127 LRJSP).

139. d) De la Intervención General de la Administración del Estado.

(Ver artículo 82.1.)

La integración y gestión de dicho Inventario y su publicación dependerá de la Intervención General de la Administración del Estado y la captación y el tratamiento de la información enviada por las Comunidades Autónomas y las Entidades locales para la formación y mantenimiento del inventario dependerá de la Secretaría General de Coordinación Autonómica y Local.

140. a) De la Secretaría General de Coordinación Autonómica y Local.

(Ver artículo 82.1.)

La captación y el tratamiento de la información enviada por las Comunidades Autónomas y las Entidades locales para la formación y mantenimiento del inventario dependerán de la Secretaría General de Coordinación Autonómica y Local.

141. c) Al Ministro de Hacienda.

(Ver artículo 94.4.)

La aprobación de las normas a las que tendrá que ajustarse la contabilidad del fondo corresponderá al Ministro de Hacienda.

142. d) A propuesta de la Intervención General de la Administración del Estado.

(Ver artículo 94.4.)

La aprobación de las normas a las que tendrá que ajustarse la contabilidad del fondo corresponderá al Ministro de Hacienda a propuesta de la Intervención General de la Administración del Estado.

143. d) Agencias Estatales.

(Ver artículo 108Bis)

Las Agencias Estatales son entidades de derecho público, dotadas de personalidad jurídica pública, patrimonio propio y autonomía en su gestión, facultadas para ejercer potestades administrativas, que son creadas por el Gobierno para el cumplimiento de los programas correspondientes a las políticas públicas que desarrolle la Administración General del Estado en el ámbito de sus competencias.

Las agencias estatales están dotadas de los mecanismos de autonomía funcional, responsabilidad por la gestión y control de resultados establecidos en esta ley.

Con independencia de cuál sea su denominación, cuando un organismo público tenga naturaleza de Agencia Estatales deberá figurar en su denominación la indicación de "Agencia Estatal".

144. c) El marco de actuación con arreglo al que esta se produce.

(Ver artículo 108. Ter.)

La actuación de las agencias estatales se produce, con arreglo al plan de acción anual, bajo la vigencia y con arreglo al pertinente contrato plurianual de gestión que ha de establecer, como mínimo y para el periodo de su vigencia, los siguientes extremos:

a) Los objetivos a perseguir, los resultados a obtener y, en general, la gestión a desarrollar.

b) Los planes necesarios para alcanzar los objetivos

c) Las previsiones máximas de plantilla de personal y el marco de actuación en materia de gestión de recursos humanos.

d) Los recursos personales, materiales y presupuestarios a aportar para la consecución de los objetivos.

e) Los efectos asociados al grado de cumplimiento de los objetivos establecidos por lo que hace a exigencia de responsabilidad por la gestión de los órganos ejecutivos y el personal directivo, así como el montante de masa salarial destinada al complemento de productividad o concepto equivalente del personal laboral.

f) El procedimiento a seguir para la cobertura de los déficits anuales.

g) El procedimiento para la introducción de las modificaciones o adaptaciones anuales que, en su caso, procedan.

145. b) El Consejo Rector.

(Ver artículo 108. quater.10.)

El personal directivo de las agencias estatales es el que ocupa los puestos de trabajo determinados como tales en el estatuto de las mismas en atención a la especial responsabilidad, competencia técnica y relevancia de las tareas a ellos asignadas.

El personal directivo de las agencias estatales es nombrado y cesado por su Consejo Rector a propuesta de sus órganos ejecutivos, atendiendo a criterios de competencia profesional y experiencia entre titulados superiores preferentemente funcionarios, y mediante procedimiento que garantice el mérito, la capacidad y la publicidad.

146. b) El endeudamiento mediante cargas y gravámenes para la obtención de liquidez.

(Ver artículo 108quinquies.4.)

El recurso al endeudamiento está prohibido a las agencias estatales, salvo que por Ley se disponga lo contrario. No obstante, y con objeto de atender desfases temporales de tesorería, las agencias estatales pueden recurrir a la contratación de pólizas de crédito o préstamo, siempre que el saldo vivo no supere el 5 % de su presupuesto.

147. a) El Tribunal de Cuentas.

(Ver artículo 108.sexies.9.)

Las cuentas anuales de las agencias estatales se formulan por la persona titular de la Dirección en el plazo de tres meses desde el cierre del ejercicio económico. Una vez auditadas dichas cuentas por la Intervención General de la Administración del Estado son sometidas al Consejo Rector, para su aprobación antes del 30 de junio del año siguiente al que se refieran.

Una vez aprobadas por el Consejo Rector, las cuentas se remitirán a través de la Intervención General de la Administración del Estado al Tribunal de Cuentas para su fiscalización. Dicha remisión a la Intervención General se realizará dentro de los siete meses siguientes a la terminación del ejercicio económico..

148. d) Al Ministerio de Hacienda.

(Ver artículo 106.4.)

El Ministerio de Hacienda y Función Pública (actualmente Ministerio de Hacienda) efectuará, con la periodicidad adecuada, controles específicos sobre la evolución de los gastos de personal y de la gestión de sus recursos humanos, conforme a los criterios previamente establecidos por los mismos.

149. c) Informe preceptivo favorable del Ministerio de Hacienda o la Intervención General de la Administración del Estado.

El art. 114 de la LRJSP exige que al acuerdo de creación de la Sociedad mercantil estatal se acompañe un informe preceptivo y de carácter vinculante del Ministerio de Hacienda o de la Intervención General de la Administración del Estado, según se determine reglamentariamente.

Esto también es una novedad, ya que a la tradicional función tutelar que la Ley 33/2003 atribuía al Ministerio cuyas competencias guarden una relación específica con el objeto social de la sociedad, y en su defecto, al Ministerio de Hacienda y Función Pública (art. 176), se le suma ahora, la emisión de un informe con carácter preceptivo y vinculante, ya que exige que sea favorable, cuyo dictado corresponde bien al Ministerio de Hacienda o bien a la Intervención General del Estado, según se determine reglamentariamente.

150. b) El Ministerio de Hacienda.

El artículo 116.1.º de la LRJSP somete, de acuerdo con lo previsto en el artículo 166.2 de la Ley 33/2003, de 3 de noviembre, somete a las sociedades estatales con forma de sociedad anónima a tutela funcional por el Ministerio cuyas competencias guarden una relación específica con su objeto social mediante acuerdo del Consejo de Ministros.

El apartado 2º de dicho precepto determina que en ausencia de esta atribución expresa, el ejercicio de las facultades que esta Ley y la 33/2003 otorgan para la supervisión de la actividad de la sociedad corresponderá íntegramente al Ministerio de Hacienda.

Este precepto guarda idéntica redacción al art. 176 de la Ley 33/2003, de 3 de noviembre, del Patrimonio de las Administraciones Públicas.

TÍTULO III Y DISPOSICIONES

Relaciones interadministrativas.
Disposiciones Adicionales, Transitorias, Derogatorias y Finales

1. ¿En qué norma y título quedan reguladas las relaciones interadministrativas entre AAPP y entidades u organismos vinculados o dependientes de aquellas?

a) En el Título I de la LOFAGE.
b) En el Título II de la LPACAP.
c) En el Título III de la LRJSP.
d) En el Título II de la LG.

2. La LRJSP deroga:

a) La Ley 30/1992, de 26 de noviembre, de Régimen Jurídico de las Administraciones Públicas y del Procedimiento Administrativo Común.
b) La Ley 6/1997, de 14 abril, de Organización y Funcionamiento de la Administración General del Estado.
c) La Ley 59/2003, de 19 de diciembre, de firma electrónica.
d) La Ley 47/2003, de 26 de noviembre, General Presupuestaria.

3. Una Comisión Bilateral de Cooperación se puede definir como:

a) Un órgano de cooperación, de ámbito sectorial determinado, que reúne, como Presidente, al miembro del Gobierno que, en representación de la Administración General del Estado, resulte competente por razón de la materia, y a los correspondientes miembros de los Consejos de Gobierno, en representación de las CCAA y de las Ciudades de Ceuta y Melilla.
b) Un órgano de cooperación, que reúnen, por un número igual de representantes, a miembros del Gobierno, en representación de la Administración General del Estado, y miembros del Consejo de Gobierno de la Comunidad Autónoma o representantes de la Ciudad de Ceuta o de la Ciudad de Melilla.
c) Un órgano de cooperación, entre el Gobierno de la Nación y los respectivos Gobiernos de las CCAA y está formada por el Presidente del Gobierno, que la preside, y por los Presidentes de las CCAA y de las Ciudades de Ceuta y Melilla.
d) Un órgano de cooperación, entre Administraciones cuyos territorios sean coincidentes o limítrofes, para mejorar la coordinación de la prestación de servicios, prevenir duplicidades y mejorar la eficiencia y calidad de los servicios, creado cuando así lo requiera la proximidad territorial o la concurrencia de funciones administrativas.

4. En el marco de los principios generales de las relaciones interadministrativas, el principio de coordinación supone que cualquier Administración Pública y, singularmente, la Administración General del Estado tiene la obligación de garantizar:

a) La lealtad de las actuaciones de las diferentes AAPP afectadas por una misma materia para la consecución de un resultado común, cuando así lo prevé la CE y los Estatutos de Autonomía.

b) La transparencia de las actuaciones de las diferentes AAPP afectadas por una misma materia para la consecución de un resultado común, cuando así lo prevé la CE y el resto del ordenamiento jurídico.

c) La proporcionalidad de las actuaciones de las diferentes AAPP afectadas por una misma materia para la consecución de un resultado común, cuando así lo prevé la CE y los Estatutos de Autonomía.

d) La coherencia de las actuaciones de las diferentes AAPP afectadas por una misma materia para la consecución de un resultado común, cuando así lo prevé la CE y el resto del ordenamiento jurídico.

5. Las relaciones entre la Administración General del Estado o las Administraciones de las Comunidades Autónomas con las Entidades que integran la Administración Local se regirán:

a) Por lo previsto en su normativa específica, en el marco de los principios que inspiran la actuación administrativa de acuerdo con la LPACAP.

b) En lo no previsto en el Título III de la LRJSP, por la legislación básica en materia de régimen local.

c) Por la LRJSP y supletoriamente por lo dispuesto en su normativa específica.

d) Por la legislación básica en materia de régimen local, así como por la normativa de estabilidad presupuestaria y sostenibilidad financiera y supletoriamente por la LRJSP.

6. La eficiencia en la gestión de los recursos públicos supone que:

a) Las AAPP asumen compromisos específicos en aras de una acción común.

b) Las AAPP compartirán el uso de recursos comunes, salvo que no resulte posible o se justifique en términos de su mejor aprovechamiento.

c) Las AAPP tienen el deber de actuar con el resto de Administraciones Públicas para el logro de fines comunes.

d) Las AAPP compartirán las competencias, salvo que no resulte posible o se justifique en términos de su mejor aprovechamiento.

7. En el marco del deber de colaboración entre las AAPP, las citadas Administraciones deberán:

a) Prestar, en el ámbito propio, la asistencia que las otras Administraciones pudieran solicitar para garantizar, siempre que fuera posible, el ejercicio de las competencias sancionadoras.

b) Ponderar, en el ejercicio de las competencias compartidas, la totalidad de los intereses públicos implicados y, en concreto, aquellos cuya gestión esté encomendada a las otras Administraciones.

c) Facilitar a las otras Administraciones la información que precisen sobre la actividad que desarrollen en el ejercicio de las competencias compartidas o que sea necesaria para que los ciudadanos puedan acceder de la mejor forma posible a la información relativa a una materia.

d) Respetar el ejercicio legítimo por las otras Administraciones de sus competencias.

8. De las técnicas de colaboración entre las AAPP podemos citar la siguiente:

a) El suministro de información, datos, documentos o medios probatorios que se hallen a disposición del organismo público o la entidad al que se dirige la solicitud y que la Administración solicitante precise disponer, a modo de información general.

b) La creación y mantenimiento de sistemas integrados de información administrativa con el fin de disponer de datos actualizados, completos y permanentes referentes a los diferentes ámbitos de actividad administrativa en todo el territorio nacional.

c) El deber de asistencia y auxilio, para atender las solicitudes formuladas por otras Administraciones para el mejor ejercicio de sus competencias, en especial cuando la actividad administrativa afecten, exclusivamente, a su ámbito territorial.

d) El suministro de información, datos, documentos o medios probatorios que pudiera obtener el organismo público o la entidad al que se dirige la solicitud para mejorar la gestión de la Administración solicitante.

9. La Conferencia Sectorial es:

a) Un órgano de cooperación de composición bilateral que reúnen, por un número igual de representantes, a miembros del Gobierno, en representación de la Administración General del Estado, y miembros del Consejo de Gobierno de la CCAA o representantes de la Ciudad de Ceuta o de la Ciudad de Melilla.

b) Un órgano de cooperación multilateral entre el Gobierno de la Nación y los respectivos Gobiernos de las CCAA y está formada por el Presidente del Gobierno, que la preside, y por los Presidentes de las CCAA y de las Ciudades de Ceuta y Melilla.

c) Un órgano de cooperación, de composición multilateral y ámbito sectorial determinado, que reúne, como Presidente, al miembro del Gobierno que, en representación de la Administración General del Estado, resulte competente por razón de la materia, y a los correspondientes miembros de los Consejos de Gobierno, en representación de las CCAA y de las Ciudades de Ceuta y Melilla.

d) Una comisión territorial de coordinación, de composición multilateral, entre Administraciones cuyos territorios sean coincidentes o limítrofes, para mejorar la coordinación de la prestación de servicios, prevenir duplicidades y mejorar la eficiencia y calidad de los servicios. Creada cuando así la requiera la proximidad territorial o la concurrencia de funciones administrativas.

10. La convocatoria de las reuniones de una Conferencia Sectorial corresponde:

a) Al Ministro que presida la Conferencia Sectorial, que acordará la convocatoria de las reuniones por iniciativa propia, al menos una vez al año, o cuando lo soliciten, al menos, la tercera parte de sus miembros.

b) Al Presidente del Gobierno, que la preside, que acordará la convocatoria de las reuniones por iniciativa propia, al menos dos veces al año, o cuando lo soliciten, al menos, dos terceras partes de sus miembros.

c) Al Ministro que presida la Conferencia Sectorial, que acordará la convocatoria de las reuniones por iniciativa propia, al menos una vez al trimestre, o cuando lo soliciten, al menos, dos terceras partes de sus miembros.

d) Al Presidente de la Comunidad Autónoma o de las Ciudades de Ceuta y Melilla que le corresponda presidirla cada año, que acordará la convocatoria de las reuniones por iniciativa propia, al menos una vez al trimestre, o cuando lo soliciten, al menos, la tercera parte de sus miembros.

11. Las diferentes AAPP actúan y se relacionan con otras Administraciones y entidades u organismos vinculados o dependientes de estas de acuerdo con los siguientes principios:

a) Lealtad institucional; Adecuación al orden de distribución de competencias establecido; Colaboración; Cooperación; Coordinación; Eficiencia en la gestión de los recursos públicos; Responsabilidad de cada Administración Pública en el cumplimiento de sus obligaciones y compromisos; Garantía e igualdad en el ejercicio de los derechos de todos los ciudadanos en sus relaciones con las diferentes Administraciones; Solidaridad interterritorial de acuerdo con la CE.

b) Necesidad; Eficacia; Proporcionalidad; Seguridad jurídica; Transparencia y Eficiencia.

c) Lealtad institucional; Adecuación al orden de distribución de competencias establecido; Colaboración; Eficacia en la gestión de los recursos públicos; Responsabilidad de cada Administración Pública en el cumplimiento de sus obligaciones y compromisos; Garantía e igualdad en el ejercicio de los derechos de todos los ciudadanos en sus relaciones con las diferentes Administraciones.

d) Necesidad; Eficacia; Proporcionalidad; Seguridad jurídica; Transparencia; Eficiencia; Responsabilidad de cada Administración Pública en el cumplimiento de sus obligaciones y compromisos; Garantía e igualdad en el ejercicio de los derechos de todos los ciudadanos en sus relaciones con las diferentes Administraciones; Solidaridad interterritorial de acuerdo con la CE.

12. Entre las principales normas modificadas por la LRJSP se encuentran:

a) La Ley 50/1997, de 27 de noviembre, del Gobierno y la Ley 22/2003, de 9 de julio, Concursal.

b) La Ley 59/2003, de 19 de diciembre, de firma electrónica y la Ley 11/2007, de 22 de junio, de acceso electrónico de los ciudadanos a los Servicios Públicos.

c) La Ley 2/2011, de 4 de marzo, de Economía Sostenible y la Ley 50/1997, de 27 de noviembre, del Gobierno.

d) La Ley 36/2011, de 10 de octubre, reguladora de la jurisdicción social y la Ley 22/2003, de 9 de julio, Concursal.

13. ¿Qué artículo hace referencia a la entrada en vigor de la LRJSP?

a) La Disposición final segunda de la LRJSP.

b) La Disposición final octava de la LRJSP.

c) La Disposición final décima de la LRJSP.

d) La Disposición final decimoctava de la LRJSP.

14. El reconocimiento de los derechos previstos en la Ley 50/2007, de 26 de diciembre, de modificación de la Ley 43/1998, de 15 de diciembre, de restitución o compensación a los partidos políticos de bienes y derechos incautados en aplicación de la normativa sobre responsabilidades políticas del periodo 1936-1939, así como la tramitación y resolución de los procedimientos iniciados al amparo de dicha Ley:

a) Serán resueltos, en las condiciones más beneficiosas para los interesados y que permitan atender las prestaciones que la Ley reconoce sin menoscabo de la financiación de otras actuaciones públicas prioritarias.

b) Seguirán suspendidos hasta que se apruebe la financiación de otras actuaciones públicas prioritarias.

c) Serán resueltos, en las condiciones que establezca la Ley de Presupuestos del Estado para el 2018.

d) Seguirán suspendidos hasta que se verifiquen las condiciones que permitan atender las prestaciones que la Ley reconoce sin menoscabo de la financiación de otras actuaciones públicas prioritarias.

15. Todos los convenios vigentes suscritos por cualquier Administración Pública o cualquiera de sus organismos o entidades vinculados o dependientes deberán adaptarse a lo previsto en la LRJSP:

a) En el plazo de 1 años a contar desde la entrada en vigor de la LRJSP.

b) En el plazo de 4 años a contar desde la entrada en vigor de la LRJSP. No obstante, la adaptación será automática, en lo que se refiere al plazo de vigencia del convenio, por aplicación directa de las reglas previstas en el art. 49.h).1.º para los convenios que no tuvieran determinado un plazo de vigencia o, existiendo, tuvieran establecida una prórroga tácita por tiempo indefinido en el momento de la entrada en vigor de la LRJSP. En estos casos el plazo de vigencia del convenio será de 5 años a contar desde la entrada en vigor de la LRJSP.

c) En el plazo de 4 años a contar desde la entrada en vigor de la LRJSP.

d) En el plazo de 3 años a contar desde la entrada en vigor de la LRJSP. No obstante, la adaptación será automática, en lo que se refiere al plazo de vigencia del convenio, por aplicación directa de las reglas previstas en el art. 49.h).1.º para los convenios que no tuvieran determinado un plazo de vigencia o, existiendo, tuvieran establecida una prórroga tácita por tiempo indefinido en el momento de la entrada en vigor de la LRJSP. En estos casos el plazo de vigencia del convenio será de 4 años a contar desde la entrada en vigor de la LRJSP.

16. Todos los organismos y entidades, vinculados o dependientes de cualquier Administración Pública y cualquiera que sea su naturaleza jurídica, existentes en el momento de la entrada en vigor de la LRJSP deberán estar inscritos en el Inventario de Entidades del Sector Público Estatal, Autonómico y Local en el plazo de:

a) Tres meses a contar desde la entrada en vigor de la LRJSP.

b) Seis meses a contar desde la entrada en vigor de la LRJSP.

c) Tres años a contar desde la entrada en vigor de la LRJSP.

d) Cuatro años a contar desde la entrada en vigor de la LRJSP.

17. La prórroga o modificación de cualquier convenio celebrado por la Administración General del Estado o alguno de sus organismos públicos o entidades vinculados o dependientes deberá ser comunicada por el órgano de esta que lo haya suscrito al Registro Electrónico estatal de Órganos e Instrumentos de Cooperación, en el plazo de:

a) 5 días desde que ocurra el hecho inscribible.
b) Antes del 30 de enero de cada año.
c) 6 meses desde que ocurra el hecho inscribible.
d) Anualmente.

18. Las modificaciones introducidas por la LRJSP respecto de la Ley 38/2003, de 17 de noviembre, General de Subvenciones, entran en vigor:

a) Al día siguiente de la publicación de la LRJSP en el BOE.
b) A los veinte días de la publicación de la LRJSP en el BOE.
c) A los seis meses de la publicación de la LRJSP en el BOE.
d) Al año de la publicación de la LRJSP en el BOE.

19. Podrán crearse Comisiones Territoriales de Coordinación:

a) Cuando el cumplimiento del plazo de transposición de directivas europeas u otras razones justificadas así lo aconsejen.
b) Cuando concurran razones graves de interés público que lo justifiquen.
c) Cuando la proximidad territorial o la concurrencia de funciones administrativas así lo requiera, para mejorar la coordinación de la prestación de servicios, prevenir duplicidades y mejorar la eficiencia y calidad de los servicios.
d) Cuando se produzca conflicto de intereses para intentar solventarlos.

20. ¿Qué título competencial invoca la LRJSP?

a) El art. 149.1.18ª CE
b) Los arts. 149.1.14ª y 149.1.13ª de la CE.
c) Los arts. 149.1.14ª y 149.1.18ª de la CE.
d) Los arts. 149.1.18ª, 149.1.13ª y 149.1.14ª de la CE.

21. La Comisión Sectorial de administración electrónica es:

a) El órgano técnico de cooperación de la Administración General del Estado, de las Administraciones de las CCAA y de las Entidades Locales en materia de administración electrónica, dependiente de la Conferencia Sectorial de Administración Pública.
b) El órgano técnico de colaboración de la Administración General del Estado y de las Administraciones de las CCAA en materia de administración electrónica, dependiente de la Conferencia Sectorial de Administración Pública.

c) El órgano técnico de cooperación de la Administración General del Estado y de las Entidades Locales en materia de administración electrónica, dependiente del Ministerio de Hacienda y Administraciones Públicas.

d) El órgano técnico de colaboración de la Administración General del Estado y de las Administraciones de las CCAA en materia de administración electrónica, dependiente de la Secretaria General de Administración Digital.

22. La disposición de la LRJSP relativa a la restitución o compensación a los partidos políticos de bienes y derechos incautados en aplicación de la normativa sobre responsabilidades políticas entra en vigor:

a) A los veinte días de la publicación de la LRJSP en el BOE.
b) A los seis meses de la publicación de la LRJSP en el BOE.
c) Al año de la publicación de la LRJSP en el BOE.
d) A los dos años de la publicación de la LRJSP en el BOE.

23. ¿Cuál es el régimen de convocatorias de las Comisiones Territoriales de Coordinación?

a) El mismo que el establecido para las Conferencias Sectoriales, en los arts. 149 y 150 de la LRJSP.
b) El que establezca su propio reglamento interno de funcionamiento.
c) El mismo que el establecido para las Conferencias de Presidentes, en el art. 147 de la LRJSP.
d) El mismo que el establecido para las Comisiones Sectoriales, en el art. 153 de la LRJSP.

24. Las obligaciones que se derivan del deber de colaboración se harán efectivas utilizando alguna de estas técnicas:

a) La prestación de medios materiales, económicos o personales a otras AAPP.
b) El deber de asistencia y auxilio, para atender las solicitudes formuladas por otras Administraciones para el mejor ejercicio de sus competencias, en especial cuando los efectos de su actividad administrativa se extiendan fuera de su ámbito territorial.
c) La emisión de informes no preceptivos con el fin de que las diferentes Administraciones expresen su criterio sobre propuestas o actuaciones que incidan en sus competencias.
d) Las actuaciones de cooperación en materia patrimonial, incluidos los cambios de titularidad y la cesión de bienes, previstas en la legislación patrimonial.

25. ¿Qué artículo define que debemos entender por "órganos de cooperación"?

a) El art. 143 de la LRJSP.
b) El art. 145 de la LRJSP.
c) El art. 153 de la LRJSP.
d) El art. 155 de la LRJSP.

26. Todas las entidades y organismos públicos que en el momento de la entrada en vigor de la LRJSP tuvieran la condición de medio propio en el ámbito estatal deberán adaptarse lo previsto en la LRJSP en el plazo de:

a) 3 meses a contar desde su entrada en vigor de la LRJSP.

b) 6 meses a contar desde su entrada en vigor de la LRJSP.

c) 12 meses a contar desde su entrada en vigor de la LRJSP.

d) 2 años a contar desde su entrada en vigor de la LRJSP.

27. Cuando las AAPP o cualquiera de sus organismos públicos vinculados o dependientes sean miembros de un consorcio:

a) Estarán obligados a efectuar la aportación al fondo patrimonial o la financiación a la que se hayan comprometido para el ejercicio corriente, aunque alguno de los demás miembros del consorcio no hubiera realizado la totalidad de sus aportaciones dinerarias correspondientes a ejercicios anteriores a las que estén obligados.

b) Estarán obligados a efectuar la aportación al fondo patrimonial o la financiación a la que se hayan comprometido antes del antes del 30 de enero de cada año.

c) No estarán obligados a efectuar la aportación al fondo patrimonial o la financiación a la que se hayan comprometido para el ejercicio corriente si alguno de los demás miembros del consorcio no hubiera realizado la totalidad de sus aportaciones dinerarias correspondientes a ejercicios anteriores a las que estén obligados.

d) Estarán obligados a efectuar la aportación al fondo patrimonial o la financiación a la que se hayan comprometido antes del antes del 31 de diciembre de cada año.

28. Las Autoridades Portuarias y Puertos del Estado se regirán por:

a) La legislación específica, por las disposiciones de la Ley Orgánica 2/2012, de 27 abril, que les sean de aplicación y, supletoriamente, por lo establecido en la LRJSP.

b) La legislación específica, la LPACAP y, supletoriamente, por lo establecido en la LRJSP.

c) La legislación específica, por las disposiciones de la Ley 47/2003, de 26 de noviembre, que les sean de aplicación y, supletoriamente, por lo establecido en la LRJSP.

d) La LPACAP y, supletoriamente, por lo establecido en la LRJSP.

29. Se podrá dar cumplimiento al principio de cooperación, de acuerdo con las técnicas que las Administraciones estimen más adecuadas, y entre ellas, podemos citar la siguiente:

a) El suministro de información, datos, documentos o medios probatorios que se hallen a disposición del organismo público o la entidad al que se dirige la solicitud y que la Administración solicitante precise disponer para el ejercicio de sus competencias.

b) La participación en órganos consultivos de otras AAPP.

c) La creación y mantenimiento de sistemas integrados de información administrativa con el fin de disponer de datos actualizados, completos y permanentes referentes a los diferentes ámbitos de actividad administrativa en todo el territorio nacional.

d) El deber de asistencia y auxilio, para atender las solicitudes formuladas por otras Administraciones para el mejor ejercicio de sus competencias, en especial cuando los efectos de su actividad administrativa se extiendan fuera de su ámbito territorial.

30. La Conferencia de Presidentes tiene por objeto:

a) La mejora de la coordinación de la prestación de servicios, evitando duplicidades y mejorando la eficiencia y calidad de los servicios.

b) La deliberación de asuntos y la adopción de acuerdos de interés para el Estado y las CCAA.

c) El ejercicio de funciones consultivas, decisorias o de coordinación orientadas a alcanzar acuerdos sobre materias comunes.

d) El ejercicio de funciones de consulta y adopción de acuerdos que tengan por objeto la mejora de la coordinación entre las respectivas Administraciones en asuntos que afecten de forma singular a la Comunidad Autónoma, a la Ciudad de Ceuta o a la Ciudad de Melilla.

31. Una Conferencia Sectorial está formada por:

a) El Presidente del Gobierno, que la preside, y por los Presidentes de las CCAA y de las Ciudades de Ceuta y Melilla.

b) Los correspondientes miembros de los Consejos de Gobierno, en representación de las CCAA y de las Ciudades de Ceuta y Melilla y el Presidente del Gobierno, que la preside.

c) El Presidente del Gobierno, que la preside; El miembro del Gobierno que, en representación de la Administración General del Estado, resulte competente por razón de la materia y los correspondientes miembros de los Consejos de Gobierno, en representación de las CCAA y de las Ciudades de Ceuta y Melilla.

d) El miembro del Gobierno que, en representación de la Administración General del Estado, resulte competente por razón de la materia, y que actuará como Presidente, y los correspondientes miembros de los Consejos de Gobierno, en representación de las CCAA y de las Ciudades de Ceuta y Melilla.

32. ¿A quién se debe informar de los anteproyectos de leyes y los proyectos de reglamentos de los Consejos de Gobierno de las CCAA cuando afecten de manera directa al ámbito competencial de las otras AAPP?

a) La Conferencia de Presidentes.

b) Las Comisiones Territoriales de Coordinación.

c) Las Conferencias Sectoriales.

d) Las Comisiones Bilaterales de Cooperación.

33. ¿Cómo se denomina el órgano de trabajo y de apoyo de carácter general de la Conferencia Sectorial?

a) El Grupo de Trabajo de una Conferencia Sectorial.

b) La Comisión Sectorial de una Conferencia Sectorial.

c) La Comisión Bilateral de Coordinación de una Conferencia Sectorial.

d) La Comisión Territorial de Coordinación de una Conferencia Sectorial

34. ¿Qué funciones ejercen las Comisiones Bilaterales de Cooperación?

a) Funciones de apoyo de carácter general de la Conferencia Sectorial.

b) Funciones de apoyo del Consejo de Ministros y de las Comisiones Delegadas del Gobierno.

c) Funciones de consulta y adopción de acuerdos que tengan por objeto la mejora de la coordinación entre las respectivas Administraciones en asuntos que afecten de forma singular a la Comunidad Autónoma, a la Ciudad de Ceuta o a la Ciudad de Melilla.

d) Funciones de asesoramiento, apoyo técnico y, en su caso, la gestión directa en relación con las funciones de planificación, programación y presupuestación, cooperación internacional, acción en el exterior, organización y recursos humanos, sistemas de información y comunicación, producción normativa, asistencia jurídica, gestión financiera, gestión de medios materiales y servicios auxiliares, seguimiento, control e inspección de servicios comunes de los Ministerios, estadística para fines estatales y publicaciones.

35. Las Administraciones cooperarán:

a) Al servicio de la seguridad jurídica y tendrán que acordar obligatoriamente la forma de ejercer sus respectivas competencias que mejor sirva a este principio.

b) Al servicio del bien común y la solidaridad y podrán acordar de manera voluntaria la forma de ejercer sus respectivas competencias que mejor sirva a este principio.

c) Al servicio de las instituciones del Estado, de las CCAA, y de las Entidades Locales y tendrán que acordar obligatoriamente la forma de ejercer sus respectivas competencias que mejor sirva a este principio.

d) Al servicio del interés general y podrán acordar de manera voluntaria la forma de ejercer sus respectivas competencias que mejor sirva a este principio.

36. De conformidad con la LRJSP, la organización militar se rige:

a) Por su legislación específica y únicamente de forma supletoria y en tanto resulte compatible, por su legislación específica por lo previsto en la LRJSP.

b) Por su legislación específica y por las bases establecidas en la ley Orgánica 5/2005, de 17 de noviembre, de la Defensa Nacional.

c) Por su legislación específica, por la Ley Orgánica 2/2012, de 27 abril, de Estabilidad Presupuestaria y Sostenibilidad Financiera y por las bases establecidas en la ley Orgánica 5/2005, de 17 de noviembre, de la Defensa Nacional.

d) Por la ley Orgánica 5/2005, de 17 de noviembre, de la Defensa Nacional y por la Ley 47/2003, de 26 de noviembre, General Presupuestaria.

37. En el marco del deber de colaboración entre las AAPP, la asistencia y colaboración requerida podrá negarse:

a) Cuando el organismo público o la entidad del que se solicita no esté facultado para prestarla de acuerdo con lo previsto en la CE y en la normativa básica.

b) Cuando la información solicitada tenga carácter confidencial o reservado.

c) Cuando el organismo público o la entidad del que se solicita, no disponga de medios suficientes para ello o cuando, de hacerlo, causara un perjuicio inminente a los intereses cuya tutela tiene encomendada o al cumplimiento de sus propios intereses.

d) Cuando la información solicitada afecte a la seguridad del Estado.

38. Según la LRJSP, a los órganos colegiados de gobierno de las EELL:

a) Les será de aplicación la normativa específica y supletoriamente las disposiciones previstas en la LRJSP relativas a los órganos colegiados.

b) No le será de aplicación las disposiciones previstas en la LRJSP.

c) Será de aplicación la normativa específica, así como la normativa de estabilidad presupuestaria y sostenibilidad financiera.

d) No le será de aplicación las disposiciones previstas en la LRJSP relativas a los órganos colegiados.

39. La LRJSP modifica:

a) Los arts. 4 a 7 de la Ley 2/2011, de 4 de marzo, de Economía Sostenible.

b) El art. 87 de la Ley 7/1985, de 2 de abril, Reguladora de las Bases del Régimen Local.

c) El art. 110 de la Ley 11/2007, de 22 de junio, de acceso electrónico de los ciudadanos a los Servicios Públicos.

d) El apartado uno del artículo octavo de la Ley 23/1982, de 16 de junio, reguladora del Patrimonio Nacional.

40. La Conferencia de Presidentes es:

a) Un órgano de colaboración multilateral entre la Administración General del Estado, las Administraciones Autonómicas y las EELL.

b) Un órgano de cooperación bilateral entre el Gobierno de la Nación y el Gobierno de cada CCAA.

c) Un órgano de colaboración multilateral entre los Gobiernos de las CCAA.

d) Un órgano de cooperación multilateral entre el Gobierno de la Nación y los respectivos Gobiernos de las CCAA.

41. Las decisiones de las Conferencias Sectoriales podrán revestir forma de:

a) Acuerdo o Decreto.

b) Acuerdo o Convenio.

c) Acuerdo o Recomendación.

d) Convenio o Recomendación.

42. Entre las funciones de una Comisión Sectorial de una Conferencia Sectorial podemos citar la siguiente:

a) El establecimiento de mecanismos de intercambio de información, especialmente de contenido estadístico.

b) La adopción de un acuerdo sobre la organización interna y el método de trabajo de la Conferencia Sectorial.

c) El seguimiento y evaluación de los Grupos de trabajo constituidos por la Conferencia Sectorial.

d) La recepción de los actos de comunicación de los miembros de la Conferencia Sectorial y, por tanto, de las notificaciones, peticiones de datos, rectificaciones o de cualquiera otra clase de escritos de los que deba tener conocimiento.

43. El reglamento de organización y funcionamiento interno de una Conferencia Sectorial será aprobado:

a) Por sus miembros.

b) Por el Ministro que presida la Conferencia Sectorial.

c) Por el Presidente del Gobierno.

d) Por el Presidente de la Comunidad Autónoma o de las Ciudades de Ceuta y Melilla, de común acuerdo con el Ministro que preside la Conferencia Sectorial.

44. Las decisiones adoptadas por las Comisiones Bilaterales de Cooperación revestirán la forma de:

a) Instrucciones, pero no serán de obligado cumplimiento.

b) Acuerdos y serán de obligado cumplimiento, cuando así se prevea expresamente, para las dos Administraciones que lo suscriban y en ese caso serán exigibles conforme a lo establecido en la Ley 29/1998, de 13 de julio, reguladora de la Jurisdicción Contencioso-administrativa.

c) Acuerdos, pero no serán de obligado cumplimiento.

d) Convenios y serán de obligado cumplimiento, cuando así se prevea expresamente, para las dos Administraciones que lo suscriban y en ese caso serán exigibles conforme a lo establecido en la Ley 29/1998, de 13 de julio, reguladora de la Jurisdicción Contencioso-administrativa.

45. El acceso, la cesión o la comunicación de información de naturaleza tributaria de la Agencia Estatal de Administración Tributaria se regirán:

a) En todo caso por la LRJSP y por la normativa de protección de datos.

b) Por la LPACAP y únicamente de forma supletoria por lo previsto en la LRJSP.

c) En todo caso por su legislación específica.

d) Por su legislación específica y únicamente de forma supletoria y en tanto resulte compatible con su legislación específica por lo previsto en la LRJSP.

46. Las normas estatales o autonómicas que sean incompatibles con lo previsto en la LRJSP, ¿En qué plazo deben adecuarse a la LRJSP?

a) Un año a partir de la publicación de la Ley en el BOE.

b) Un año a partir de la entrada en vigor de la LRJSP.

c) Dos años a partir de la publicación de la Ley en el BOE.

d) 6 meses a partir de la entrada en vigor de la LRJSP.

47. El Esquema Nacional de Seguridad tiene por objeto establecer:

a) El conjunto de criterios y recomendaciones en materia de seguridad, conservación y normalización de la información, de los formatos y de las aplicaciones que deberán ser tenidos en cuenta por las AAPP para la toma de decisiones tecnológicas que garanticen la interoperabilidad.

b) La política de seguridad en la utilización de medios electrónicos en el ámbito de la LRJSP y el conjunto de criterios y recomendaciones en materia de seguridad, conservación y normalización de la información, de los formatos y de las aplicaciones que deberán ser tenidos en cuenta por las AAPP para la toma de decisiones tecnológicas que garanticen la interoperabilidad.

c) El conjunto de criterios y recomendaciones en la utilización de medios electrónicos en el ámbito de la LRJSP.

d) La política de seguridad en la utilización de medios electrónicos en el ámbito de la LRJSP, y está constituido por los principios básicos y requisitos mínimos que garanticen adecuadamente la seguridad de la información tratada.

48. La disposición adicional de la LRJSP relativa al régimen jurídico de las Entidades gestoras y servicios comunes de la Seguridad Social:

a) Tienen carácter básico.

b) Se remite a la Ley Orgánica 2/2012, de 27 abril, de Estabilidad Presupuestaria y Sostenibilidad Financiera.

c) No tienen carácter básico.

d) Se remite a la Ley 47/2003, de 26 de noviembre, General Presupuestaria.

49. De conformidad con lo previsto en la LRJSP, el Fondo de Reestructuración Ordenada Bancaria tiene la consideración de:

a) Organismos autónomos estatales.

b) Autoridad administrativa independiente.

c) Sociedad mercantil estatal.

d) Fondos sin personalidad jurídica.

50. La LRJSP introduce una modificación relativa al Servicio Nacional de Coordinación Antifraude para la protección de los intereses financieros de la Unión Europea. ¿Qué norma modifica la regulación relativa al Servicio Nacional de Coordinación Antifraude para la protección de los intereses financieros de la Unión Europea y cuando entra en vigor la citada modificación?

a) La Ley 38/2003, de 17 de noviembre, General de Subvenciones y entra en vigor a los veinte días de la publicación de la LRJSP en el BOE.

b) La Ley 47/2003, de 26 de noviembre, General Presupuestaria y entra en vigor a los seis meses de la publicación de la LRJSP en el BOE.

c) La Ley 17/2012, de 27 de diciembre, de Presupuestos Generales del Estado para el año 2013 y entra en vigor al año de la publicación de la LRJSP en el BOE.

d) El Real Decreto-Ley 12/1995, de 28 de diciembre, sobre medidas urgentes en materia presupuestaria, tributaria y financiera y entra en vigor a los dos años de la publicación de la LRJSP en el BOE.

51. Las Comisiones Territoriales de Coordinación podrán estar formadas por:

a) El Presidente del Gobierno, que la preside, y los Presidentes de las CCAA y de las Ciudades de Ceuta y Melilla.

b) El Presidente del Gobierno, que la preside; El miembro del Gobierno que, en representación de la Administración General del Estado, resulte competente por razón de la materia y los correspondientes miembros de los Consejos de Gobierno, en representación de las CCAA y de las Ciudades de Ceuta y Melilla

c) El miembro del Gobierno que, en representación de la Administración General del Estado, resulte competente por razón de la materia, y que actuará como Presidente, y los correspondientes miembros de los Consejos de Gobierno, en representación de las CCAA y de las Ciudades de Ceuta y Melilla

d) Representantes de la Administración General del Estado y representantes de las Entidades Locales; Representantes de las CCAA y representantes de las Entidades locales o Representantes de la Administración General del Estado, representantes de las CCAA y representantes de las Entidades Locales, en función de las Administraciones afectadas por razón de la materia.

52. Entre las funciones de una Comisión Sectorial de una Conferencia Sectorial podemos citar la siguiente:

a) Establecer mecanismos de intercambio de información, especialmente de contenido estadístico.

b) Acordar la organización interna y de su método de trabajo.

c) Establecer planes específicos de cooperación entre CCAA en la materia sectorial correspondiente, procurando la supresión de duplicidades, y la consecución de una mejor eficiencia de los servicios públicos.

d) Preparar las reuniones de la Conferencia Sectorial, para lo que tratará los asuntos incluidos en el orden del día de la convocatoria.

53. ¿Quién podrá solicitar la participación de las organizaciones representativas de intereses afectados en el Grupo de Trabajo de una Conferencia Sectorial?

a) El director del Grupo de trabajo, que será un representante de la Administración General del Estado, con el voto favorable de la mayoría de sus miembros.

b) El Secretario de Estado u órgano superior de la Administración General del Estado designado al efecto por el Ministro correspondiente, con el voto favorable de la mayoría de sus miembros.

c) Algún representante de una Comunidad Autónoma en la Conferencia Sectorial, así como un representante de la Ciudad de Ceuta y de la Ciudad Melilla, con el voto favorable de la mayoría de sus miembros.

d) El Ministro que presida la Conferencia Sectorial.

54. ¿Quién designa a la persona que ocupará la Secretaría de una Conferencia Sectorial?

a) El Presidente de la Conferencia Sectorial.

b) El Presidente del Gobierno, a propuesta del Presidente de la Conferencia Sectorial.

c) Los Presidentes de las CCAA y de las Ciudades de Ceuta y Melilla, de común acuerdo.

d) Los Presidentes de las CCAA o de las Ciudades de Ceuta y Melilla, a propuesta del Presidente de la Conferencia Sectorial.

55. La Conferencia de Presidentes está formada:

a) Por el Presidente del Gobierno, que la preside, los Presidentes de las CCAA y de las Ciudades de Ceuta y Melilla y dos representantes de las Entidades Locales.

b) Por el Presidente del Gobierno, que la preside, y por los Presidentes de las CCAA y de las Ciudades de Ceuta y Melilla.

c) Un miembro del Gobierno en representación de la Administración General del Estado, que presidirá la conferencia, y los correspondientes miembros de los Consejos de Gobierno, en representación de las CCAA y de las Ciudades de Ceuta y Melilla.

d) Por los Presidentes de las CCAA y de las Ciudades de Ceuta y Melilla y los Alcaldes de las grandes ciudades.

56. La Administración General del Estado, así como, las Administraciones de las CCAA y las de las EELL deberán colaborar y auxiliarse para la ejecución de los actos que hayan de realizarse o tengan efectos fuera de sus respectivos ámbitos territoriales. Los posibles costes que pueda generar el deber de colaboración:

a) Deberán ser repercutidos, en la forma y términos que se acuerde.

b) Podrán ser repercutidos, si así lo decide la Administración que preste la asistencia y colaboración requerida.

c) Podrán ser repercutidos cuando así se acuerde.

d) Serán, siempre, repercutidos.

57. ¿Qué disposición de la LRJSP modifica el Título V de la Ley 50/1997, de 27 de noviembre, del Gobierno?

a) La Disposición final segunda de la LRJSP.

b) La Disposición final tercera de la LRJSP.

c) La Disposición final cuarta de la LRJSP.

d) La Disposición final quinta de la LRJSP.

58. En el ámbito de la Administración General del Estado, cuando se eleve para su aprobación por el órgano competente una propuesta normativa que no figure en el Plan Anual Normativo:

a) Será rechazada por no figurar en el Plan Anual Normativo.

b) Se solicitará la modificación del Plan Anual Normativo para que se haga constar en la planificación normativa la previsible aprobación de la citada norma.

c) Será necesario justificar este hecho en la correspondiente Memoria del Análisis de Impacto Normativo.

d) Será necesario justificar este hecho en la exposición de motivos, si se trata de un anteproyecto de ley o en el preámbulo, si se trata de un proyecto de reglamento.

59. En el ámbito Administración General del Estado, el Plan Anual Normativo:

a) Estará coordinado por el Ministerio de la Presidencia, que elevará el Plan al Consejo de Ministros para su aprobación antes del 30 de abril.

b) Estará coordinado por el Ministerio de Hacienda, que elevará el Plan al Consejo de Ministros para su aprobación antes del 30 de junio.

c) Estará coordinado por el Ministerio de la Presidencia, que elevará el Plan al Presidente del Gobierno para su aprobación antes del 30 de noviembre.

d) Estará coordinado por el Ministerio de Hacienda, que elevará el Plan al Presidente del Gobierno para su aprobación antes del 30 de diciembre.

60. En el ámbito de la Administración General del Estado, ¿Qué artículo y norma regula la Memoria del Análisis de Impacto Normativo?

a) El art. 26.3 de la LG.

b) El art. 130.2 de la LPACAP.

c) El art. 7 de la Ley 2/2011, de 4 de marzo.

d) El art. 29.3 de la LRJSP.

61. En el procedimiento de elaboración de normas con rango de Ley y reglamento en el ámbito de la Administración General del Estado, el centro directivo competente recabará, además de los informes y dictámenes que resulten preceptivos, cuantos estudios y consultas se estimen convenientes para garantizar:

a) La eficacia y la legalidad del texto.

b) La legalidad y seguridad jurídica del texto.

c) El acierto y la legalidad del texto.

d) La legalidad del texto y la transparencia del procedimiento de elaboración.

62. ¿Quién y cómo se asegura la coordinación y la calidad de la actividad normativa del Gobierno?

a) El Ministerio de Hacienda y Función Pública, analizando una serie de aspectos establecidos en el art. 26.3 de la LG.

b) El Ministerio de la Presidencia, analizando una serie de aspectos establecidos en el art. 26.9 de la LG.

c) La Secretaría General Técnica del Ministerio, analizando una serie de aspectos establecidos en el art. 26.5 de la LG.

d) El Ministerio proponente, analizando una serie de aspectos establecidos en el art. 26.8 de la LG.

63. No será de aplicación para la tramitación y aprobación de decretos-leyes:

a) La elaboración de la Memoria del Análisis de Impacto Normativo.

b) Los estudios y consultas que preceden la elaboración de decreto-ley.

c) El trámite de audiencia e información pública.

d) El sometimiento de la propuesta del texto a la Comisión General de Secretarios de Estado y Subsecretarios.

64. La tramitación por vía de urgencia implicará que:

a) No será preciso el trámite de consulta pública.

b) No será preciso el trámite audiencia pública sobre el texto.

c) No será preciso el trámite de información pública sobre el texto.

d) No será preciso el trámite de consulta pública, ni los trámites de audiencia pública o de información pública sobre el texto.

65. ¿Dónde queda regulado el Control de los actos del Gobierno?

a) La Disposición final segunda de la LRJSP.

b) El Título V de la LRJSP.

c) La Disposición final segunda de la LPACAP.

d) El Título VI de la LG.

66. ¿Quién propone la aprobación de las instrucciones que han de seguirse para la tramitación de asuntos ante los órganos colegiados del Gobierno?

a) Las Comisiones Delegadas del Gobierno propondrá la aprobación de las citadas instrucciones al Ministro de la Presidencia.

b) El Secretariado del Gobierno propondrá la aprobación de las citadas instrucciones al Ministro de la Presidencia.

c) La Comisión General de Secretarios de Estado y Subsecretarios propondrá la aprobación de las citadas instrucciones al Presidente del Gobierno.

d) El Ministro de la Presidencia propondrá la aprobación de las citadas instrucciones al Presidente del Gobierno.

67. La LRJSP modifica:

a) La Ley 59/2003, de 19 de diciembre, de firma electrónica.

b) La Ley 36/2011, de 10 de octubre, reguladora de la jurisdicción social.

c) La Ley 38/2003, de 17 de noviembre, General de Subvenciones.

d) La Ley 11/2007, de 22 de junio, de acceso electrónico de los ciudadanos a los Servicios Públicos.

68. La LRJSP deroga:

a) La Ley 59/2003, de 19 de diciembre, de firma electrónica.

b) La Ley 2/2011, de 4 de marzo, de Economía Sostenible.

c) La Ley 28/2006, de 18 de julio, de Agencias estatales para la mejora de los servicios públicos.

d) La Ley 36/2011, de 10 de octubre, reguladora de la jurisdicción social.

69. Según la LRJSP, se podrá dar cumplimiento al principio de cooperación de acuerdo con las técnicas que las Administraciones interesadas estimen más adecuadas, entre las que podemos citar la siguiente:

a) El suministro de información, datos, documentos o medios probatorios que se hallen a disposición del organismo público o la entidad al que se dirige la solicitud y que la Administración solicitante precise disponer para el ejercicio de sus competencias.

b) La cooperación interadministrativa para la aplicación coordinada de la normativa reguladora de una determinada materia.

c) La creación y mantenimiento de sistemas integrados de información administrativa con el fin de disponer de datos actualizados, completos y permanentes referentes a los diferentes ámbitos de actividad administrativa en todo el territorio nacional.

d) El deber de asistencia y auxilio, para atender las solicitudes formuladas por otras Administraciones para el mejor ejercicio de sus competencias, en especial cuando los efectos de su actividad administrativa se extiendan fuera de su ámbito territorial.

70. Una Comisión territorial de coordinación es:

a) Un órgano, de composición multilateral y ámbito sectorial determinado, que reúne, como Presidente, al miembro del Gobierno que, en representación de la Administración General del Estado, resulte competente por razón de la materia, y a los correspondientes miembros de los Consejos de Gobierno, en representación de las CCAA y de las Ciudades de Ceuta y Melilla.

b) Un órgano, de composición multilateral, entre Administraciones cuyos territorios sean coincidentes o limítrofes, para mejorar la coordinación de la prestación de servicios, prevenir duplicidades y mejorar la eficiencia y calidad de los servicios, creado cuando así lo requiera la proximidad territorial o la concurrencia de funciones administrativas.

c) Un órgano, de composición bilateral, que reúnen, por un número igual de representantes, a miembros del Gobierno, en representación de la Administración General del Estado, y miembros del Consejo de Gobierno de la Comunidad Autónoma o representantes de la Ciudad de Ceuta o de la Ciudad de Melilla.

d) Un órgano, de composición multilateral, entre el Gobierno de la Nación y los respectivos Gobiernos de las CCAA y está formada por el Presidente del Gobierno, que la preside, y por los Presidentes de las CCAA y de las Ciudades de Ceuta y Melilla.

71. De conformidad con la LRJSP, las Administraciones pondrán a disposición de cualquiera otra Administración que lo solicite las aplicaciones, desarrolladas por sus servicios o que hayan sido objeto de contratación y de cuyos derechos de propiedad intelectual sean titulares, salvo que la información a la que estén asociadas sea objeto de especial protección por una norma. Estas aplicaciones podrán ser declaradas como de fuentes abiertas:

a) Cuando de ello se derive una mayor interoperatividad en el funcionamiento de la Administración Pública o se fomente con ello la incorporación de los ciudadanos a la Sociedad de la información.

b) Cuando de ello se derive una mayor seguridad jurídica en el funcionamiento de la Administración Pública o se fomente con ello la incorporación de los ciudadanos a la Sociedad de la información.

c) Cuando de ello se derive una mayor celeridad en el funcionamiento de la Administración Pública o se fomente con ello la incorporación de los ciudadanos a la Sociedad de la información.

d) Cuando de ello se derive una mayor transparencia en el funcionamiento de la Administración Pública o se fomente con ello la incorporación de los ciudadanos a la Sociedad de la información.

72. Las subvenciones públicas que se concedan en régimen de concurrencia competitiva cuya convocatoria se hubiera aprobado con anterioridad a la entrada en vigor de la modificación del art. 10 de la Ley General de Subvenciones, relativo a los "Órganos competentes para la concesión de subvenciones" se regirán por:

a) La normativa anterior.

b) La LRJSP.

c) La LPACAP.

d) La Ley General de Subvenciones, con las modificaciones introducidas por la LRJSP.

73. Las AAPP mantendrán directorios actualizados de aplicaciones para su libre reutilización, de conformidad con lo dispuesto en el Esquema Nacional de Interoperabilidad. Estos directorios deberán ser plenamente interoperables con el directorio general de la Administración General del Estado, de modo que se garantice:

a) La seguridad jurídica y la transparencia.

b) La compatibilidad informática e interconexión.

c) La transparencia.

d) La compatibilidad informática y la transparencia.

74. ¿Cuál de las siguientes entidades NO forma parte del sector público institucional estatal?

a) Comisión Nacional de los Mercados y la Competencia.

b) Agencia Espacial Española.

c) Aena Desarrollo Internacional S.M.E., S.A.

d) La Universidad de Sevilla.

75. ¿Cuál de las siguientes Universidades tiene la consideración de Universidad pública no transferida a efectos de la clasificación del sector público institucional estatal?

a) Universidad de Barcelona.

b) Universidad Nacional de Educación a Distancia.

c) Universidad Complutense de Madrid.

d) Universidad del País Vasco.

76. La composición y clasificación del sector público institucional estatal prevista en el artículo 84 de la Ley 40/2015, de 1 de octubre:

a) Se aplicará únicamente a los organismos públicos y las entidades integrantes del sector público institucional estatal que se hayan creado antes de la entrada en vigor de la Ley 40/2015, de 1 de octubre.

b) Se aplicará a los organismos y entidades integrantes del sector público institucional que se hayan adaptado en un máximo de cinco años desde la entrada en vigor de la Ley 40/2015, de 1 de octubre.

c) Se aplicará únicamente a los organismos públicos y las entidades integrantes del sector público institucional estatal que se creen a partir del 2 de octubre de 2016 y a los que se hayan adaptado de acuerdo con lo previsto en la disposición adicional cuarta de la Ley 40/2015, de 1 de octubre.

d) No se aplicará a los organismos públicos y las entidades integrantes del sector público institucional creados a partir del 2 de octubre de 2016.

77. La Disposición transitoria segunda de la Ley 40/2015, de 1 de octubre, establece una regulación particular sobre las entidades y organismos públicos existentes. Señale cuál de las siguientes reglas contenidas en dicha Disposición es incorrecta:

a) Todos los organismos y entidades integrantes del sector público estatal en el momento de la entrada en vigor de esta Ley continuarán rigiéndose por su normativa específica, excluida la normativa presupuestaria que les resultaba de aplicación, hasta su adaptación a lo dispuesto en la Ley de acuerdo con lo previsto en la disposición adicional cuarta.

b) En tanto no resulte contrario a su normativa específica, las sociedades mercantiles estatales y los consorcios existentes en el momento de la entrada en vigor de esta Ley aplicarán desde ese momento, respectivamente lo previsto en el Capítulo V, Capítulo VI, Capítulo VII y Capítulo VIII del Título II.

c) En tanto no resulte contrario a su normativa específica, los organismos públicos existentes en el momento de la entrada en vigor de esta Ley y desde ese momento aplicarán los principios establecidos en el Capítulo I del Título II, el régimen de control previsto en el artículo 85 y 92.2, y lo dispuesto en los artículos 87, 94, 96, 97 si se transformaran fusionaran, disolvieran o liquidaran tras la entrada en vigor de esta Ley.

d) En tanto no resulte contrario a su normativa específica, las fundaciones y los fondos sin personalidad jurídica existentes en el momento de la entrada en vigor de esta Ley aplicarán desde ese momento, respectivamente lo previsto en el Capítulo V, Capítulo VI, Capítulo VII y Capítulo VIII del Título II.

78. En tanto no resulte contrario a su normativa específica, las sociedades mercantiles estatales, los consorcios, fundaciones y fondos sin personalidad jurídica existentes en el momento de la entrada en vigor de la Ley 40/2015, de 1 de octubre, aplicarán desde ese momento, respectivamente, lo previsto en el Capítulo V, Capítulo VI, Capítulo VII y Capítulo VIII del Título II. El Título II de la Ley 40/2015, de 1 de octubre, regula la organización y el funcionamiento del sector público institucional, ¿cuál de los siguientes contenidos no se encuentra dentro de los Capítulos referidos?

a) Organización y funcionamiento del sector público institucional estatal.
b) De las sociedades mercantiles estatales.
c) De los consorcios y de las fundaciones del sector público estatal.
d) De los fondos carentes de personalidad jurídica del sector público estatal.

79. Los procedimientos de elaboración de normas que se hallaren en tramitación en la Administración General del Estado el 2 de octubre de 2016…:

a) Se sustanciarán de acuerdo con lo establecido en la Ley 40/2015, de 1 de octubre, de régimen jurídico del sector público.
b) Se sustanciarán de acuerdo con lo establecido en la Ley 30/1992, de 26 de noviembre, de 26 de noviembre, de régimen jurídico de las administraciones públicas y del procedimiento administrativo común.
c) Se sustanciarán de acuerdo con lo establecido en la Ley 6/1997, de 14 de abril, de organización y funcionamiento de la Administración General del Estado.
d) Se sustanciarán de acuerdo con lo establecido en la normativa vigente en el momento en que se iniciaron.

80. La Disposición transitoria cuarta de la Ley 40/2015, de 1 de octubre, regula el régimen transitorio de las modificaciones introducidas en la Disposición final novena) ¿A qué norma se refiere esta última Disposición?

a) A la Ley del Gobierno.
b) A la Ley General Presupuestaria.
c) A la Ley de Contratos del Sector Público.
d) A la Ley de ordenación, supervisión y solvencia de las entidades aseguradoras y reaseguradoras.

81. ¿Cuándo entró en vigor la disposición final novena de la Ley 40/2015, de 1 de octubre? Señale la alternativa de respuesta incorrecta:

a) El punto trece, el 2 de octubre de 2016.
b) Los puntos uno a once, el 22 de octubre de 2015.
c) El punto doce, el 2 de abril de 2016.
d) El 2 de octubre de 2016.

82. La disposición derogatoria única de la Ley 40/2015, de 1 de octubre, establece que quedan derogadas cuantas disposiciones de igual o inferior rango se opongan, contradigan o resulten incompatibles con lo dispuesto en la referida Ley y, en especial:

a) La Ley 7/1985, de 2 de abril, reguladora de las bases del régimen local.

b) La Ley 28/2006, de 18 de julio, de Agencias estatales para la mejora de los servicios públicos.

c) La Ley 50/2002, de 26 de diciembre, de Fundaciones.

d) El Real decreto legislativo 781/1986, de 18 de abril, por el que se aprueba el texto refundido de las disposiciones legales vigentes en materia de Régimen Local.

83. ¿Cuál de las siguientes disposiciones deroga la Ley 40/2015, de 1 de octubre?

a) La Ley 11/2007, de 22 de junio, de acceso electrónico de los ciudadanos a los servicios públicos.

b) La Ley 6/1997, de 14 de abril, de organización y funcionamiento de la Administración General del Estado.

c) El Real decreto 1398/1993, de 4 de agosto, por el que se aprueba el Reglamento del procedimiento para el ejercicio de la potestad sancionadora.

d) La Ley 30/1992, de 26 de noviembre, de régimen jurídico de las administraciones públicas y del procedimiento administrativo común.

84. La Ley 15/2014, de 16 de septiembre, de racionalización del Sector Público y otras medidas de reforma administrativa:

a) Fue derogada con la entrada en vigor de la Ley 40/2015, de 1 de octubre, de régimen jurídico del sector público.

b) Fue modificada con la entrada en vigor de la Ley 40/2015, de 1 de octubre, de régimen jurídico del sector público, derogando los artículos 12, 13, 14 y 15 y la disposición adicional sexta)

c) Fue derogada con la entrada en vigor de la Ley 39/2015, de 1 de octubre, del procedimiento administrativo común de las administraciones públicas.

d) Fue modificada con la entrada en vigor de la Ley 39/2015, de 1 de octubre, del procedimiento administrativo común de las administraciones públicas, derogando los artículos 12, 13, 14 y 15 y la disposición adicional sexta.

85. El Real decreto 1671/2009, de 6 de noviembre, por el que se desarrolla parcialmente la Ley 11/2007, de 22 de junio, de acceso electrónico de los ciudadanos a los servicios públicos:

a) Se derogó con la entrada en vigor de la Ley 39/2015, de 1 de octubre, del procedimiento administrativo común de las administraciones públicas.

b) Se modificó con la entrada en vigor de la Ley 40/2015, de 1 de octubre, de régimen jurídico del sector público.

c) Se derogó con la entrada en vigor de la Ley 40/2015, de 1 de octubre, de régimen jurídico del sector público.

d) Se mantiene en su vigencia original.

86. Los artículos 37, 38, 39 y 40 del Decreto de 17 de junio de 1955 por el que se aprueba el Reglamento de Servicios de las Corporaciones locales fueron derogados con la entrada en vigor de la Ley 40/2015, de 1 de octubre. ¿A qué hacían referencia dichos preceptos?

a) A la gestión directa de servicios de las Corporaciones locales.
b) A la gestión indirecta de los servicios de las Corporaciones locales.
c) Al Consorcio.
d) A la cooperación provincial a los servicios municipales.

87. ¿Cuál de las siguientes disposiciones NO se incluye entre las modificaciones operadas por las Disposiciones finales de la Ley 40/2015, de 1 de octubre?

a) La Ley 50/1997, de 27 de noviembre, del Gobierno.
b) La Ley 22/2003, de 9 de julio, Concursal (actualmente refundida en el Real decreto legislativo 1/2020, de 5 de mayo).
c) La Ley 47/2003, de 26 de noviembre, General Presupuestaria.
d) La Ley 6/1997, de 14 de abril, de organización y funcionamiento de la Administración General del Estado.

88. La Ley 20/2015, de 14 de julio, de ordenación, supervisión y solvencia de las entidades aseguradoras y reaseguradoras:

a) No resulta afectada tras la entrada en vigor de la Ley 40/2015, de 1 de octubre.
b) Es derogada por la Ley 40/2015, de 1 de octubre.
c) Es modificada por la Ley 40/2015, de 1 de octubre, haciendo a la misma en sus Disposiciones finales.
d) Es modificada por la Ley 40/2015, de 1 de octubre, haciendo a la misma en su Disposición derogatoria.

89. ¿Cuál de las siguientes Disposiciones finales de la Ley 40/2015, de 1 de octubre, se refiere a su entrada en vigor?

a) La Disposición final décima.
b) La Disposición final duodécima.
c) La Disposición final decimoquinta.
d) La Disposición final decimoctava.

90. La Disposición final decimosexta de la Ley 40/2015, de 1 de octubre, sobre las precedencias en actos oficiales, establece que se determinarán las precedencias de los titulares de los poderes constitucionales y de las instituciones nacionales, así como las de los titulares de los departamentos ministeriales y de los órganos internos de estos en relación con los actos oficiales:

a) Por Acuerdo del Consejo de Ministros, a propuesta del Presidente del Gobierno.
b) Por Real Decreto del Presidente del Gobierno.

c) Por Real Decreto del Consejo de Ministros, a propuesta del Presidente del Gobierno.

d) Por Orden del Ministerio de la Presidencia.

91. ¿Qué plazo concede la Disposición final decimoséptima de la Ley 40/2015, de 1 de octubre, para que se adecuen a esta las normas estatales o autonómicas que sean incompatibles con lo previsto en ella?

a) Un año a partir de la entrada en vigor de la Ley 40/2015, de 1 de octubre.

b) Un año a partir de la aprobación de la Ley 40/2015, de 1 de octubre.

c) Tres años a partir de la entrada en vigor de la Ley 40/2015, de 1 de octubre.

d) Tres años a partir de la aprobación de la Ley 40/2015, de 1 de octubre.

92. ¿Cuál es el límite temporal máximo para realizar la adecuación a la que se refiere la Disposición final decimoséptima de la Ley 40/2015, de 1 de octubre?

a) El 1 de octubre de 2017.

b) El 2 de octubre de 2017.

c) El 1 de octubre de 2019.

d) El 2 de octubre de 2019.

93. Todas las entidades integrantes del sector público institucional estatal están sujetas desde su creación hasta su extinción a la supervisión continua del Ministerio competente en materia de Hacienda y Administraciones Públicas, a través de la Intervención General de la Administración del Estado, que vigilará la concurrencia de los requisitos previstos en la Ley 40/2015, de 1 de octubre. Este mandato:

a) Está desarrollado por el art. 85 de la Ley 40/2015, de 1 de octubre.

b) Se desarrollará mediante Acuerdo adoptado en la Comisión Delegada del Gobierno para Asuntos Económicos.

c) Se desarrollará mediante Orden del Ministro de Hacienda y Administraciones Públicas.

d) Se desarrollará mediante Real Decreto del Presidente del Gobierno.

94. Las referencias hechas a la Ley 30/1992, de 26 de noviembre, de régimen jurídico de las administraciones públicas y del procedimiento administrativo común:

a) Se entenderán hechas a la Ley de Acceso Electrónico de los Ciudadanos a los Servicios Públicos.

b) Se entenderán hechas a la Ley del Procedimiento Administrativo Común de las Administraciones Públicas.

c) Se entenderán hechas a la Ley de Régimen Jurídico del Sector Público.

d) Se entenderán hechas a la Ley del Procedimiento Administrativo Común de las Administraciones Públicas o a la Ley de Régimen Jurídico del Sector Público, según corresponda.

95. La Ley 40/2015, de 1 de octubre, es, formalmente:

a) Una ley orgánica.
b) Una ley de armonización.
c) Una ley parcialmente básica.
d) Una ley de bases.

96. ¿Cuál de las disposiciones reguladas en el Título Preliminar de la Ley 40/2015, de 1 de octubre, NO tiene carácter básico?

a) Sección 3.ª del Capítulo II: órganos colegiados de las distintas administraciones públicas.
b) Subsección 2.ª de la Sección 3.ª del Capítulo II: de los órganos colegiados en la Administración General del Estado.
c) Sección 4.ª del Capítulo II: abstención y recusación.
d) Capítulo V. Funcionamiento electrónico del sector público.

97. El Título I de la Ley 40/2015, de 1 de octubre, lleva por título: «Administración General del Estado». En relación con el título competencial que habilita su aprobación, ¿cuál de las siguientes afirmaciones es correcta?

a) El Título I de la Ley 40/2015, de 1 de octubre, se dicta al amparo de lo dispuesto en el artículo 149.1.18 de la Constitución de 1978 que atribuye al Estado competencia exclusiva sobre las bases del régimen jurídico de las Administraciones Públicas.
b) El Título I de la Ley 40/2015, de 1 de octubre, se dicta al amparo de lo dispuesto en el artículo 149.1.13 de la Constitución de 1978 relativo a las bases y coordinación de la planificación general de la actividad económica.
c) El Título I de la Ley 40/2015, de 1 de octubre, se dicta al amparo del artículo 149.1.14 relativo a la Hacienda Pública general.
d) El Título I de la Ley 40/2015, de 1 de octubre, no tiene carácter básico y se aplica exclusivamente a la Administración General del Estado y al sector público estatal.

98. Señala cuál de los siguientes contenidos del Título II de la Ley 40/2015, de 1 de octubre, relativo a la organización y funcionamiento del sector público institucional, tiene carácter básico:

a) Capítulo I. Del sector público institucional.
b) Capítulo II. Organización y funcionamiento del sector público institucional estatal.
c) Capítulo III. De los organismos públicos estatales.
d) Capítulo IV. Las autoridades administrativas independientes de ámbito estatal.

99. Señala cuál de los siguientes contenidos del Título II de la Ley 40/2015, de 1 de octubre, relativo a la organización y funcionamiento del sector público institucional, NO tiene carácter básico en su totalidad:

a) Capítulo V. De las sociedades mercantiles estatales.
b) Capítulo VI. De los consorcios.

c) Capítulo VII. De las fundaciones del sector público estatal.
d) Ninguna de las respuestas anteriores es correcta.

100. Los artículos 137, 138 y 139 del Capítulo VIII del Título II de la Ley 40/2015, de 1 de octubre, relativo a los fondos carentes de personalidad jurídica del sector público estatal:

a) Tienen carácter básico al amparo de lo dispuesto en el artículo 149.1.18 de la Constitución de 1978, que atribuye al Estado la competencia exclusiva sobre las bases del régimen jurídico de las Administraciones Públicas.
b) No tienen carácter básico y se aplican exclusivamente a la Administración General del Estado y al sector público estatal.
c) No tienen carácter básico y se aplican exclusivamente a la Administración General del Estado y al sector público estatal, los artículos 138 (régimen jurídico) y 139 (régimen presupuestario, de contabilidad y de control económico-financiero).
d) No tiene carácter básico y se aplica exclusivamente a la Administración General del Estado y al sector público estatal, el artículo 137 (creación y extinción).

101. Señala cuál de las siguientes disposiciones adicionales de la Ley 40/2015, de 1 de octubre, NO tiene carácter básico:

a) Disposición adicional octava. Adaptación de los convenios vigentes suscritos por cualquier Administración Pública e inscripción de organismos y entidades en el Inventario de Entidades del Sector Público Estatal, Autonómico y Local.
b) Disposición adicional novena. Comisión Sectorial de administración electrónica.
c) Disposición adicional vigésima. Régimen jurídico del Fondo de Reestructuración Ordenada Bancaria.
d) Disposición adicional vigesimosegunda. Actuación administrativa de los órganos constitucionales del Estado y de los órganos legislativos y de control autonómicos.

102. Señala cuál de las siguientes disposiciones adicionales de la Ley 40/2015, de 1 de octubre, tiene carácter básico:

a) Disposición adicional cuarta. Adaptación de entidades y organismos públicos existentes en el ámbito estatal.
b) Disposición adicional décima. Aportaciones a los consorcios.
c) Disposición adicional decimosexta. Servicios territoriales integrados en las Delegaciones del Gobierno.
d) Disposición adicional decimonovena. Régimen jurídico del Banco de España.

103. Señala la respuesta incorrecta. Según la Disposición final decimocuarta de la Ley 40/2015, de 1 de octubre, tiene carácter básico:

a) La Disposición adicional primera sobre administración de los territorios históricos del País Vasco.
b) La Disposición adicional tercera sobre relaciones con las ciudades de Ceuta y Melilla.

c) La Disposición adicional quinta sobre gestión compartida de servicios comunes de los organismos públicos estatales existentes.

d) La Disposición adicional vigesimoprimera sobre los órganos colegiados de Gobierno.

104. Según la Disposición final decimocuarta de la Ley 40/2015, de 1 de octubre, tiene carácter básico:

a) La Disposición adicional segunda sobre delegados del Gobierno en las ciudades de Ceuta y Melilla.

b) La Disposición adicional séptima sobre Registro Electrónico estatal de Órganos e Instrumentos de Cooperación.

c) La Disposición adicional duodécima sobre régimen jurídico de las Autoridades Portuarias y Puertos del Estado.

d) La Disposición adicional decimotercera sobre régimen jurídico de las Entidades gestoras y servicios comunes de la Seguridad Social.

105. ¿Cuál de las siguientes disposiciones finales regula lo relativo a los títulos competenciales en los que se ampara la Ley 40/2015, de 1 de octubre?

a) Disposición final decimocuarta.

b) Disposición final decimoquinta.

c) Disposición final decimoséptima.

d) Disposición final decimoctava.

106. Lo previsto en la Disposición final duodécima en relación con la restitución o compensación a los partidos políticos de bienes y derechos incautados en aplicación de la normativa sobre responsabilidades políticas, entró en vigor:

a) Al año de la publicación de la Ley 40/2015, de 1 de octubre, en el «Boletín Oficial del Estado».

b) A los veinte días de la publicación de la Ley 40/2015, de 1 de octubre, en el «Boletín Oficial del Estado».

c) Al día siguiente de la publicación de la Ley 40/2015, de 1 de octubre, en el «Boletín Oficial del Estado».

d) A partir del 1 de enero de 2013.

107. ¿Cuál de los siguientes contenidos de la Ley 40/2015, de 1 de octubre, entró en vigor el 3 de octubre de 2015?

a) Punto cuatro de la Disposición final quinta, de modificación de la Ley 22/2003, de 9 de julio, Concursal (actualmente refundida en el Real decreto legislativo 1/2020, de 5 de mayo).

b) Apartados Uno, primer y segundo párrafo; Dos; Tres, párrafos primero y segundo; Cuatro; Cinco, párrafos primero a cuarto y, Seis de la disposición final décima de modificación de la Disposición adicional décima tercera de la Ley 17/2012, de 27 de diciembre, de Presupuestos Generales del Estado para el año 2013.

c) La Disposición final primera, de modificación de la Ley 23/1982, de 16 de junio, reguladora del Patrimonio Nacional.

d) Todos los contenidos de la Ley 40/2015, de 1 de octubre, entraron en vigor al año de su publicación en el «Boletín Oficial del Estado».

108. Señala cuál de las siguientes disposiciones NO entraron en vigor el 3 de octubre de 2015:

a) Punto doce de la Disposición final novena, de modificación del Texto Refundido de la Ley de Contratos del Sector Público, aprobado por Real decreto legislativo 3/2011, de 14 de noviembre (actual Ley 9/2017, de 8 de noviembre, de Contratos del Sector Público).

b) Disposición final segunda, de modificación del Real Decreto-Ley 12/1995, de 28 de diciembre, sobre medidas urgentes en materia presupuestaria, tributaria y financiera.

c) Puntos uno a tres de la Disposición final quinta, de modificación de la Ley 22/2003, de 9 de julio, Concursal (actualmente refundida en el Real decreto legislativo 1/2020, de 5 de mayo).

d) Disposición final séptima, de modificación de la Ley 38/2003, de 17 de noviembre, General de Subvenciones.

109. Indica cuál de las siguientes disposiciones de la Ley 40/2015, de 1 de octubre, está actualmente derogada:

a) Disposición final tercera.
b) Disposición final décima.
c) Disposición final quinta.
d) Disposición final decimoctava.

110. La Disposición final undécima, de modificación de la Ley 20/2015, de 14 de julio, de ordenación, supervisión y solvencia de las entidades aseguradoras y reaseguradoras, entró en vigor:

a) El 2 de octubre de 2015.
b) El 3 de octubre de 2015.
c) El 2 de octubre de 2016.
d) El 2 de abril de 2016.

111. La Disposición transitoria quinta: Operaciones y atribuciones vigentes:

a) La añade la Ley 40/2015, de 1 de octubre, a la Ley 23/1982, de 16 de junio, reguladora del Patrimonio Nacional, en virtud de su Disposición final primera.

b) La modifica la Ley 40/2015, de 1 de octubre, al Real decreto ley 12/1995, de 28 de diciembre, sobre medidas urgentes en materia presupuestaria, tributaria y financiera, en virtud de su Disposición final segunda (punto dos).

c) La añade la Ley 40/2015, de 1 de octubre, al Real decreto ley 12/1995, de 28 de diciembre, sobre medidas urgentes en materia presupuestaria, tributaria y financiera, en virtud de su Disposición final segunda (punto dos).

d) La modifica la Ley 40/2015, de 1 de octubre, a la Ley 23/1982, de 16 de junio, reguladora del Patrimonio Nacional, en virtud de su Disposición final primera.

112. El Texto Refundido de la Ley de Contratos del Sector Público, aprobado por Real decreto legislativo 3/2011, de 14 de noviembre, al que se refiere la Disposición final novena de la Ley 40/2015, de 1 de octubre:

a) Se mantiene en vigor con las modificaciones introducidas por la Disposición final novena de la Ley 40/2015, de 1 de octubre.

b) Se deroga parcialmente con la entrada en vigor de la Ley 9/2017, de 8 de noviembre.

c) Se deroga en su totalidad con la entrada en vigor de la Ley 9/2017, de 8 de noviembre.

d) Incorpora al ordenamiento jurídico español las Directivas del Parlamento Europeo y del Consejo 2014/23/UE y 2014/24/UE, de 26 de febrero de 2014.

113. ¿Cuál de las siguientes Leyes de Presupuestos Generales del Estado es modificada por la Ley 40/2015, de 1 de octubre?

a) La Ley 17/2012, de 27 de diciembre, de Presupuestos Generales del Estado para el año 2013.

b) La Ley 22/2013, de 23 de diciembre, de Presupuestos Generales del Estado para el año 2014.

c) La Ley 36/2014, de 26 de diciembre, de Presupuestos Generales del Estado para el año 2015.

d) La Ley 48/2015, de 29 de octubre, de Presupuestos Generales del Estado para el año 2016.

114. ¿Cuál de los siguientes preceptos de la Ley 47/2003, de 26 de noviembre, General Presupuestaria, NO quedó afectado por la Ley 40/2015, de 1 de octubre?

a) El artículo 2 sobre el Sector público estatal.

b) El artículo 27 sobre principios y reglas de gestión presupuestaria.

c) El artículo 3.1 sobre el Sector público administrativo.

d) Los artículos 3.2 y 3.3 sobre el Sector público empresarial y fundacional.

115. ¿Cuál de las siguientes Leyes fue modificada por la Ley 40/2015, de 1 de octubre? Señala la alternativa de respuesta incorrecta:

a) Ley 38/2003, de 17 de noviembre, General de Subvenciones.

b) Ley 50/2002, de 26 de diciembre, de Fundaciones.

c) Ley 2/1974, de 13 de febrero, sobre Colegios Profesionales.

d) Ley 33/2003, de 3 de noviembre, del Patrimonio de las Administraciones Públicas.

116. ¿Cuál de los siguientes títulos de la Ley 50/1997, de 27 de noviembre, del Gobierno, fue modificado íntegramente por la Ley 40/2015, de 1 de octubre?

a) El Título I. Del Gobierno: composición, organización y órganos de colaboración y apoyo.

b) El Título II. Del estatuto de los miembros del Gobierno, de los Secretarios de Estado y de los Directores de los Gabinetes.

c) El Título III. De las normas de funcionamiento del Gobierno y de la delegación de competencias.

d) El Título V. De la iniciativa legislativa y la potestad reglamentaria del Gobierno.

117. ¿Cuál de los siguientes títulos de la Ley 50/1997, de 27 de noviembre, del Gobierno, fue añadido con la Ley 40/2015, de 1 de octubre?

a) Título I. Del Gobierno: composición, organización y órganos de colaboración y apoyo.
b) Título IV. Del Gobierno en funciones.
c) Título V. De la iniciativa legislativa y la potestad reglamentaria del Gobierno.
d) Título VI. Del control del Gobierno.

118. ¿Cuál de las siguientes disposiciones finales forma parte de la estructura de la Ley 40/2015, de 1 de octubre?

a) Disposición final segunda. Modificación de la Ley 59/2003, de 19 de diciembre, de firma electrónica.
b) Disposición final tercera. Modificación de la Ley 36/2011, de 10 de octubre, reguladora de la jurisdicción social.
c) Disposición final séptima. Entrada en vigor.
d) Disposición final decimocuarta. Título competencial.

119. El número de disposiciones finales de la Ley 40/2015, de 1 de octubre:

a) Es equivalente al número de disposiciones finales de la Ley 39/2015, de 1 de octubre.
b) Es equivalente al número de disposiciones adicionales de la propia Ley.
c) Es equivalente al número de disposiciones adicionales de la Ley 39/2015, de 1 de octubre.
d) Ninguna de las opciones anteriores es correcta.

120. ¿Dónde quedan regulados los principios generales de las relaciones interadministrativas?

a) En el Capítulo I del Título Preliminar de la LRSJP (art. 3 de la LRSJP).
b) En el Capítulo I del Título III de la LRSJP (art. 140 de la LRSJP).
c) En el Título VI de la LPACAP (art. 129 de la LPACAP) y en el Capítulo I del Título III de la LRSJP (art. 140 de la LRSJP).
d) En el Capítulo IV del Título III de la LRSJP (art. 155 de la LRSJP).

121. ¿Dónde quedan regulados las relaciones electrónicas entre las AAPP?

a) En el Capítulo IV del Título III de la LRJSP.
b) En el Capítulo III del Título III de la LRJSP.
c) En el Capítulo I del Título Preliminar de la LRSJP.
d) En el Capítulo II del Título Preliminar de la LRSJP.

122. Integran el sector público institucional estatal los organismos públicos vinculados o dependientes de la Administración General del Estado, los cuales se clasifican en Organismos autónomos y Entidades Públicas Empresariales. ¿Cuál de los siguientes tiene la consideración de Entidad Pública Empresarial?

a) Fábrica Nacional de Moneda y Timbre-Real Casa de la Moneda.
b) Fondo de Garantía Salarial.

c) Instituto Nacional de las Artes Escénicas y de la Música.
d) Centro de Estudios Políticos y Constitucionales.

123. ¿Cuál de las siguientes entidades tiene la consideración de fondo sin personalidad jurídica?

a) F.S.P. Centro Nacional de Investigaciones Oncológicas Carlos III, M.P.
b) SESD, F.C.R.
c) Fundación Servicio Interconfederal de Mediación y Arbitraje.
d) Fundación Víctimas del Terrorismo, F.S.P.

124. ¿Cuál de los siguientes NO es un título competencial en base al cual se dicta la Ley 40/2015, de 1 de octubre?

a) Artículo 149.1.18 de la Constitución de 1978, que atribuye al Estado competencia exclusiva sobre las bases del régimen jurídico de las Administraciones Públicas.
b) Artículo 149.1.18 de la Constitución de 1978, que atribuye al Estado competencia exclusiva sobre las bases del régimen estatutario de los funcionarios.
c) Artículo 149.1.13 de la Constitución de 1978, relativo a las bases y coordinación de la planificación general de la actividad económica.
d) Artículo 149.1.14 de la Constitución de 1978 relativo a la Hacienda Pública general.

125. ¿En cuál de las siguientes disposiciones finales de la Ley 40/2015, de 1 de octubre, se hace mención al Instituto de Crédito Oficial?

a) Disposición final segunda. Modificación del Real decreto ley 12/1995, de 28 de diciembre, sobre medidas urgentes en materia presupuestaria, tributaria y financiera.
b) Disposición final tercera. Modificación de la Ley 50/1997, de 27 de noviembre, del Gobierno.
c) Disposición final cuarta. Modificación de la Ley 50/2002, de 26 de diciembre, de Fundaciones.
d) Disposición final quinta. Modificación de la Ley 22/2003, de 9 de julio, Concursal (actualmente refundida en el Real decreto legislativo 1/2020, de 5 de mayo).

Soluciones comentadas

1. c) En el Título III de la LRJSP.

Ver respuesta en: Título III de la LRJSP, dedicado a las "Relaciones interadministrativas" (en relación con los arts. 2, 14 y 138 de la CE).

La LRJSP tiene cuatro títulos, el Título preliminar que establece las "Disposiciones generales, principios de actuación y funcionamiento del sector público"; el Título I que regula "La Administración del Estado"; el Título II que regula la "Organización y el funcionamiento del sector público institucional"; y finalmente, el Título III que está dedicado a las "Relaciones interadministrativas". En total, la LRJSP cuenta con 158 artículos, 30 disposiciones adicionales, 4 disposiciones transitorias, una disposición derogatoria y 18 disposiciones finales.

La LRJSP puede dividirse en dos grandes bloques:

1º Bloque. La LRJSP regula las bases del régimen jurídico de las AAPP, aplicables por tanto al conjunto de Administraciones Públicas Territoriales. Al respecto, se establece el régimen de los órganos administrativos, incluyendo una detallada regulación del funcionamiento de los órganos colegiados, los principios de la potestad sancionadora, de la responsabilidad patrimonial de las AAPP, los convenios entre AAPP (Título preliminar) y las relaciones interadministrativas (Título III).

2º Bloque. La LRJSP integra la regulación de la organización de la Administración General del Estado y del conjunto de entes dependientes y vinculados a esta Administración, denominados sector público institucional estatal (Títulos I y II).

El Título III de la LRJSP regula las "Relaciones Interadministrativas" y se divide en cuatro capítulos:

1.º Capítulo I. "Principios generales de las relaciones interadministrativas" (art 140 de la LRJSP).

2.º Capítulo II. "Deber de colaboración" (art 141 y 142 de la LRJSP).

3.º Capítulo III. "Relaciones de cooperación".

4.º Capítulo IV. "Relaciones electrónicas entre las Administraciones" (art 155 a 158 de la LRJSP).

2. b) La Ley 6/1997, de 14 abril, de Organización y Funcionamiento de la Administración General del Estado.

Ver respuesta en: Disposición derogatoria única, apartado c), de la LRJSP.

La Disposición derogatoria única de la LRJSP deroga la Ley 6/1997, de 14 abril, de Organización y Funcionamiento de la Administración General del Estado (LOFAGE) y la Ley 28/2006, de 18 de julio, de Agencias estatales para la mejora de los servicios públicos, así como, algunos artículos de otras normas.

La LOFAGE, en su momento, constituyó el primer intento de sistematización del sector público estatal de la etapa democrática, aunque en su propia disposición adicional, excepcionaba de su regulación un amplio número de organismos que se regirían por su propia normativa específica.

Posteriormente, se aprobaron otras normas sobre el sector público estatal.-

3. b) Un órgano de cooperación, que reúnen, por un número igual de representantes, a miembros del Gobierno, en representación de la Administración General del Estado, y miembros del Consejo de Gobierno de la CCAA o representantes de la Ciudad de Ceuta o de la Ciudad de Melilla.

Ver respuesta en: Art. 153.1 de la LRJSP.

La Sección 2ª del Capítulo III del Título III de LRJSP se refiere a las Técnicas orgánicas de cooperación y analiza los siguientes órganos de cooperación:

– Conferencia de Presidentes (art. 146 de la LRJSP).

– Conferencias Sectoriales (arts. 147 a 152 de la LRJSP).

– Comisiones Bilaterales de Cooperación (art. 153 de la LRJSP).

– Comisiones Territoriales de Coordinación (art. 154 de la LRJSP).

Las Comisiones Bilaterales de Cooperación son *"órganos de cooperación de composición bilateral que reúnen, por un número igual de representantes, a miembros del Gobierno, en representación de la Administración General del Estado, y miembros del Consejo de Gobierno de la Comunidad Autónoma o representantes de la Ciudad de Ceuta o de la Ciudad de Melilla"* (art. 153.1 de la LRJSP).

4. d) La coherencia de las actuaciones de las diferentes AAPP afectadas por una misma materia para la consecución de un resultado común, cuando así lo prevé la CE y el resto del ordenamiento jurídico.

Ver respuesta en: Art. 140.1.e) de la LRSJP.

De conformidad con el Art. 140.1.e) de la LRSJP, las diferentes AAPP actúan y se relacionan con otras Administraciones y entidades u organismos vinculados o dependientes de estas de acuerdo con los "principios de las relaciones interadministrativas", entre el que se encuentra el principio de coordinación, *"en virtud del cual una Administración Pública y, singularmente, la Administración General del Estado, tiene la obligación de*

215

garantizar la coherencia de las actuaciones de las diferentes Administraciones Públicas afectadas por una misma materia para la consecución de un resultado común, cuando así lo prevé la Constitución y el resto del ordenamiento jurídico".

Siguiendo la jurisprudencia constitucional, se definen y diferencian dos principios claves de las relaciones entre Administraciones: la cooperación, que es voluntaria y la coordinación, que es obligatoria. Sobre esta base se regulan los diferentes órganos y formas de cooperar y coordinar.

La LRJSP desarrolla ampliamente las técnicas de cooperación y en especial, las de naturaleza orgánica, entre las que destaca la Conferencia de Presidentes, que se regula por primera vez, las Conferencias Sectoriales y las Comisiones Bilaterales de Cooperación.

5. b) En lo no previsto en el Título III de la LRJSP, por la legislación básica en materia de régimen local.

Ver respuesta en: Art. 140.2 de la LRSJP (en relación con el art. 55 de la LRBRL).

Las relaciones entre la Administración General del Estado o las Administraciones de las CCAA con las Entidades que integran la Administración Local quedan sometidas a lo dispuesto en el Título III de la LRJSP, pero esta regulación debe completarse con la establecida en la legislación básica en materia de régimen local (según el art. 140.2 de la LRSJP).

Por tanto, debemos acudir al art. 55 de la Ley 7/1985, de 2 de abril, Reguladora de las Bases del Régimen Local (LRBRL), que establece que:

"…para la efectiva coordinación y eficacia administrativa, la Administración General del Estado, así como las Administraciones autonómica y local, de acuerdo con el principio de lealtad institucional, deberán en sus relaciones recíprocas:

a) Respetar el ejercicio legítimo por las otras Administraciones de sus competencias y las consecuencias que del mismo se deriven para las propias.

b) Ponderar, en la actuación de las competencias propias, la totalidad de los intereses públicos implicados y, en concreto, aquellos cuya gestión esté encomendada a otras Administraciones.

c) Valorar el impacto que sus actuaciones, en materia presupuestaria y financiera, pudieran provocar en el resto de Administraciones Públicas.

d) Facilitar a las otras Administraciones la información sobre la propia gestión que sea relevante para el adecuado desarrollo por estas de sus cometidos.

e) Prestar, en el ámbito propio, la cooperación y asistencia activas que las otras Administraciones *pudieran precisar para el eficaz cumplimiento de sus tareas…"*

6. b) Las AAPP compartirán el uso de recursos comunes, salvo que no resulte posible o se justifique en términos de su mejor aprovechamiento.

Ver respuesta en: Art. 140.1.f) de la LRSJP.

De conformidad con el art. 140.1.f) de la LRSJP, las diferentes AAPP actúan y se relacionan con otras Administraciones y entidades u organismos vinculados o dependientes de estas de acuerdo, entre otros, con el principio de la "eficiencia en la gestión de los recursos públicos", que supone que deben compartir el uso de recursos comunes, salvo que no resulte posible o se justifique en términos de su mejor aprovechamiento.

En este sentido, debemos recordar que el art. 31.2 de la CE dispone que:

"El gasto público realizará una asignación equitativa de los recursos públicos y su programación y ejecución responderán a los criterios de eficiencia y economía".

Además, el art. 103.1 de la CE, establece que la Administración Pública sirve con objetividad los intereses generales, señalando los principios de acuerdo con los que actúa y, entre ellos, cita expresamente el "principio de eficacia".

De ambos artículos se deduce, que el gasto público debe realizar una asignación equitativa de los recursos públicos (principio de justicia material del gasto público).

Por otra parte, indicar que las AAPP están sujetas, en la programación y ejecución del gasto público, a tres principios o criterios: eficiencia, economía y eficacia.

En definitiva, las actuaciones de los poderes públicos (no solo de la Administración Pública) están sujetas no solo al principio de legalidad (art. 9 de la CE), sino también a los principios de eficiencia, economía y eficacia que forman parte de la CE y, por tanto, obligan a todos. Y ello es aplicable para todo tipo de actos o actuaciones de los poderes públicos.

En definitiva, el gasto público se ve sometido a diversas limitaciones constitucionales: por un lado, a la equidad, establecida en los arts. 31.2 y 9.2 de la CE; y por otro, por la economicidad (que supone el logro del fin con los menores medios posibles) y la eficacia (cubrir las mayores necesidades posibles con los menores costes), resultando esencial la relación entre el coste y el rendimiento.

7. d) Respetar el ejercicio legítimo por las otras Administraciones de sus competencias.

Ver respuesta en: Art. 141.1 de la LRSJP (en relación con el art. 140.1.c) de la LRSJP).

Los arts. 141 y 142 de la LRJSP regulan el deber de colaboración entre las AAPP y las técnicas a través de las cuales se materializa este deber.

El Capítulo II del Título III está dedicado al "Deber de colaboración", y se enmarca en uno de los principios de las relaciones interadministrativa, en concreto, en el "principio de colaboración", contemplado en la letra c) del apartado 1 del art. 140 de la LRJSP, entendido como "el deber de actuar con el resto de Administraciones Públicas para el logro de fines comunes".

El Capítulo II del Título III de la LRJSP aborda, en particular, las siguientes cuestiones:

– El deber de colaboración entre las AAPP (art. 141).

– Las técnicas de colaboración (art. 142).

Por tanto y en lo que concierne al deber de colaboración entre las AAPP, el art. 141 de la LRJSP señala que las AAPP deberán:

a) Respetar el ejercicio legítimo por las otras Administraciones de sus competencias.

b) Ponderar, en el ejercicio de las competencias "propias", la totalidad de los intereses públicos implicados y, en concreto, aquellos cuya gestión esté encomendada a las otras Administraciones.

c) Facilitar a las otras Administraciones la información que precisen sobre la actividad que desarrollen en el ejercicio de sus "propias" competencias o que sea necesaria para que los ciudadanos puedan acceder de forma "integral" a la información relativa a una materia. d) Prestar, en el ámbito propio, la asistencia que las otras Administraciones pudieran solicitar para el "eficaz" ejercicio de sus competencias.

e) Cumplir con las obligaciones concretas derivadas del deber de colaboración y las restantes que se establezcan normativamente.

8. b) La creación y mantenimiento de sistemas integrados de información administrativa con el fin de disponer de datos actualizados, completos y permanentes referentes a los diferentes ámbitos de actividad administrativa en todo el territorio nacional.

Ver respuesta en: Art. 142 d) de la LRSJP.

El Capítulo II del Título III de la LRJSP contempla en el art. 141 de la LRJSP el "Deber de colaboración entre las AAPP" y en el art. 142 de la LRJSP las "Técnicas de colaboración".

En concreto, el apartado d) del art. 142 de la LRJSP señala que "La creación y mantenimiento de sistemas integrados de información administrativa con el fin de disponer de datos actualizados, completos y permanentes referentes a los diferentes ámbitos de actividad administrativa en todo el territorio nacional".

9. c) Un órgano de cooperación, de composición multilateral y ámbito sectorial determinado, que reúne, como Presidente, al miembro del Gobierno que, en representación de la Administración General del Estado, resulte competente por razón de la materia, y a los correspondientes miembros de los Consejos de Gobierno, en representación de las CCAA y de las Ciudades de Ceuta y Melilla.

Ver respuesta en: Art. 147.1 de la LRSJP.

Con carácter general, el art. 145.1 de la LRSJP define los órganos de cooperación como los *"órganos de composición multilateral o bilateral, de ámbito general o especial constituidos por representantes de la Administración General del Estado, de las Administraciones de las Comunidades o Ciudades de Ceuta y Melilla o, en su caso, de las Entidades Locales, para acordar voluntariamente actuaciones que mejoren el ejercicio de las competencias que cada Administración Pública tiene".*

Entre los órganos de cooperación, se encuentran las Conferencias Sectoriales, reguladas en los arts. 147 a 152 de la LRJSP.

El art. 147.1 de la LRJSP define la Conferencia Sectorial como el *"órgano de cooperación, de composición multilateral y ámbito sectorial determinado, que reúne, como Presidente, al miembro del Gobierno que, en representación de la Administración General del Estado, resulte competente por razón de la materia, y a los correspondientes miem-*

bros de los Consejos de Gobierno, en representación de las Comunidades Autónomas y de las Ciudades de Ceuta y Melilla".

Las Conferencias Sectoriales se pueden definir como lugares de encuentro entre el Gobierno central y representantes de los gobiernos autonómicos para intercambiar puntos de vista, examinar en común los problemas de cada sector y las medidas que se pueden implementar para afrontarlos y resolverlos.

La LRJSP (en su art. 147 de la LRJSP, en conexión con el art. 149 de la LRJSP) no crea las Conferencias sectoriales, sino que se limita a reconocer –al Ministro o Ministros con competencias sobre la materia– la posibilidad de convocar reuniones con un contenido material limitado, por tratarse de ámbitos de competencias concurrentes o compartidas.

Este "órgano de encuentro", según la STC, no es, sin embargo, un órgano administrativo. No es un órgano de la Administración General del Estado, ni de la Administración Autonómica. Estamos ante un órgano de naturaleza política, expresión de la existencia de un Estado compuesto, que trata de hacer efectivo el principio de cooperación a nivel político. Por eso, la Conferencia Sectorial no se encuentra directamente sometida al Derecho administrativo ni, por tanto, al régimen de los órganos colegiados de los arts.15 y siguientes de la LRJSP. Sus decisiones son actos de Gobierno emanados de un órgano de Gobierno colegiado y mixto, con un valor institucional, de impulso político, y como tales actos sometidos al régimen jurídico de este tipo de acuerdos.

Dentro de las funciones que la LRJSP atribuye a las Conferencias Sectoriales destaca la de ser informadas sobre anteproyectos de leyes y los proyectos de reglamentos del Gobierno de la Nación o de los Consejos de Gobierno de las CCAA, cuando afecten de manera directa al ámbito competencial de las otras AAPP o cuando así esté previsto en la normativa sectorial aplicable. Con ello se pretende potenciar la planificación conjunta y evitar la aparición de duplicidades.

10. a) Al Ministro que presida la Conferencia Sectorial, que acordará la convocatoria de las reuniones por iniciativa propia, al menos una vez al año, o cuando lo soliciten, al menos, la tercera parte de sus miembros.

Ver respuesta en: Art. 149.1 de la LRSJP.

El art. 149 de la LRJSP hace referencia a la convocatoria de reuniones de las Conferencias Sectoriales y dispone lo siguiente:

– Corresponde al Ministro que presida la Conferencia Sectorial acordar la convocatoria de las reuniones por iniciativa propia, al menos una vez al año, o cuando lo soliciten, al menos, la tercera parte de sus miembros. En este último caso, la solicitud deberá incluir la propuesta de orden del día. (art. 149.1 de la LRJSP).

– La convocatoria, que deberá acompañarse de los documentos necesarios con la suficiente antelación, deberá contener el orden del día previsto para cada sesión, sin que puedan examinarse asuntos que no figuren en el mismo, salvo que todos los miembros de la Conferencia Sectorial manifiesten su conformidad. El orden del día de cada reunión será propuesto por el Presidente y deberá especificar el carácter consultivo, decisorio o de coordinación de cada uno de los asuntos a tratar. (art. 149.2 de la LRJSP).

– Cuando la conferencia sectorial hubiera de reunirse con el objeto exclusivo de informar un proyecto normativo: la convocatoria, la constitución y adopción de acuerdos podrá efectuarse por medios electrónicos, telefónicos o audiovisuales, que garanticen la intercomunicación entre ellos y la unidad de acto, tales como la videoconferencia o el correo electrónico, entendiéndose los acuerdos adoptados en el lugar donde esté la presidencia, de acuerdo con el procedimiento que se establezca en el reglamento de funcionamiento interno de la conferencia sectorial. De conformidad con lo citado, la elaboración y remisión de actas podrá realizarse a través de medios electrónicos. (art. 149.3 de la LRJSP).

11. a) Lealtad institucional; Adecuación al orden de distribución de competencias establecido; Colaboración; Cooperación; Coordinación; Eficiencia en la gestión de los recursos públicos; Responsabilidad de cada Administración Pública en el cumplimiento de sus obligaciones y compromisos; Garantía e igualdad en el ejercicio de los derechos de todos los ciudadanos en sus relaciones con las diferentes Administraciones; Solidaridad interterritorial de acuerdo con la CE.

Ver respuesta en: Art. 140.1 de la LRSJP.

El art. 140.1 de la LRJSP dispone que:

"Las diferentes AAPP actúan y se relacionan con otras Administraciones y entidades u organismos vinculados o dependientes de estas de acuerdo con los siguientes principios:

a) *Lealtad institucional.*

b) *Adecuación al orden de distribución de competencias establecido en la Constitución y en los Estatutos de Autonomía y en la normativa del régimen local.*

c) *Colaboración, entendido como el deber de actuar con el resto de Administraciones Públicas para el logro de fines comunes.*

d) *Cooperación, cuando dos o más Administraciones Públicas, de manera voluntaria y en ejercicio de sus competencias, asumen compromisos específicos en aras de una acción común.*

e) *Coordinación, en virtud del cual una Administración Pública y, singularmente, la Administración General del Estado, tiene la obligación de garantizar la coherencia de las actuaciones de las diferentes Administraciones Públicas afectadas por una misma materia para la consecución de un resultado común, cuando así lo prevé la Constitución y el resto del ordenamiento jurídico.*

f) *Eficiencia en la gestión de los recursos públicos, compartiendo el uso de recursos comunes, salvo que no resulte posible o se justifique en términos de su mejor aprovechamiento.*

g) *Responsabilidad de cada Administración Pública en el cumplimiento de sus obligaciones y compromisos.*

h) *Garantía e igualdad en el ejercicio de los derechos de todos los ciudadanos en sus relaciones con las diferentes Administraciones.*

i) *Solidaridad interterritorial de acuerdo con la Constitución."*

Frente a estos principios, el art. 129. 1 a 6 de la LPACAP establece los "principios de buena regulación" en el ejercicio de la iniciativa legislativa y la potestad reglamentaria, obligando a las AAPP a actuar de acuerdo con los principios de: necesidad, eficacia, proporcionalidad, seguridad jurídica, transparencia, y eficiencia.

12. a) La Ley 50/1997, de 27 de noviembre, del Gobierno y la Ley 22/2003, de 9 de julio, Concursal.

Ver respuesta en: Disposición final tercera y quinta de la LRJSP, respectivamente.

La Disposición final tercera de la LRJSP modifica la Ley 50/1997, de 27 de noviembre, del Gobierno y la Disposición final quinta de la LRJSP modifica la Ley 22/2003, de 9 de julio, Concursal. (El 1 de septiembre de 2020 entra en vigor el Real Decreto Legislativo 1/2020, de 5 de mayo, por el que se aprueba el Texto Refundido de la Ley Concursal, derogando la Ley 22/2003, de 9 de julio.

13. d) La Disposición final decimoctava de la LRJSP.

Ver respuesta en: Disposición final decimoctava de la LRJSP.

La LRJSP (y, también, la LPACAP) fue aprobada el 1 de octubre de 2015 y publicada en el BOE del 2 de octubre de 2015.

De conformidad con la Disposición final decimoctava de la LRJSP, dedicada a la "Entrada en vigor" de la ley, la LRJSP entran en vigor, con carácter general, al año de su publicación oficial, por lo surten efectos desde el 2 de octubre de 2016.

Con carácter general, la LRJSP entra en vigor al año de su publicación, es decir, el 2 de octubre de 2016, con las siguientes excepciones:

- Entra en vigor a los 20 días de la publicación de la LRJSP en el BOE, es decir, el 22 de octubre de 2015, las previsiones de restitución o compensación a partidos políticos (Disp. Final 12ª de la LRJSP); una de las cuatro modificaciones de la Ley Concursal (punto 4 de la Disp. Final 5ª de la LRJSP. Después, derogada por el Real Decreto Legislativo 1/2020, de 5 de mayo, por el que se aprueba el Texto Refundido de la Ley Concursal), y once de las doce modificaciones del Texto Refundido de la Ley de Contratos del Sector Público (puntos 1 a 11 de la DF 9ª de la LRJSP. Posteriormente, la Ley 9/2017, de 8 de noviembre, de Contratos del Sector Público, derogó el TRLCSP).

- Entra en vigor a los 6 meses de la publicación de la LRJSP en el BOE, es decir, el 2 de abril de 2016, una de las modificaciones del Texto Refundido de la Ley de Contratos del Sector Público, en concreto, la referida a la creación de la Oficina Nacional de Evaluación (punto 12 de la Disp. Final 9ª de la LRJSP).

- Entra en vigor al día siguiente de la publicación de la LRJSP en el BOE, es decir, el 3 de octubre de 2015, las disposiciones indicadas en el apartado 2 de la propia disposición de entrada en vigor (Disposición final decimoctava, apartado 2, de la LRJSP), que son las siguientes:

  * La disposición final primera de la LRJSP, de modificación de la Ley 23/1982, de 16 de junio, reguladora del Patrimonio Nacional, relativa al Consejo de Administración del Patrimonio Nacional.

* La disposición final segunda de la LRJSP, de modificación del Real Decreto-Ley 12/1995, de 28 de diciembre, sobre medidas urgentes en materia presupuestaria, tributaria y financiera, relativa al Consejo General del Instituto de Crédito Oficial.

* Los puntos uno a tres de la disposición final quinta de la LRJSP, de modificación de la Ley 22/2003, de 9 de julio, Concursal (derogada por el Real Decreto Legislativo 1/2020, de 5 de mayo, por el que se aprueba el Texto Refundido de la Ley Concursal).

* La disposición final séptima de la LRJSP, de modificación de la Ley 38/2003, de 17 de noviembre, General de Subvenciones, en relación a los siguientes aspectos:

  Los órganos competentes para la concesión de subvenciones (punto uno); Subvenciones a conceder por las fundaciones del sector público (punto dos); La normativa de aplicación a las Convocatorias iniciadas y subvenciones concedidas con anterioridad a la entrada en vigor de la modificación de la Ley 38/2003, incluida en la disposición final séptima de la LRJSP.

* La disposición final undécima de la LRJSP, de modificación de la Ley 20/2015, de 14 de julio, de ordenación, supervisión y solvencia de las entidades aseguradoras y reaseguradoras, relativa a la entrada en vigor de distintas disposiciones transitorias, adicionales y finales de la Ley 20/2015.

– Entra en vigor al día siguiente de la publicación de la LRJSP en el BOE, es decir, el 3 de octubre de 2015, aunque algunos aspectos surtan efectos a partir del 1 de enero de 2013 o a partir del 1 de abril de 2013:

* La disposición final décima de la LRJSP, de modificación de la disposición adicional décima tercera de la Ley 17/2012, de 27 de diciembre, de Presupuestos Generales del Estado para el año 2013, dedicada a:

  Las "Subvenciones al transporte marítimo y aéreo para residentes en Canarias, Baleares, Ceuta y Melilla" que, con carácter general, entra en vigor el día siguiente al de su publicación en el BOE, sin perjuicio de lo siguiente:

  • Los apartados Uno, primer y segundo párrafo; Dos; Tres, párrafos primero y segundo; Cuatro; Cinco, párrafos primero a cuarto y, Seis, de la disposición adicional décima tercera de la Ley 17/2012: surtirán efectos a partir del 1 de enero de 2013.

  • El apartado Siete de la disposición adicional décima tercera de la Ley 17/2012: surtirá efectos a partir del 1 de abril de 2013.

  El apartado 7 de la disposición adicional décima tercera de la Ley 17/2012 indica que:

  "Sin perjuicio de lo dispuesto en el apartado Uno de esta disposición, las bonificaciones previstas en él para familiares nacionales de terceros países beneficiarios del derecho de residencia o del derecho de residencia permanente y los ciudadanos nacionales de terceros países residentes de larga duración, que acrediten su condición de residente en las Comunidades Autónomas de Canarias e Illes Balears y en las Ciudades de Ceuta y Melilla, surten efectos a partir del 1 de abril de 2013".

La LRJSP no contempla, a diferencia de la LPACAP, entradas en vigor específicas en relación con las previsiones establecidas en la LRJSP en relación con la implantación de la administración electrónica.

14. d) Seguirán suspendidos hasta que se verifiquen las condiciones que permitan atender las prestaciones que la Ley reconoce sin menoscabo de la financiación de otras actuaciones públicas prioritarias.

Ver respuesta en: Disposición final duodécima de la LRJSP.

La Disposición final duodécima de la LRJSP dispone que el reconocimiento de los derechos previstos en la Ley 50/2007, de 26 de diciembre, de modificación de la Ley 43/1998, de 15 de diciembre, de restitución o compensación a los partidos políticos de bienes y derechos incautados en aplicación de la normativa sobre responsabilidades políticas del periodo 1936-1939, así como la tramitación y resolución de los procedimientos iniciados al amparo de dicha Ley, seguirán suspendidos hasta que se verifiquen las condiciones que permitan atender las prestaciones que la Ley reconoce sin menoscabo de la financiación de otras actuaciones públicas prioritarias.

Las normas que ha venido regulando la devolución del patrimonio incautado a sindicatos y partidos políticos durante la guerra civil y posterior dictadura son las siguientes:

A) La restitución de bienes a los sindicatos quedó regulada en la *Ley 4/1986, de 8 de enero, de Cesión de Bienes del Patrimonio Sindical Acumulado.*

B) La restitución a favor de los partidos políticos ilegalizados por el franquismo, se produce con la aprobación de la *Ley 43/1998, de 15 de diciembre, de Restitución o Compensación a los Partidos Políticos de Bienes y Derechos incautados en aplicación de la normativa sobre responsabilidades políticas del período 1936/39.*

La Ley 43/1998 avanza en el proceso reparador a las víctimas de la dictadura franquista, reintegrando a los partidos políticos democráticos los bienes y derechos de que fueron desposeídos durante la guerra civil o a su finalización.

La Ley 43/1998 fue modificada por la Ley 50/2007, de 26 de diciembre, que añade que no procederá la restitución, ni la compensación, en el caso de los partidos políticos que hubieran sido declarados ilegales, disueltos o suspendidos judicialmente o en el caso de los partidos respecto de los cuales se hubiese iniciado el procedimiento para dicha declaración o se hubiesen anulado algunas de sus candidaturas.

El Pleno del Congreso de los Diputados, el 1 de junio de 2004, aprobó una Proposición no de Ley sobre el reconocimiento de las víctimas de la Guerra Civil y del franquismo que instaba al Gobierno a llevar a cabo un estudio sobre los daños y perjuicios ocasionados por la contienda y la represión posterior efectuada por la dictadura.

Igualmente, instaba a que se estudiasen los derechos que les hubiesen sido reconocidos hasta el momento por la legislación estatal y autonómica, así como las propuestas de reparación moral, social y económica que pudieran contribuir a mejorar la situación existente.

Entre otras cosas, la Proposición instaba expresamente a que en el proyecto de ley se estableciese una indemnización económica para los fallecidos de forma violenta en la época de la transición a la democracia, a percibir de una sola vez, cuando el hecho causante se hubiera producido entre el 1 de enero de 1968 y el 6 de octubre de 1977.

Como resultado del estudio, disponemos del "Informe General de la Comisión Interministerial para el estudio de la situación de las víctimas de la Guerra Civil y del Franquismo, de fecha 28 de julio de 2006", donde se puede ver con detalle el resultado de la aplicación de la Ley 43/1998.

15. d) En el plazo de 3 años a contar desde la entrada en vigor de la LRJSP. No obstante, la adaptación será automática, en lo que se refiere al plazo de vigencia del convenio, por aplicación directa de las reglas previstas en el art. 49.h).1.º para los convenios que no tuvieran determinado un plazo de vigencia o, existiendo, tuvieran establecida una prórroga tácita por tiempo indefinido en el momento de la entrada en vigor de la LRJSP. En estos casos el plazo de vigencia del convenio será de 4 años a contar desde la entrada en vigor de la LRJSP.

Ver respuesta en: Disposición adicional octava, apartado primero, de la LRJSP (en relación con el art. 49.h).1.º de la LRJSP).

La Disposición adicional octava, apartado primero, de la LRJSP dispone que: *Todos los convenios vigentes suscritos por cualquier Administración Pública o cualquiera de sus organismos o entidades vinculados o dependientes deberán adaptarse a lo previsto en la LRJSP en el plazo de: 3 años a contar desde la entrada en vigor de la LRJSP.*

No obstante, esta adaptación será automática, en lo que se refiere al plazo de vigencia del convenio, por aplicación directa de las reglas previstas en el art. 49.h).1.º de la LRJSP para los convenios que no tuvieran determinado un plazo de vigencia o, existiendo, tuvieran establecida una prórroga tácita por tiempo indefinido en el momento de la entrada en vigor de la LRJSP. En estos casos el plazo de vigencia del convenio será de 4 años a contar desde la entrada en vigor de la LRJSP.

El art. 49 de la LRJSP establece el contenido mínimo de los convenios, y en relación al plazo de vigencia del convenio, el apartado h) establece las siguientes reglas:

"1.º Los convenios deberán tener una duración determinada, que no podrá ser superior a 4 años, salvo que normativamente se prevea un plazo superior.

2.º En cualquier momento antes de la finalización del plazo previsto en el apartado anterior, los firmantes del convenio podrán acordar unánimemente su prórroga por un periodo de hasta 4 años adicionales o su extinción."

16. a) Tres meses a contar desde la entrada en vigor de la LRJSP.

Ver respuesta en: Disposición adicional octava, apartado segundo, de la LRJSP.

La Disposición adicional octava de la LRJSP dispone, en el apartado segundo, que todos los organismos y entidades, vinculados o dependientes de cualquier Administración Pública y cualquiera que sea su naturaleza jurídica, existentes en el momento de la entrada en vigor de la LRJSP deberán estar inscritos en el Inventario de Entidades del Sector Público Estatal, Autonómico y Local (**INVENTE**) en el plazo de 3 meses a contar desde la entrada en vigor de la LRJSP.

La LRJSP ha previsto el desarrollo reglamentario del procedimiento de inscripción del Inventario de Entidades del Sector Público al que se refiere la Disposición adicional octava, 2, de la LRJSP, en el art. 83.1 de la LRJSP, al indicar que:

"Artículo 83. Inscripción en el Inventario de Entidades del Sector Público Estatal, Autonómico y Local.

1. *El titular del máximo órgano de dirección de la entidad notificará, a través de la intervención general de la Administración correspondiente, la información necesaria para la inscripción definitiva en el Inventario de Entidades del Sector Público Estatal, Autonómico y Local, en los términos previstos reglamentariamente, de los actos relativos a su creación, transformación, fusión o extinción, en el plazo de treinta días hábiles a contar desde que ocurra el acto inscribible. En la citada notificación se acompañará la documentación justificativa que determina tal circunstancia. ..."*

> En este marco, se aprobó el Real Decreto 749/2019, de 27 de diciembre, por el que se aprueba el Reglamento de funcionamiento del Inventario de Entidades del Sector Público Estatal, Autonómico y Local, de acuerdo con las líneas enunciadas en los artículos 82 y 83 de la Ley 40/2015, de 1 de octubre, que lo configuran como un instrumento omnicomprensivo del conjunto de entidades que integran el sector público, reuniendo la información más relevante relativa a cada una de ellas, como es la información actualizada sobre su naturaleza jurídica, finalidad, fuentes de financiación, estructura de dominio, en su caso, la condición de medio propio, regímenes de contabilidad, presupuestario y de control así como la clasificación en términos de contabilidad nacional.

17. a) 5 días desde que ocurra el hecho inscribible.

Ver respuesta en: Disposición adicional séptima, párrafo segundo, de la LRJSP.

La Disposición adicional séptima de la LRJSP se refiere al Registro Electrónico estatal de Órganos e Instrumentos de Cooperación.

La LRJSP crea un Registro Electrónico estatal de Órganos e Instrumentos de Cooperación (REOICO), con efecto constitutivo, de forma que pueda ser de general conocimiento, de forma fiable, la información relativa a los órganos de cooperación y coordinación en los que participa la Administración General del Estado y sus organismos públicos y entidades vinculados o dependientes, y donde se inscribirán, también, los convenios en vigor en cada momento.

La Disposición adicional séptima, párrafo primero, de la LRJSP dispone que la Administración General del Estado mantendrá actualizado un registro electrónico de los órganos de cooperación en los que participa ella o alguno de sus organismos públicos o entidades vinculados o dependientes y de convenios celebrados con el resto de AAPP.

La Disposición adicional séptima, párrafo segundo, de la LRJSP establece que la creación, modificación o extinción de los órganos de cooperación, así como la suscripción, extinción, prórroga o modificación de cualquier convenio celebrado por la Administración General del Estado o alguno de sus organismos públicos o entidades vinculados o dependientes deberá ser comunicada por el órgano de esta que lo haya suscrito al Registro Electrónico estatal de Órganos e Instrumentos de Cooperación:

– En el plazo de 5 días desde que ocurra el hecho inscribible.

De conformidad con la Disposición adicional séptima, párrafo tercero, de la LRJSP, los Departamentos Ministeriales que ejerzan la Secretaría de los órganos de cooperación deberán comunicar, al Registro Electrónico estatal de Órganos e Instrumentos de Cooperación, los órganos de cooperación que se hayan extinguido:

– Antes del 30 de enero de cada año.

Según la Disposición adicional séptima, párrafo cuarto, de la LRJSP, ‑se elevará, al Consejo de Ministros, un informe sobre la actividad de los órganos de cooperación existentes, así como sobre los convenios vigentes a partir de los datos y análisis proporcionados por el Registro Electrónico estatal de Órganos e Instrumentos de Cooperación:

– Anualmente.

De conformidad con la Disposición adicional séptima, párrafo quinto, de la LRJSP, para solicitar la inscripción de los órganos de cooperación y de los convenios vigentes en el Registro Electrónico estatal de Órganos e Instrumentos de Cooperación se dispone de un plazo de:

– 6 meses a contar desde la entrada en vigor de la LRJSP.

Por último, la Disposición adicional séptima, párrafo sexto, de la LRJSP, dispone que quedarán extinguidos los órganos de cooperación que no se hayan reunido en un plazo de:

– 5 años desde su creación o desde la entrada en vigor de la LRJSP.

18. a) Al día siguiente de la publicación de la LRJSP en el BOE.

Ver respuesta en: Disposición final séptima y Disposición final decimoctava, apartado 2, de la LRJSP.

La disposición final séptima de la LRJSP integra las modificaciones de Ley 38/2003, de 17 de noviembre, General de Subvenciones, en relación a los siguientes aspectos:

– Órganos competentes para la concesión de subvenciones (punto uno);

– Las subvenciones a conceder por las fundaciones del sector público (punto dos);

– La normativa de aplicación a las Convocatorias iniciadas y subvenciones concedidas con anterioridad a la entrada en vigor de la modificación de la Ley 38/2003, de

17 de noviembre, General de Subvenciones incluida en la disposición final séptima de la LRJSP.

La Disposición final decimoctava, 2, de la LRJSP, establece que entran en vigor al día siguiente de la publicación de la LRJSP en el BOE -entre otras- las modificaciones de la Ley 38/2003, de 17 de noviembre, General de Subvenciones.

19. c) Cuando la proximidad territorial o la concurrencia de funciones administrativas así lo requiera, para mejorar la coordinación de la prestación de servicios, prevenir duplicidades y mejorar la eficiencia y calidad de los servicios.

Ver respuesta en: Art. 154 de la LRSJP.

Las Comisiones Territoriales de Coordinación se encuentran reguladas en el art. 154 de la LRJSP, que establece en su apartado 1 que *"cuando la proximidad territorial o la concurrencia de funciones administrativas así lo requiera, podrán crearse Comisiones Territoriales de Coordinación, de composición multilateral, entre Administraciones cuyos territorios sean coincidentes o limítrofes, para mejorar la coordinación de la prestación de servicios, prevenir duplicidades y mejorar la eficiencia y calidad de los servicios".*

Según el art. 154.2 de la LRJSP, las decisiones de las Comisiones Territoriales de Coordinación revestirán la forma de acuerdos, que serán certificados en acta y serán de obligado cumplimiento para las Administraciones que lo suscriban y exigibles conforme a lo establecido en la Ley 29/1998, de 13 de julio, reguladora de la Jurisdicción Contencioso-administrativa.

20. d) Los arts. 149.1.18ª, 149.1.13ª y 149.1.14ª de la CE.

Ver respuesta en: Disposición final decimocuarta, 1, de la LRJSP.

El legislador declara, en el párrafo primero de la Disposición final decimocuarta de la LRJSP, que los títulos competenciales en los que se basa la aprobación de la LRJSP son: el art.149.1.18 CE (bases régimen jurídico de las Administraciones Públicas), el art. 149.1.13.ª de la CE (bases y coordinación de la planificación general de la actividad económica) y el art. 149.1.14.ª de la CE (Hacienda Pública General y Deuda del Estado).

En coherencia con la idea de reducir el sector público y su coste, el legislador declara como títulos competenciales de la LRJSP, no solo el art.149.1.18 CE, que atribuye al Estado competencia exclusiva sobre las bases régimen jurídico de las Administraciones Públicas (y el procedimiento administrativo común), sino también los contenidos en el art. 149.1.13.ª de la CE, relativo a las bases y coordinación de la planificación general de la actividad económica, y el art. 149.1.14.ª de la CE, relativo a la Hacienda Pública general.

21. a) El órgano técnico de cooperación de la Administración General del Estado, de las Administraciones de las CCAA y de las Entidades Locales en materia de administración electrónica, dependiente de la Conferencia Sectorial de Administración Pública.

Ver respuesta en: Disposición adicional novena, 1, de la LRJSP.

La Disposición adicional novena de la LRJSP está dedicada a la Comisión Sectorial de administración electrónica.

Según la Disposición adicional novena, párrafo primero, de la LRJSP, la Comisión Sectorial de administración electrónica (CSAE), dependiente de la Conferencia Sectorial de Administración Pública, es el órgano técnico de cooperación de la Administración General del Estado, de las Administraciones de las Comunidades Autónomas y de las Entidades Locales en materia de administración electrónica.

La Comisión Sectorial de administración electrónica, depende de la Conferencia Sectorial de Administración Pública.

En cuanto a la composición, la Comisión Sectorial de la administración electrónica estará formada:

a) Por parte de la Administración General del Estado, por la Secretaria General de Administración Digital (SGAD).

b) Por los titulares de las Direcciones Generales de las Comunidades y Ciudades Autónomas con competencias en materia de Administración Electrónica de cada una.

c) Las entidades de la Administración Local quedan representadas por la Federación Española de Municipios y Provincias.

d) También participa –como invitada– la Crue Universidades Españolas (Conferencia de Rectores de las Universidades Españolas).

22. a) A los veinte días de la publicación de la LRJSP en el BOE.

Ver respuesta en: Disposición final decimoctava, párrafo primero, de la LRJSP (en relación con la Disposición final duodécima de la LRJSP).

La Disposición final duodécima de la LRJSP se refiere a la *"Restitución o compensación a los partidos políticos de bienes y derechos incautados en aplicación de la normativa sobre responsabilidades políticas"*.

Sin embargo, para saber en qué momento entra en vigor la Disposición final duodécima de la LRJSP debemos analizar la Disposición final decimoctava, párrafo primero, de la LRJSP que establece que, con carácter general, la LRJSP entrará en vigor al año de su publicación en el BOE, pero con las excepciones que se establecen en esa misma disposición.

Entre las excepciones, el párrafo primero de la Disposición final decimoctava de la LRJSP dispone que entrará en vigor a los 20 días de la publicación de la LRJSP en el BOE: La disposición final duodécima de la LRSJP, relativa a la restitución o compensación a los partidos políticos de bienes y derechos incautados en aplicación de la normativa sobre responsabilidades políticas.

23. a) El mismo que el establecido para las Conferencias Sectoriales, en los arts. 149 y 150 de la LRJSP.

Ver respuesta en: Art. 154.3 de la LRSJP.

El régimen de convocatorias y de la secretaría de las Comisiones Territoriales de Coordinación, según el art. 154.3 de la LRJSP, será el mismo que el establecido para las Conferencias Sectoriales, en los arts. 149 y 150 de la LRJSP, salvo la regla prevista sobre quién debe ejercer las funciones de secretario, que se designará según su reglamento interno de funcionamiento.

24. b) El deber de asistencia y auxilio, para atender las solicitudes formuladas por otras Administraciones para el mejor ejercicio de sus competencias, en especial cuando los efectos de su actividad administrativa se extiendan fuera de su ámbito territorial.

Ver respuesta en: Art. 142 e) de la LRSJP.

El Capítulo II del Título III de la LRJSP está dedicado al "Deber de Colaboración".

En concreto, el art. 141 de la LRJSP contempla el "Deber de colaboración entre las Administraciones Públicas" y en el art. 142 de la LRJSP las "Técnicas de colaboración".

El art. 142 de la LRJSP señala las siguientes técnicas de colaboración:

a) El suministro de información, datos, documentos o medios probatorios que se hallen a disposición del organismo público o la entidad al que se dirige la solicitud y que la Administración solicitante precise disponer para el ejercicio de sus competencias.

b) La colaboración a fin de proporcionar la inclusión en un sistema integrado de información de las respectivas áreas personalizadas o carpetas ciudadanas, o determinadas funcionalidades de las mismas, de forma que el interesado pueda acceder a sus contenidos, notificaciones o funcionalidades mediante procedimientos seguros que garanticen la integridad y confidencialidad de los datos de carácter personal, independientemente de cuál haya sido el punto de acceso.

c) El desarrollo de la Plataforma Digital de Colaboración entre las Administraciones Públicas como instrumento destinado a facilitar las relaciones y el soporte electrónico de los órganos integrantes del sistema de Conferencias Sectoriales y en general de los órganos de cooperación, así como de otras de plataformas comunes para el intercambio de datos en el ámbito de todas las administraciones públicas.

d) La creación y mantenimiento de sistemas integrados de información administrativa con el fin de disponer de datos actualizados, completos y permanentes referentes a los diferentes ámbitos de actividad administrativa en todo el territorio nacional.

e) El deber de asistencia y auxilio, para atender las solicitudes formuladas por otras Administraciones para el mejor ejercicio de sus competencias, en especial cuando los efectos de su actividad administrativa se extiendan fuera de su ámbito territorial.

f) Cualquier otra prevista en una Ley.

Frente a estas técnicas, el Capítulo III del Título III de la LRSJP está dedicado a las "Relaciones de cooperación" (arts. 143 a 154 de la LRJSP), y en concreto, el art. 144.1 de la LRJSP regula las "Técnicas de Cooperación".

El Capítulo III del Título III de la LRSJP se divide en dos Secciones:

– La Sección 1ª dedicada a las "Técnicas de cooperación", donde se encuentran disposiciones de carácter general sobre la figura.

– La Sección 2ª dedicada, en concreto, a las "Técnicas orgánicas de cooperación".

25. b) El art. 145 de la LRJSP.

Ver respuesta en: Art. 145.1 de la LRSJP.

Tal y como indica el art. 145.1 de la LRSJP, los órganos de cooperación son *"órganos de composición multilateral o bilateral, de ámbito general o especial constituidos por representantes de la Administración General del Estado, de las Administraciones de las Comunidades o Ciudades de Ceuta y Melilla o, en su caso, de las Entidades Locales, para acordar voluntariamente actuaciones que mejoren el ejercicio de las competencias que cada Administración Pública tiene".*

26. b) 6 meses a contar desde su entrada en vigor de la LRJSP.

Ver respuesta en: Disposición adicional sexta de la LRJSP.

La Disposición adicional sexta de la LRJSP se refiere a la "Transformación de los medios propios estatales existente" a la entrada en vigor de la LRJSP.

A este respecto, todas las entidades y organismos públicos que en el momento de la entrada en vigor de la LRJSP tuvieran la condición de medio propio en el ámbito estatal deberán adaptarse a lo previsto en la LRJSP en el plazo de:

– 6 meses a contar desde la entrada en vigor de la LRJSP.

La interpretación conjunta y sistemática de la Disposición adicional sexta de la LRJSP, en relación con el art. 86 de la LRJSP, relativo a las "entidades integrantes del sector público institucional que podrán ser consideradas medios propios y servicios técnicos", conlleva -para los medios propios existentes en el ámbito estatal- la adaptación de los mismos en aquellos aspectos que, por ser introducidos por la LRJSP, no fueron acreditados en su momento, y que suponen:

27. c) No estarán obligados a efectuar la aportación al fondo patrimonial o la financiación a la que se hayan comprometido para el ejercicio corriente si alguno de los demás miembros del consorcio no hubiera realizado la totalidad de sus aportaciones dinerarias correspondientes a ejercicios anteriores a las que estén obligados.

Ver respuesta en: Disposición adicional décima de la LRJSP.

El art. 118 de la LRJSP define los consorcios como entidades de derecho público, con personalidad jurídica propia y diferenciada, creadas por varias AAPP o entidades integrantes del sector público institucional, entre sí o con participación de entidades privadas, para el desarrollo de actividades de interés común a todas ellas dentro del ámbito de sus competencias.

El consorcio se configura como una entidad interadministrativa, nacida de la asociación de varios entes administrativos para la consecución de fines colectivos o de común interés, en especial la realización de obras o en la prestación de determinados servicios, gozando para su cometido de personalidad jurídica.

Según la propia LRJSP, los consorcios "integran el sector público institucional estatal" (art. 84). Además de la referencia del art. 84 de LRJSP, la LRJSP regula los consorcios en los arts. 118 a 127, a lo que cabría añadir la Disposición adicional décima de la LRJSP, relativa a las aportaciones de los consorcios. Esta regulación tiene carácter básico, con la única excepción de lo previsto en el art. 123.2 de la LRJSP.

El art. 119 de la LRJSP establece que los consorcios se regirán por lo establecido en la LRJSP, por la normativa autonómica de desarrollo y por sus propios estatutos.

Por tanto, a la regulación de carácter estatal establecida por la LRJSP, hay que añadir la aprobada por las respectivas CCAA, ya que están habilitadas (por el art. 148.1.2ª de la CE) para asumir entre sus competencias la regulación de las EELL.

La LRJSP establece tres garantías respecto de las aportaciones financieras a los consorcios, que son las siguientes:

1º La Disposición adicional décima de la LRJSP indica que:

   "Cuando las Administraciones Públicas o cualquiera de sus organismos públicos o entidades vinculados o dependientes sean miembros de un consorcio, no estarán obligados a efectuar la aportación al fondo patrimonial o la financiación a la que se hayan comprometido para el ejercicio corriente si alguno de los demás miembros del consorcio no hubiera realizado la totalidad de sus aportaciones dinerarias correspondientes a ejercicios anteriores a las que estén obligados".

2º El art. 124 de la LRJSP permite que los Estatutos regulen la suspensión de derechos de voto o participación en la formación de acuerdos de aquellos entes consorciados que no cumplan con sus obligaciones, especialmente las de financiación de las actividades del consorcio.

3º El art. 125 de la LRJSP protege al miembro cumplidor del no cumplidor otorgando al primero el derecho a separarse del consorcio.

28. c) La legislación específica, por las disposiciones de la Ley 47/2003, de 26 de noviembre, que les sean de aplicación y, supletoriamente, por lo establecido en la LRJSP.

Ver respuesta en: Disposición adicional duodécima de la LRJSP.

La Disposición adicional duodécima de la LRJSP establece el "Régimen Jurídico de las Autoridades Portuarias y Puertos del Estado" disponiendo que:

"Las Autoridades Portuarias y Puertos del Estado se regirán por su legislación específica, por las disposiciones de la Ley 47/2003, de 26 de noviembre, que les sean de aplicación y, supletoriamente, por lo establecido en esta Ley".

El Real Decreto Legislativo 2/2011, de 5 de septiembre, por el que se aprueba el texto refundido de la ley de puertos y de la marina mercante, distingue entre los puertos de titularidad autonómica (básicamente, los puertos pesqueros, deportivos y de refugio), que dependen del gobierno de la Comunidad Autónoma donde están ubicados, y los puertos de titularidad estatal, es decir, los puertos calificados como de interés general.

Por tanto, en el sistema portuario nacional, podemos diferencias dos tipos de puertos, atendiendo a su titularidad: los de dominio estatal y los de dominio regional.

Los puertos de titularidad estatal son organismos públicos dependientes del Ministerio con competencia en materia de fomento, aunque con autonomía de gestión. Están considerados de interés general, con una actividad comercial alta.

Por su parte, los puertos de titularidad regional son los muelles de menor actividad, dependientes de organismos públicos regionales y que suelen ser los puertos deportivos, pesqueros y de refugio.

29. b) La participación en órganos consultivos de otras AAPP.

Ver respuesta en: Art. 144.1.b) de la LRSJP.

El Capítulo II del Título III de la LRJSP está dedicado al "Deber de Colaboración".

El art. 141 de la LRJSP contempla el "Deber de colaboración entre las Administraciones Públicas" y en el art. 142 de la LRJSP las "Técnicas de colaboración".

El Capítulo III del Título III de la LRSJP está dedicado a las "Relaciones de cooperación" (arts. 143 a 154 de la LRJSP), con dos Secciones: la Sección 1ª dedicada a las "Técnicas de cooperación", donde se encuentran disposiciones de carácter general sobre la figura, y la Sección 2ª dedicada, en concreto, a las "Técnicas orgánicas de cooperación".

El art. 144 de la LRJSP señala las siguientes técnicas de cooperación:

a) La participación en órganos de cooperación, con el fin de deliberar y, en su caso, acordar medidas en materias sobre las que tengan competencias diferentes Administraciones Públicas.

b) La participación en órganos consultivos de otras Administraciones Públicas.

c) La participación de una Administración Pública en organismos públicos o entidades dependientes o vinculadas a otra Administración diferente.

d) La prestación de medios materiales, económicos o personales a otras Administraciones Públicas.

e) La cooperación interadministrativa para la aplicación coordinada de la normativa reguladora de una determinada materia.

f) La emisión de informes no preceptivos con el fin de que las diferentes Administraciones expresen su criterio sobre propuestas o actuaciones que incidan en sus competencias.

g) Las actuaciones de cooperación en materia patrimonial, incluidos los cambios de titularidad y la cesión de bienes, previstas en la legislación patrimonial.

h) Cualquier otra prevista en la Ley.

30. b) La deliberación de asuntos y la adopción de acuerdos de interés para el Estado y las CCAA.

Ver respuesta en: Art. 146.2 de la LRSJP.

El art. 146.1 de la LRSJP regula el régimen jurídico de la Conferencia de Presidentes, como un órgano de cooperación multilateral entre el Gobierno de la Nación y los respectivos Gobiernos de las CCAA y está formada por el Presidente del Gobierno, que la preside, y los Presidentes de las CCAA y de las Ciudades de Ceuta y Melilla.

Según el art. 146.2 de la LRSJP, la Conferencia de Presidentes tiene por objeto la deliberación de asuntos y la adopción de acuerdos de interés para el Estado y las CCAA, estando asistida para la preparación de sus reuniones por un Comité preparatorio del que forman parte un Ministro del Gobierno, que lo preside, y un Consejero de cada Comunidad Autónoma.

La creación de la Conferencia de Presidentes en España es una de las iniciativa más importante de los últimos años, a nivel político y a nivel institucional, para el desarrollo de la cooperación, ya que culmina el sistema de Conferencias Sectoriales e incorpora a las relaciones interadministrativas un instrumento ampliamente desarrollado y cuya eficacia ha quedado, sobradamente, probada en otros países de estructura política compuesta.

Dada la naturaleza y el nivel político de la Conferencia, su ámbito de actuación es abierto y tiene por finalidad debatir y adoptar acuerdos sobre asuntos de especial relevancia para el sistema autonómico.

31. d) El miembro del Gobierno que, en representación de la Administración General del Estado, resulte competente por razón de la materia, y que actuará como Presidente, y los correspondientes miembros de los Consejos de Gobierno, en representación de las CCAA y de las Ciudades de Ceuta y Melilla.

Ver respuesta en: Art. 147.1 de la LRSJP.

El art. 147.1 de la LRSJP define la Conferencia Sectorial.

La figura de la Conferencia Sectorial se encuentra regulada en los arts. 147 a 152 de la LRJSP. Los artículos citados delimitan su concepto y se ocupan de determinar sus funciones, la convocatoria de las mismas, las cuestiones relacionadas con su secretaría, las clases de decisiones que adopta, y -además- abordan la regulación de las Comisiones Sectoriales y de los Grupos de trabajo.

Tal y como indica el art. 147.1 de la LRJSP, la Conferencia Sectorial se define como el órgano de cooperación *(de conformidad con la definición de "órganos de cooperación" del art. 145.1 de la LRJSP)*, de composición multilateral y ámbito sectorial determinado, que reúne, como Presidente, al miembro del Gobierno que, en representación de la Administración General del Estado, resulte competente por razón de la materia, y a los correspondientes miembros de los Consejos de Gobierno, en representación de las CCAA y de las Ciudades de Ceuta y Melilla.

32. c) Las Conferencias Sectoriales.

Ver respuesta en: Art. 148.2 de la LRSJP.

Las funciones de las Conferencias Sectoriales quedan reguladas en el art. 148 de la LRJSP.

El art. 148.1 de la LRJSP establece que las Conferencias Sectoriales pueden ejercer las funciones de consulta, decisión o coordinación orientadas a alcanzar acuerdos sobre materias comunes.

En particular, y según el art. 148.2 de la LRJSP, *"las Conferencias Sectoriales ejercerán, entre otras, las siguientes funciones:*

a) Ser informadas sobre los anteproyectos de leyes y los proyectos de reglamentos del Gobierno de la Nación o de los Consejos de Gobierno de las Comunidades Autónomas cuando afecten de manera directa al ámbito competencial de las otras Administraciones Públicas o cuando así esté previsto en la normativa sectorial aplicable, bien a través de su pleno o bien a través de la comisión o el grupo de trabajo mandatado al efecto.

b) Establecer planes específicos de cooperación entre Comunidades Autónomas en la materia sectorial correspondiente, procurando la supresión de duplicidades, y la consecución de una mejor eficiencia de los servicios públicos.

c) Intercambiar información sobre las actuaciones programadas por las distintas Administraciones Públicas, en ejercicio de sus competencias, y que puedan afectar a las otras Administraciones.

d) Establecer mecanismos de intercambio de información, especialmente de contenido estadístico.

e) Acordar la organización interna de la Conferencia Sectorial y de su método de trabajo.

f) Fijar los criterios objetivos que sirvan de base para la distribución territorial de los créditos presupuestarios, así como su distribución al comienzo del ejercicio económico, de acuerdo con lo previsto en la Ley 47/2003, de 26 de noviembre. General Presupuestaria."

Según el art. 149.3 de la LRJSP, cuando la conferencia sectorial hubiera de reunirse con el objeto exclusivo de informar un proyecto normativo: la convocatoria, la constitución y adopción de acuerdos podrá efectuarse por medios electrónicos, telefónicos o audiovisuales, que garanticen la intercomunicación entre ellos y la unidad de acto, tales como la videoconferencia o el correo electrónico, entendiéndose los acuerdos adoptados en el lugar donde esté la presidencia, de acuerdo con el procedimiento que se establezca en el reglamento de funcionamiento interno de la conferencia sectorial. Asimismo, la elaboración y remisión de actas podrá realizarse a través de medios electrónicos.

33. b) La Comisión Sectorial de una Conferencia Sectorial.

Ver respuesta en: Art. 152.1 de la LRJSP.

El art. 152.1 de la LRJSP define la Comisión Sectorial de una Conferencia Sectorial como el órgano de trabajo y apoyo de carácter general de la Conferencia Sectorial.

La Comisión Sectorial está constituida por el Secretario de Estado u órgano superior de la Administración General del Estado designado al efecto por el Ministro correspondiente, que la presidirá, y un representante de cada Comunidad Autónoma, así como un representante de la Ciudad de Ceuta y de la Ciudad Melilla.

El art. 152.2 de la LRJSP establece las funciones de la Comisión sectorial, que son las siguientes:

a) La preparación de las reuniones de la Conferencia Sectorial, para lo que tratará los asuntos incluidos en el orden del día de la convocatoria.

b) El seguimiento de los acuerdos adoptados por la Conferencia Sectorial.

c) El seguimiento y evaluación de los Grupos de trabajo constituidos.

d) Cualquier otra que le encomiende *la Conferencia Sectorial.*

Por su parte, el art. 152.3 de la LRJSP contempla la posibilidad de que las Conferencias Sectoriales puedan crear Grupos de trabajo *"de carácter permanente o temporal, formados por Directores Generales, Subdirectores Generales o equivalentes de las diferentes Administraciones Públicas que formen parte de dicha Conferencia, para llevar a cabo las tareas técnicas que les asigne la Conferencia Sectorial o la Comisión Sectorial. A estos grupos de trabajo podrán ser invitados expertos de reconocido prestigio en la materia a tratar".*

34. c) Funciones de consulta y adopción de acuerdos que tengan por objeto la mejora de la coordinación entre las respectivas Administraciones en asuntos que afecten de forma singular a la Comunidad Autónoma, a la Ciudad de Ceuta o a la Ciudad de Melilla.

Ver respuesta en: Art. 153.2 de la LRJSP.

Según el art. 153.2 de la LRJSP, las Comisiones Bilaterales de Cooperación ejercen funciones de consulta y adopción de acuerdos que tengan por objeto la mejora de la coordinación entre las respectivas Administraciones en asuntos que afecten de forma singular a la Comunidad Autónoma, a la Ciudad de Ceuta o a la Ciudad de Melilla.

El art. 153.1 de la LRJSP regula y define las Comisiones bilaterales de cooperación como los *"órganos de cooperación de composición bilateral que reúnen, por un número igual de representantes, a miembros del Gobierno, en representación de la Administración General del Estado, y miembros del Consejo de Gobierno de la Comunidad Autónoma o representantes de la Ciudad de Ceuta o de la Ciudad de Melilla".*

En cuanto a la forma de adoptar decisiones, el art. 153.4 de la LRJSP indica que las decisiones adoptadas por las Comisiones Bilaterales de Cooperación revestirán la forma de Acuerdos y serán de obligado cumplimiento, cuando así se prevea expresamente, para las dos Administraciones que lo suscriban y en ese caso serán exigibles conforme a lo establecido en la Ley 29/1998, de 13 de julio, reguladora de la Jurisdicción Contencioso-administrativa. El acuerdo será certificado en acta.

Para el desarrollo de su actividad, las Comisiones Bilaterales de Cooperación podrán crear Grupos de trabajo y podrán convocarse y adoptar acuerdos por videoconferencia o por medios electrónicos, de conformidad con el art. 153.3 de la LRJSP.

Como cierre del artículo, se establece un régimen de supletoriedad, al indicar que lo previsto en el art. 153 de la LRJSP será de aplicación sin perjuicio de las peculiaridades que, de acuerdo con las finalidades básicas previstas, se establezcan en los Estatutos de Autonomía en materia de organización y funciones de las comisiones bilaterales (art. 153.5 de la LRJSP).

Con independencia de la mayor o menor amplitud del catálogo de funciones que se le hubiera encomendado, cualquier Comisión Bilateral tiene atribuida la tarea genérica de servir de cauce de actuación, de carácter preventivo, en el intento de evitar que surjan conflictos entre ambas administraciones y arbitrar propuestas de solución a las cuestiones que se plantean.

35. d) Al servicio del interés general y podrán acordar de manera voluntaria la forma de ejercer sus respectivas competencias que mejor sirva a este principio.

Ver respuesta en: Art. 143.1 de la LRSJP.

Las relaciones de cooperación entre las AAPP se encuentran reguladas en el Capítulo III del Título III de la LRSJP (arts. 143 a 154 de la LRJSP).

La LRJSP distingue al efecto dos Secciones:

– La Sección 1ª dedicada a las "Técnicas de cooperación", donde se encuentran disposiciones de carácter general sobre la figura;

– La Sección 2ª dedicada, en concreto, a las "Técnicas orgánicas de cooperación".

De conformidad con el art. 143.2 de la LRSJP, la formalización de relaciones de cooperación requerirá la aceptación "expresa" de las partes, formulada en acuerdos de órganos de cooperación o en convenios.

36. b) Por su legislación específica y por las bases establecidas en la ley Orgánica 5/2005, de 17 de noviembre, de la Defensa Nacional.

Ver respuesta en: Disposición adicional decimocuarta, apartado 1, de la LRSJP.

La Disposición adicional decimocuarta de la LRJSP se refiere a "la organización militar y las Delegaciones de Defensa", indicando -expresamente- lo siguiente:

La organización militar se rige por su legislación específica y por las bases establecidas en la ley Orgánica 5/2005, de 17 de noviembre, de la Defensa Nacional.

Las Delegaciones de Defensa permanecerán integradas en el Ministerio de Defensa y se regirán por su normativa específica (constituyen la organización periférica del Ministerio).

La Disposición adicional decimocuarta de la LRJSP no tiene carácter básico y se aplica exclusivamente a la Administración General del Estado y al sector público estatal, de conformidad con la Disposición final decimocuarta, apartado 2, letra d) de la LRJSP.

37. b) Cuando la información solicitada tenga carácter confidencial o reservado.

Ver respuesta en: Art. 141.2 de la LRSJP.

Al deber de colaboración de la letra c) del apartado 1 del art. 140 de la LRJSP, entendido como el deber de actuar con el resto de AAPP para el logro de fines comunes, está dedicado el Capítulo II del Título III de la LRSJP, que aborda las siguientes cuestiones:

– Deber de colaboración entre las AAPP (art. 141 de la LRSJP).

– Técnicas de colaboración (art. 142 de la LRSJP).

En todo caso, y de conformidad con el art. 141.2 de la LRSJP, la asistencia y colaboración requerida solo podrá negarse, a través de comunicación motivada a la Administración solicitante, cuando:

– El organismo público o la entidad del que se solicita no esté facultado para prestarla de acuerdo con lo previsto en su normativa "específica".

– El organismo público o la entidad del que se solicita no disponga de medios suficientes para ello o cuando, de hacerlo, causara un perjuicio "grave" a los intereses cuya tutela tiene encomendada o al cumplimiento de sus propias "funciones".

– Cuando la información solicitada tenga carácter "confidencial o reservado".

38. d) No le será de aplicación las disposiciones previstas en la LRJSP relativas a los órganos colegiados.

Ver respuesta en: Disposición adicional vigesimoprimera de la LRJSP.

La Disposición adicional vigesimoprimera de la LRJSP dispone que:

"Las disposiciones previstas en esta Ley relativas a los órganos colegiados no serán de aplicación a los órganos Colegiados del Gobierno de la Nación, los órganos colegiados de Gobierno de las Comunidades Autónomas y los órganos colegiados de gobierno de las Entidades Locales".

El Capítulo II del Título Preliminar de la LRJSP está dedicado a "los Órganos de las Administraciones Públicas" (art. 5 a 24 de la LRJSP) y en concreto, la Sección 3ª del Capítulo II del Título Preliminar (art. 15 a 22 de la LRJSP) está dedicado a los "Órganos colegiados de las distintas administraciones públicas", resultando novedosas las reglas de funcionamiento electrónico que se introducen para los órganos colegiados, aunque con una aplicación limitada, dadas las reservas establecidas respecto a los órganos de gobierno de las EELL.

La novedad más importante respecto al funcionamiento de los órganos administrativos está en la regulación del funcionamiento electrónico de los órganos colegiados, que aparece recogida en los arts. 15 a 18 de la LRJSP, con carácter general, y específicamente, en los arts. 19 a 22 de la LRJSP, para los órganos de la Administración General del Estado.

De acuerdo con el art. 17.1 de la LRJSP, *"todos los órganos colegiados se podrán constituir, convocar, celebrar sus sesiones, adoptar acuerdos y remitir actas tanto de forma presencial como a distancia, salvo que su reglamento interno recoja expresa y excepcionalmente lo contrario".*

Por tanto, la LRJSP recoge una habilitación genérica para el funcionamiento electrónico de los órganos colegiados, sin que sea necesaria previsión normativa o estatutaria expresa al respecto.

El art. 15.1 de la LRJSP introduce la necesidad de respetar las peculiaridades organizativas de las AAPP, aspecto que el caso de las EELL adquiere bastante relevancia.

Otra forma de excepcionar del funcionamiento electrónico, de conformidad con el art. 17.1 de la LRJSP, sería que una normativa interna y específica acuerde que la constitución, convocaría, celebración de sesiones, adopción de acuerdos o remisión de actas no pueda realizarse a distancia.

Dicho esto, el funcionamiento de los órganos y en particular, la generalización del funcionamiento electrónico de los órganos administrativos cuenta con una importante excepción, pues la Disposición adicional vigesimoprimera de la LRJSP, excepciona -expresamente- de la aplicación de estos preceptos a los órganos de gobierno de todas las AAPP, tanto del Estado, como de las CCAA y también la local.

Parece que el objetivo de Disposición adicional vigesimoprimera de la LRJSP sería preservar el mantenimiento de las sesiones públicas de los órganos colegiados, en garantía del principio de su funcionamiento democrático.

En el ámbito local esta excepción, afectaría al Pleno y a la Junta de Gobierno Local, conforme a la estructura organizativa recogida en el art. 20 de la LRBRL y a la atribución competencial establecida para los municipios de régimen común en los arts. 21 y siguientes del LRBRL, y para los municipios de gran población, en los arts. 121 y siguientes de la LRBRL.

En todo caso, y a pesar de la exclusión legal introducida por Disposición adicional vigesimoprimera de la LRJSP, parece que nada impediría la creación de un modelo de funcionamiento para los órganos colegiados de gobierno que combine aspectos presenciales, con trámites electrónicos, conjugando el mantenimiento de las sesiones públicas (en garantía del principio de funcionamiento democrático), con la incorporación de las nuevas tecnologías al funcionamiento de los citados órganos.

En este sentido, parece que resultarían compatibles con el funcionamiento electrónico los siguientes actos: convocatoria de la sesión, notificación de la convocatoria, remisión de las actas, e incluso el voto electrónico, en los supuestos expresamente previstos.

39. d) El apartado uno del art. octavo de la Ley 23/1982, de 16 de junio, reguladora del Patrimonio Nacional.

Ver respuesta en: Disposición final primera de la LRJSP.

La Disposición final primera de la LRJSP introduce la "Modificación de la Ley 23/1982, de 16 de junio, reguladora del Patrimonio Nacional". En concreto, se modifica el apartado uno del art. 8 de la Ley reguladora del Patrimonio Nacional, relativa a la composición del Consejo de Administración del Patrimonio Nacional.

La Disposición derogatoria única de la LRJSP, derogada cuantas disposiciones de igual o inferior rango se opongan, contradigan o resulten incompatibles con lo dispuesto en la LRJSP, y entre otras normas, deroga (que no modifica) el art 87 de la Ley 7/1985, de 2 de abril, Reguladora de las Bases del Régimen Local.

Respecto a la normativa local, la Disposición derogatoria única de la LRJSP -también-deroga el art. 110 del Texto Refundido de las disposiciones legales vigentes en materia de Régimen Local, aprobado por el Real Decreto Legislativo 781/1986, de 18 de abril.

Por otra parte, la Disposición derogatoria única de la LPACAP deroga, entre otras normas, los arts. 4 a 7 de la Ley 2/2011, de 4 de marzo, de Economía Sostenible y la Ley 11/2007, de 22 de junio, de acceso electrónico de los ciudadanos a los Servicios Públicos.

40. d) Un órgano de cooperación multilateral entre el Gobierno de la Nación y los respectivos Gobiernos de las CCAA.

Ver respuesta en: Art. 146.1 de la LRSJP.

El art. 146 de la LRSJP regula el régimen jurídico de la Conferencia de Presidentes.

La Conferencia de Presidentes es uno de los órganos de cooperación contemplados en la LRJSP (de conformidad con la definición de "órganos de cooperación" del art. 145.1 de la LRJSP), de carácter multilateral (ya que según el art. 145.1 de la LRJSP, *los órganos de cooperación pueden tener una composición multilateral o bilateral),* entre el Gobierno del Estado y los respectivos Gobiernos autonómicos.

La Conferencia de Presidentes se define, en el art. 146.1 de la LRSJP, como un ór-gano de cooperación multilateral entre el Gobierno de la Nación y los respectivos Gobiernos de las CCAA y está formada por el Presidente del Gobierno, que la preside, y los Presidentes de las CCAA y de las Ciudades de Ceuta y Melilla.

Según el art. 146.2 de la LRSJP, la Conferencia de Presidentes tiene por objeto la deliberación de asuntos y la adopción de acuerdos de interés para el Estado y las CCAA, estando asistida para la preparación de sus reuniones por un Comité preparatorio del que forman parte un Ministro del Gobierno, que lo preside, y un Consejero de cada Comunidad Autónoma.

La Conferencia de Presidentes, como órgano de cooperación entre distintas AAPP en la que interviene la Administración General del Estado, deberá inscribirse en el Registro estatal de Órganos e Instrumentos de Cooperación para que resulte válida su sesión constitutiva.

Por otra parte y como apunta el art. 145.4 de la LRJSP, los órganos de cooperación, salvo oposición por alguna de las partes, podrán adoptar acuerdos a través de un pro-cedimiento simplificado y por suscripción sucesiva de las partes, por cualquiera de las formas admitidas en Derecho, en los términos que se establezcan de común acuerdo.

En definitiva, la Conferencia de Presidentes es el órgano de máximo nivel político de cooperación entre el Estado y las CCAA y ocupa la cúspide del conjunto de órganos de cooperación multilateral. Está formada por el Presidente del Gobierno, que la preside, y por los Presidentes de las diecisiete CCAA y de las Ciudades de Ceuta y Melilla.

La Conferencia de Presidentes se constituyó el 28 de octubre de 2004, día en que se celebró la primera reunión.

41. c) Acuerdo o Recomendación.

Ver respuesta en: Art. 151.2 de la LRSJP.

La toma de decisiones de las Conferencias Sectoriales se debe regir por lo dispuesto en el art. 151 de la LRJSP, que señala que la adopción de decisiones de una Conferencia Sectorial requerirá la previa votación de sus miembros y podrán revestir forma de:

- Acuerdo: cuando la decisión tomada supone un compromiso de actuación en el ejercicio de las respectivas competencias, o

- Recomendación: cuando la finalidad sea expresar la opinión de la Conferencia Sectorial sobre un asunto que se somete a su consulta.

En cuando a la obligatoriedad de los acuerdos y recomendaciones, el art. 151.2 de la LRJSP indica lo siguiente:

Respecto a los acuerdos, se establece lo siguiente:

a) Con carácter general, los acuerdos son de obligado cumplimiento y directamente exigibles de acuerdo con lo previsto en la Ley 29/1998, de 13 de julio, reguladora de la Jurisdicción Contencioso-administrativa, salvo para quienes hayan votado en contra, mientras no decidan suscribirlos con posterioridad. Estos acuerdos serán certificados en acta.

b) En particular, será de obligado cumplimiento para todas las AAPP integrantes de la Conferencia Sectorial, con independencia del sentido de su voto, siendo exigibles conforme a lo establecido en la Ley 29/1998, de 13 de julio, el Acuerdo que se adopte en la Conferencia Sectorial, cuando la Administración General del Estado ejerza funciones de coordinación, de acuerdo con el orden constitucional de distribución de competencias del ámbito material respectivo (dichos acuerdos incluirán los votos particulares que se hayan formulado). Estos acuerdos serán certificados en acta.

c) Asimismo, tendrán la naturaleza de Acuerdo de la conferencia sectorial y se publicarán en el BOE, los planes conjuntos, de carácter multilateral, entre la Administración General del Estado y la de las CCAA, que se adopten en las Conferencias Sectoriales para comprometer actuaciones conjuntas para la consecución de los objetivos comunes. El acuerdo aprobatorio de los planes conjuntos deberán especificar, según su naturaleza, los siguientes elementos, de acuerdo con lo previsto en la legislación presupuestaria:

1.º Los objetivos de interés común a cumplir.

2.º Las actuaciones a desarrollar por cada Administración.

3.º Las aportaciones de medios personales y materiales de cada Administración.

4.º Los compromisos de aportación de recursos financieros.

5.º La duración, así como los mecanismos de seguimiento, evaluación y modificación.

Respecto a las recomendaciones indicar que:

Los miembros de la Conferencia Sectorial se comprometen a orientar su actuación en la materia concreta objeto de la recomendación, de conformidad con lo previsto en la citada recomendación, salvo quienes hayan votado en contra, mientras no decidan suscribirla con posterioridad.

Si algún miembro se aparta de la Recomendación, deberá motivarlo e incorporar dicha justificación en el correspondiente expediente.

42. c) El seguimiento y evaluación de los Grupos de trabajo constituidos por la Conferencia Sectorial.

Ver respuesta en: Art. 152.2 de la LRJSP.

La Comisión Sectorial de una Conferencia Sectorial es el órgano de trabajo y apoyo de carácter general de la Conferencia Sectorial.

El art. 152.2 de la LRJSP establece las funciones de la Comisión sectorial, que son las siguientes:

a) La preparación de las reuniones de la Conferencia Sectorial, para lo que tratará los asuntos incluidos en el orden del día de la convocatoria.

b) El seguimiento de los acuerdos adoptados por la Conferencia Sectorial.

c) El seguimiento y evaluación de los Grupos de trabajo constituidos.

d) Cualquier otra que le encomiende la Conferencia Sectorial.

43. a) Por sus miembros.

Ver respuesta en: Art. 147.3 de la LRJSP.

Respecto a la obligación de aprobar reglamento de funcionamiento y organización de una Conferencia Sectorial, el art. 147.3 de la LRJSP señala que cada Conferencia Sectorial dispondrá de un reglamento de organización y funcionamiento interno aprobado por sus miembros.

En cuanto al deber de inscripción al que se encuentran sometidas, el art. 147.2 de la LRJSP dispone que las Conferencias Sectoriales (u órganos sometidos a su régimen jurídico con otra denominación) deben ser inscritas en el "Registro Electrónico estatal de Órganos e Instrumentos de Cooperación" para su válida constitución.

La LRJSP crea un Registro Electrónico estatal de Órganos e Instrumentos de Cooperación, con efecto constitutivo, de forma que pueda ser de general conocimiento, de forma fiable, la información relativa a los órganos de cooperación y coordinación en los que participa la Administración General del Estado y sus organismos públicos y entidades vinculados o dependientes, y donde se inscribirán, también, los convenios en vigor en cada momento.

El "Registro electrónico estatal de órganos e instrumentos de cooperación" ha quedado regulado en la Disposición Adicional séptima de la LRJSP.

44. b) Acuerdos y serán de obligado cumplimiento, cuando así se prevea expresamente, para las dos Administraciones que lo suscriban y en ese caso serán exigibles conforme a lo establecido en la Ley 29/1998, de 13 de julio, reguladora de la Jurisdicción Contencioso-administrativa.

Ver respuesta en: Art. 153.4 de la LRJSP.

El art. 153.4 de la LRJSP indica que las decisiones adoptadas por las Comisiones Bilaterales de Cooperación revestirán la forma de Acuerdos y serán de obligado cumplimiento, cuando así se prevea expresamente, para las dos Administraciones que lo suscriban y en ese caso serán exigibles conforme a lo establecido en la Ley 29/1998, de 13 de julio, reguladora de la Jurisdicción Contencioso-administrativa. El acuerdo será certificado en acta.

45. c) En todo caso por su legislación específica.

Ver respuesta en: Disposición adicional decimoséptima de la LRJSP.

El régimen jurídico de la Agencia Estatal de Administración Tributaria se encuentra establecido en la Disposición adicional decimoséptima de la LRJSP.

La Disposición adicional decimoséptima de la LRJSP dispone que la Agencia Estatal de Administración Tributaria se rija por su legislación específica y únicamente de forma supletoria y en tanto resulte compatible con su legislación específica por lo previsto en la LRJSP.

Sin embargo, respecto al acceso, la cesión o la comunicación de información de naturaleza tributaria, la Disposición adicional decimoséptima de la LRJSP indica que se regirán en todo caso por su legislación específica.

El apartado tercero de la Disposición adicional décima del Real Decreto 203/2021, de 30 de marzo, por el que se aprueba el Reglamento de actuación y funcionamiento del sector público por medios electrónicos (que establece las "Especialidades por razón de materia") indica lo siguiente:

"3. De acuerdo con lo previsto en la Disposición adicional decimoséptima de la Ley 40/2015, de 1 de octubre, la Agencia Estatal de Administración Tributaria se regirá por su legislación específica y únicamente de forma supletoria y en tanto resulte compatible con su legislación específica por lo previsto en dicha Ley. El acceso, la cesión o la comunicación de información de naturaleza tributaria se regirán en todo caso por su legislación específica. "

46. b) Un año a partir de la entrada en vigor de la LRJSP.

Ver respuesta en: Disposición final decimoséptima, 1, de la LRJSP (en relación con la Disposición final decimoctava de la LRJSP).

De conformidad con la disposición final decimoséptima de la LRJSP, las normas estatales y autonómicas deberán adecuarse a la LRJSP en el plazo de un año a partir de la entrada en vigor de la LRJSP, es decir, deben adecuarse antes del 2 de octubre de 2017.

De conformidad con la Disposición final decimoctava de la LRJSP, la vigencia de la LRJSP se aplaza al año de su publicación en el BOE. Sin embargo, la combinación de la Disposición final decimoctava de la LRJSP y la Disposición final decimoséptima de la LRJSP provocará un aplazamiento de facto a dos años.

En este sentido, debemos indicar que la Disposición final decimoctava de la LRJSP afirma que "*La presente Ley entrará en vigor al año de su publicación…*" y la Disposición final decimoséptima, 1, de la LRSJP precisa que "*1. En el plazo de un año a partir de la entrada en vigor de la Ley, se deberán adecuar a la misma las normas estatales o autonómicas que sean incompatibles con lo previsto en esta Ley*".

47. d) La política de seguridad en la utilización de medios electrónicos en el ámbito de la LRJSP, y está constituido por los principios básicos y requisitos mínimos que garanticen adecuadamente la seguridad de la información tratada.

Ver respuesta en: Art. 156.2 de la LRJSP.

La LRJSP recoge el Esquema Nacional de Seguridad en el art. 156. 2 de la LRJSP.

El art. 156.2 de la LRJSP define el Esquema Nacional de Seguridad ; disponiendo que:

"*El Esquema Nacional de Seguridad tiene por objeto establecer la política de seguridad en la utilización de medios electrónicos en el ámbito de la presente Ley, y está constituido por los principios básicos y requisitos mínimos que garanticen adecuadamente la seguridad de la información tratada*".

48. c) No tienen carácter básico.

Ver respuesta en: Disposición final decimocuarta, 2, de la LRJSP, en relación con la Disposición Adicional decimotercera de la LRJSP.

La Disposición Adicional decimotercera de la LRJSP se refiere al "Régimen jurídico de las Entidades gestoras y servicios comunes de la Seguridad Social".

La Disposición final decimocuarta de la LRJSP define el "Título competencial" de la LRJSP y el párrafo segundo de la citada disposición establece los aspectos de la LRJSP que no tiene carácter básico.

Con carácter previo, en el párrafo primero de la Disposición final decimocuarta de la LRJSP, el legislador declara que los títulos competenciales en los que se basa la aprobación de la LRJSP son: el art.149.1.18 CE (bases régimen jurídico de las Administraciones Públicas), el art. 149.1.13.ª de la CE (bases y coordinación de la planificación general de la actividad económica) y el art. 149.1.14.ª de la CE (Hacienda Pública General y Deuda del Estado).

Sin embargo, el párrafo segundo de la Disposición final decimocuarta de la LRJSP, se encarga de listar aquellos aspectos de la LRJSP que no tiene carácter básico y se aplica –exclusivamente- a la Administración General del Estado y al sector público estatal.

49. b) Autoridad administrativa independiente.

Ver respuesta en: Disposición Adicional vigésima de la LRJSP (en relación con el art. 84.1 de la LRJSP).

La Disposición Adicional vigésima de la LRJSP se refiere al régimen jurídico del "Fondo de Reestructuración Ordenada Bancaria (FROB)", estableciendo que tendrá la consideración de autoridad administrativa independiente de conformidad con lo previsto en la LRJSP.

El Capítulo II del Título II relativo a la "Organización y funcionamiento del sector público institucional Estatal" (arts. 84 a 87 de la LRJSP) establece la composición y clasificación del sector público estatal.

Concretamente, el art. 84.1 de la LRJSP relaciona las entidades que integran el sector público institucional estatal, y son las siguientes:

a) Los organismos públicos vinculados o dependientes de la Administración General del Estado, los cuales se clasifican en:

1.º Organismos autónomos. 2.º Entidades Públicas Empresariales.

b) Las autoridades administrativas independientes. c) Las sociedades mercantiles estatales. d) Los consorcios. e) Las fundaciones del sector público. f) Los fondos sin personalidad jurídica. g) Las universidades públicas no transferidas.

El Capítulo IV del Título II se refiere a "las Autoridades administrativas independientes de ámbito estatal" (arts. 109 a 110 de la LRJSP).

El art. 109 de la LRJSP indica que:

"1. Son autoridades administrativas independientes de ámbito estatal las entidades de derecho público que, vinculadas a la Administración General del Estado y con personalidad jurídica propia, tienen atribuidas funciones de regulación o supervisión de

carácter externo sobre sectores económicos o actividades determinadas, por requerir su desempeño de independencia funcional o una especial autonomía respecto de la Administración General del Estado, lo que deberá determinarse en una norma con rango de Ley.

2. *Las autoridades administrativas independientes actuarán, en el desarrollo de su actividad y para el cumplimiento de sus fines, con independencia de cualquier interés empresarial o comercial.*

3. *Con independencia de cuál sea su denominación, cuando una entidad tenga la naturaleza jurídica de autoridad administrativa independiente deberá figurar en su denominación la indicación «autoridad administrativa independiente» o su abreviatura «A.A.I.».*

50. a) La Ley 38/2003, de 17 de noviembre, General de Subvenciones y entra en vigor a los veinte días de la publicación de la LRJSP en el BOE.

Ver respuesta en: Disposición final séptima, punto cuarto, de la LRJSP y Disposición final decimoctava, 1, de la LRJSP.

La disposición final séptima de la LRJSP modifica la Ley 38/2003, de 17 de noviembre, General de Subvenciones, y -entre otros aspectos- introduce en el punto cuarto una modificación relativa al "Servicio Nacional de Coordinación Antifraude para la protección de los intereses financieros de la Unión Europea".

La disposición final séptima de la LRJSP modifica de la Ley 38/2003, de 17 de noviembre, General de Subvenciones, introduciendo cuatro modificaciones relativas a los siguientes aspectos:

- Órganos competentes para la concesión de subvenciones (punto uno);

- Subvenciones a conceder por las fundaciones del sector público (punto dos);

- Normativa de aplicación a las Convocatorias iniciadas y subvenciones concedidas con anterioridad a la entrada en vigor de la modificación de la Ley 38/2003, de 17 de noviembre, General de Subvenciones, incluida en la disposición final séptima de la LRJSP. (punto tres).

- Servicio Nacional de Coordinación Antifraude para la protección de los intereses financieros de la Unión Europea. (punto cuarto).

Los puntos uno a tres de la disposición final séptima de la LRJSP entran en vigor el día siguiente de la publicación de la LRJSP en el BOE (de conformidad con la Disposición final decimoctava, apartado 2, de la LRJSP).

El punto cuarto de la disposición final séptima de la LRJSP entra en vigor a los 20 días de la publicación de la LRJSP en el BOE (de conformidad con la Disposición final decimoctava, apartado 1, de la LRJSP).

51. d) Representantes de la Administración General del Estado y representantes de las Entidades Locales; Representantes de las CCAA y representantes de las Entidades locales o Representantes de la Administración General del Estado, representantes de las CCAA y representantes de las Entidades Locales, en función de las Administraciones afectadas por razón de la materia.

Ver respuesta en: Art. 154.1 de la LRSJP.

Respecto de la composición de la Comisión territorial, el art. 154.1 de la LRJSP, señala que, en función de las Administraciones afectadas por razón de la materia, las Comisiones podrán estar formadas por:

– Representantes de la Administración General del Estado y representantes de las Entidades Locales.

– Representantes de las CCAA y representantes de las Entidades locales.

– Representantes de la Administración General del Estado, representantes de las CCAA y representantes de las Entidades Locales.

En cuanto a las decisiones que adopten, el art. 154.2 de la LRJSP establece que las decisiones de las Comisiones Territoriales revestirán la forma de acuerdos, que serán certificados en acta y serán de obligado cumplimiento para las Administraciones que lo suscriban y exigibles conforme a lo establecido en la Ley 29/1998, de 13 de julio, reguladora de la Jurisdicción Contencioso-Administrativa.

52. d) Preparar las reuniones de la Conferencia Sectorial, para lo que tratará los asuntos incluidos en el orden del día de la convocatoria.

Ver respuesta en: Art. 152.2 de la LRJSP.

La Comisión Sectorial de una Conferencia Sectorial es el órgano de trabajo y apoyo de carácter general de la Conferencia Sectorial.

El art. 152.2 de la LRJSP establece las funciones de la Comisión sectorial, que son las siguientes:

a) La preparación de las reuniones de la Conferencia Sectorial, para lo que tratará los asuntos incluidos en el orden del día de la convocatoria.

b) El seguimiento de los acuerdos adoptados por la Conferencia Sectorial.

c) El seguimiento y evaluación de los Grupos de trabajo constituidos.

d) Cualquier otra que le encomiende la Conferencia Sectorial.

53. a) El director del Grupo de trabajo, que será un representante de la Administración General del Estado, con el voto favorable de la mayoría de sus miembros.

Ver respuesta en: Art. 152.3 in fine de la LRJSP.

El art. 152 de la LRJSP contempla la Comisión Sectorial y los Grupos de Trabajo de la Conferencia Sectorial.

245

La Comisión Sectorial de una Conferencia Sectorial es el órgano de trabajo y apoyo de carácter general de la Conferencia Sectorial.

Los Grupos de Trabajo de la Conferencia Sectorial llevan a cabo las tareas técnicas que les asigne la Conferencia Sectorial o la Comisión Sectorial.

De acuerdo con el art. 152.3 in fine de la LRJSP, el director del Grupo de trabajo de una Conferencia Sectorial, que será un representante de la Administración General del Estado, podrá solicitar con el voto favorable de la mayoría de sus miembros, la participación en el mismo de las organizaciones representativas de intereses afectados, con la finalidad de recabar propuestas o formular consultas.

54. a) El Presidente de la Conferencia Sectorial.

Ver respuesta en: Art. 150.1 de la LRJSP.

La Secretaría de la Conferencia Sectorial queda regulada en el art. 150 de la LRJSP.

Según el art. 150.1 de la LRJSP, cada Conferencia Sectorial tendrá un Secretario, que será designado por el Presidente de la Conferencia Sectorial (que según el art. 147.1 de la LRJSP, será el miembro del Gobierno que, en representación de la Administración General del Estado, resulte competente por razón de la materia).

La persona que ocupe la Secretaría de la Conferencia Sectorial tendrá, al menos, las funciones que se establecen en el art. 150.2 de la LRJSP, y que son las siguientes:

a) Preparar las reuniones y asistir a ellas con voz pero sin voto.

b) Efectuar la convocatoria de las sesiones de la Conferencia Sectorial por orden del Presidente.

c) Recibir los actos de comunicación de los miembros de la Conferencia Sectorial y, por tanto, las notificaciones, peticiones de datos, rectificaciones o cualquiera otra clase de escritos de los que deba tener conocimiento.

d) Redactar y autorizar las actas de las sesiones.

e) Expedir certificaciones de las consultas, recomendaciones y acuerdos aprobados y custodiar la documentación generada con motivo de la celebración de sus reuniones.

f) Cuantas otras funciones sean inherentes a su condición de secretario.

55. b) Por el Presidente del Gobierno, que la preside, y por los Presidentes de las CCAA y de las Ciudades de Ceuta y Melilla.

Ver respuesta en: Art. 146.1 de la LRSJP.

El art. 146.1 de la LRSJP regula el régimen jurídico de la Conferencia de Presidentes.

La Conferencia de Presidentes es el órgano de máximo nivel político de cooperación entre el Estado y las CCAA y ocupa la cúspide del conjunto de órganos de cooperación multilateral. Está formada por el Presidente del Gobierno, que la preside, y por los Presidentes de las diecisiete CCAA y de las Ciudades de Ceuta y Melilla.

La Conferencia de Presidentes se define en el art. 146.1 de la LRSJP como un órgano de cooperación multilateral entre el Gobierno de la Nación y los respectivos Gobiernos de las CCAA.

Según el art. 146.2 de la LRSJP, la Conferencia de Presidentes tiene por objeto la deliberación de asuntos y la adopción de acuerdos de interés para el Estado y las CCAA, estando asistida para la preparación de sus reuniones por un Comité preparatorio del que forman parte un Ministro del Gobierno, que lo preside, y un Consejero de cada Comunidad Autónoma.

56. c) Podrán ser repercutidos cuando así se acuerde.

Ver respuesta en: Art. 141.3 de la LRSJP.

Los arts. 141 y 142 de la LRJSP regulan el deber de colaboración entre las AAPP y las técnicas a través de las cuales se materializa este deber (Capítulo II del Título III de la LRJSP).

La Administración General del Estado, las de las CCAA y las de las EELL "deberán" (que no podrán) colaborar y auxiliarse para la ejecución de sus actos que hayan de realizarse o tengan efectos fuera de sus respectivos ámbitos territoriales. Sin embargo, el art. 141.3 de la LRJSP dispone que los posibles costes que pueda generar el deber de colaboración "podrán" ser repercutidos, cuando así se acuerde.

57. b) La Disposición final tercera de la LRJSP.

Ver respuesta en: Disposición final tercera de la LRJSP.

La Disposición final tercera de la LRJSP, modifica el Título V de la Ley 50/1997, de 27 de noviembre, del Gobierno (arts. 22 a 28 de la LG), regulando "la iniciativa legislativa y la potestad reglamentaria del Gobierno", reduciendo su ámbito de aplicación a la Administración General Estatal.

Con carácter general, la regulación sobre la iniciativa legislativa y potestad normativa de las AAPP es introducida en el Título VI de la LPACAP (arts. 127 a 133 de la LPACAP).

En todo caso, tal y como dispone el art. 22 de la LG, el Gobierno ejercerá la iniciativa y la potestad reglamentaria de conformidad con los principios y reglas establecidas en el Título VI de la LPACAP y en el Título V de la propia LG.

58. c) Será necesario justificar este hecho en la correspondiente Memoria del Análisis de Impacto Normativo.

Ver respuesta en: Disposición final tercera de la LRJSP, que modifica el art. 25.3 de la LG, en relación con el art. 132 de la LPACAP.

El art. 25 de la LG (modificado por la Disposición final tercera de la LRJSP) dispone que el Gobierno apruebe, anualmente, un Plan Normativo que contendrá las iniciativas legislativas o reglamentarias que vayan a ser elevadas para su aprobación en el año siguiente.

El Plan Anual Normativo identificará, con arreglo a los criterios que se establezcan reglamentariamente, las normas que habrán de someterse a un análisis sobre los resultados de su aplicación, atendiendo fundamentalmente al coste que suponga para la Administración o los destinatarios y las cargas administrativas impuestas a estos últimos.

El art. 25 de la LG reproduce lo indicado, con carácter general, y respecto de todas AAPP, en el art. 132 de la LPACAP, que señala que:

"Anualmente, las Administraciones Públicas harán público un Plan Normativo que contendrá las iniciativas legales o reglamentarias que vayan a ser elevadas para su aprobación en el año siguiente. Una vez aprobado, el Plan Anual Normativo se publicará en el Portal de la Transparencia de la Administración Pública correspondiente".

El art. 25 de la LG, con más detalle, reproduce lo indicado en el art. 132 de la LPACAP, añadiendo la forma de plantear una propuesta normativa que no figure en el Plan Anual Normativo, para lo que solo será necesario justificar la necesidad de introducir esta norma en la correspondiente Memoria del Análisis de Impacto Normativo.

De ello se deduce que, el incumplimiento de la planificación normativa carece de sanción alguna, e incluso el apartado 3 del art. 25 de la LG establece la forma de plantear una propuesta normativa que no figure en el Plan Anual Normativo.

59. a) Estará coordinado por el Ministerio de la Presidencia, que elevará el Plan al Consejo de Ministros para su aprobación antes del 30 de abril.

Ver respuesta en: Disposición final tercera de la LRJSP, que modifica el art. 25.4 de la LG.

El art. 25.4 de la LG, en la redacción dada por la Disposición final tercera de la LRJSP, dispone que el Plan Anual Normativo estará coordinado por el Ministerio de la Presidencia, con el doble objetivo de:

1. Asegurar la congruencia de todas las iniciativas que se tramiten.

2. Evitar sucesivas modificaciones del régimen legal aplicable a un determinado sector o área de actividad en un corto espacio de tiempo.

El Ministro de la Presidencia elevará el Plan al Consejo de Ministros para su aprobación antes del 30 de abril.

El art. 25 de la LG contempla la aprobación por el Gobierno de un plan normativo de carácter anual, que recogerá las iniciativas reglamentarias o legislativas que habrán de ser elevadas cada año al Consejo de Ministros para su aprobación.

El Plan debía ser aprobado por el Consejo de Ministros antes del 30 de abril del año anterior a su vigencia, a propuesta de la persona titular del Ministerio con competencia en materia de Presidencia y publicado en el Portal de la Transparencia, de acuerdo con el art. 132 de la LPACAP

60. a) El art. 26.3 de la LG.

Ver respuesta en: Disposición final tercera de la LRJSP, que modifica el art. 26.3 de la LG.

El art. 26.3 de la LG presta especial atención a la Memoria del Análisis de Impacto Normativo (MAIN), frente a la LPACAP que no menciona la citada Memoria.

La Memoria del Análisis de Impacto Normativo trata de refundir en un único documento las memorias, estudios e informes sobre la necesidad y oportunidad de las normas proyectadas, la memoria económica y el informe sobre el impacto por razón de género, que debían acompañar a los anteproyectos de ley y a los proyectos de reglamento.

La confección de una Memoria del Análisis de Impacto Normativo supone un trabajo laborioso, y en ella debería quedar acreditado el cumplimiento de los principios de buena regulación (del art.129 de la LPACAP) respecto de la norma proyectada.

61. c) El acierto y la legalidad del texto.

Ver respuesta en: Disposición final tercera de la LRJSP, que modifica el art. 26.5 de la LG.

El art. 26 de la LG, modificado por la Disposición final tercera de la LRJSP, regula el "Procedimiento de elaboración de normas con rango de Ley y reglamento" en el ámbito de la Administración General del Estado.

En relación a los trámites internos, el art. 26.5, párrafo primero de la LG, indica que el centro directivo competente recabará, además de los "informes y dictámenes que resulten preceptivos", cuantos "estudios y consultas se estimen convenientes para garantizar el acierto y la legalidad del texto".

62. b) El Ministerio de la Presidencia, analizará una serie de aspectos establecidos en el art. 26.9 de la LG.

Ver respuesta en: Disposición final tercera de la LRJSP, que modifica el art. 26.9 de la LG.

El art. 26.9 de la LG, en la redacción dada por la Disposición final tercera de la LRJSP, establece un control final de calidad y coordinación de la actividad normativa del Gobierno.

De conformidad con el art. 26.9 de la LG, con el objeto de asegurar la coordinación y la calidad de la actividad normativa del Gobierno, "el Ministerio de la Presidencia analizará los siguientes aspectos:

"a) La calidad técnica y el rango de la propuesta normativa.

b) La congruencia de la iniciativa con el resto del ordenamiento jurídico ,nacional y de la Unión Europea, con otras que se estén elaborando en los distintos Ministerios o que vayan a hacerlo de acuerdo con el Plan Anual Normativo, así como con las que se estén tramitando en las Cortes Generales.

c) La necesidad de incluir la derogación expresa de otras normas, así como de refundir en la nueva otras existentes en el mismo ámbito.

d) El contenido preceptivo de la Memoria del Análisis de Impacto Normativo (MAIN) y, en particular, la inclusión de una sistemática de evaluación posterior de la aplicación de la norma cuando fuere preceptivo.

e) El cumplimiento de los principios y reglas establecidos en el Título V de la LRJSP. "De la iniciativa legislativa y la potestad reglamentaria del Gobierno".

f) El cumplimiento o congruencia de la iniciativa con los proyectos de reducción de cargas administrativas o buena regulación que se hayan aprobado en disposiciones o acuerdos de carácter general para la Administración General del Estado.

g) La posible extralimitación de la iniciativa normativa respecto del contenido de la norma comunitaria que se trasponga al derecho interno."

En definitiva, el art. 26.9 de la LG habilita al Ministerio de la Presidencia a realizar un examen de la norma, relativo al cumplimiento de los requisitos enumerados en el citado apartado, que -fundamentalmente- suponen analizar la observancia de los principios de buena regulación y la elaboración correcta de la Memoria del Análisis de Impacto Normativo.

63. c) El trámite de audiencia e información pública.

Ver respuesta en: Disposición final tercera de la LRJSP, que modifica el art. 26.11 de la LG.

De conformidad con el art. 26.11 de la LG, no será de aplicación para la tramitación y aprobación de decretos-leyes:

a) Lo dispuesto en el art. 26 de la LG, relativo al procedimiento de elaboración de normas, a excepción de ciertos aspectos que le serán de aplicación y que son los siguientes:

– Los estudios y consultas que preceden la elaboración del decreto-ley y que garantizan el acierto y la legalidad de la norma (art. 26.1 de la LG).

– La elaboración de la Memoria del Análisis de Impacto Normativo, que -en todo caso- tendrá carácter abreviado (art. 26.3 de la LG).

– El sometimiento de la propuesta del texto a la Comisión General de Secretarios de Estado y Subsecretarios (art. 26.8 de la LG).

– El control final de ciertos aspectos, que asegurarán la coordinación y la calidad de la actividad normativa del Gobierno (art. 26.9 de la LG).

– La conservación de ciertos documentos en el expediente administrativo de elaboración del decreto-Ley (en formato electrónico). En concreto, se conservará la Memoria del Análisis de Impacto Normativo, los informes y dictámenes recabados para su tramitación, así como todos los estudios y consultas emitidas y demás actuaciones practicadas (art. 26.10 de la LG).

b) Lo dispuesto en el art. 27 de la LG, relativo a la tramitación urgente del procedimiento.

64. a) No será preciso el trámite de consulta pública.

Ver respuesta en: Disposición final tercera de la LRJSP, que modifica el art. 27.2 de la LG.

De conformidad con el art. 27 de la LG, la tramitación por vía de urgencia implicará que:

a) Los plazos previstos para la realización de los trámites del procedimiento de elaboración, establecidos en la LG o en otra norma, se reducirán a la mitad de su duración.

Si, en aplicación de la normativa reguladora del órgano consultivo que debe emitir dictamen, fuera necesario un acuerdo para requerirlo en dicho plazo, se adoptará por el órgano competente; y si fuera el Consejo de Ministros, se recogerá en el acuerdo de tramitación urgente del procedimiento de elaboración de la norma.

b) No será preciso el trámite de consulta pública previa prevista en el art. 26.2 de la LG, sin perjuicio de la realización de los trámites de audiencia pública o de información pública sobre el texto del art 26.6 de la LG, cuyo plazo de realización será de siete días.

c) La falta de emisión de un dictamen o informe preceptivo, en plazo, no impedirá la continuación del procedimiento, sin perjuicio de su eventual incorporación y consideración cuando se reciba.

65. d) El Título VI de la LG.

Ver respuesta en: Título VI de la Ley 50/1997, de 27 de noviembre (art. 29 de la LG), introducido por la Disposición final tercera de la LRJSP.

La Disposición final tercera de la LRJSP, añade el nuevo Título VI a la Ley 50/1997, de 27 de noviembre, que incluye solo el art. 29, relativo al "Control de los actos del Gobierno".

Tal y como se indica en la Exposición de Motivos de la LRJSP, este artículo se extrae del título dedicado al control del Gobierno, por considerar que se encuadraba en dicho título de forme impropia, y pasa de este modo a constituir un Título específico, el Título VI de la LG (formado exclusivamente por un artículo).

66. b) El Secretariado del Gobierno propondrá la aprobación de las citadas instrucciones al Ministro de la Presidencia.

Ver respuesta en: Punto seis de la Disposición final tercera de la LRJSP, que modifica el art. 9 de la Ley 50/1997, de 27 de noviembre, del Gobierno (LG).

La Disposición final tercera de la LRJSP modifica la Ley 50/1997, de 27 de noviembre, del Gobierno (LG). En concreto, el punto seis de la Disposición final tercera de la LRJSP, modifica el art. 9 de la LG relativo al Secretariado del Gobierno.

De acuerdo con la redacción del art. 9.1 de la LG, tras la modificación introducida por la Disposición final tercera de la LRJSP, *"el Secretariado del Gobierno, como órgano de apoyo del Consejo de Ministros, de las Comisiones Delegadas del Gobierno y de la Comisión General de Secretarios de Estado y Subsecretarios, ejercerá las siguientes funciones:*

"a) La asistencia al Ministro-Secretario del Consejo de Ministros.

b) La remisión de las convocatorias a los diferentes miembros de los órganos colegiados anteriormente enumerados.

c) La colaboración con las Secretarías Técnicas de las Comisiones Delegadas del Gobierno.

d) El archivo y custodia de las convocatorias, órdenes del día y actas de las reuniones.

e) Velar por el cumplimiento de los principios de buena regulación aplicables a las iniciativas normativas y contribuir a la mejora de la calidad técnica de las disposiciones aprobadas por el Gobierno.

f) Velar por la correcta y fiel publicación de las disposiciones y normas emanadas del Gobierno *que deban insertarse en el BOE"*.

67. c) La Ley 38/2003, de 17 de noviembre, General de Subvenciones.

Ver respuesta en: Disposición final sexta de la LRJSP.

El legislador aprovecha para introducir, en las disposiciones finales de la LRJSP, modificaciones normativas de ciertas leyes, que poco tienen que ver con el régimen jurídico del sector público, como ocurre con la modificación de la Ley de Patrimonio Nacional o con la modificación de la Ley de ordenación, supervisión y solvencia de las entidades aseguradoras y reaseguradoras.

La doctrina y los distintos Consejos Consultivos han venido criticando este tipo de actuaciones, como una inadecuada técnica legislativa.

De las 18 disposiciones finales de la LRJSP, 11 tienen por objeto modificar distintas leyes.

68. c) La Ley 28/2006, de 18 de julio, de Agencias estatales para la mejora de los servicios públicos.

Ver respuesta en: Disposición derogatoria única, apartado e) de la LRJSP.

La Disposición derogatoria única de la LRJSP deroga la Ley 6/1997, de 14 abril, de Organización y Funcionamiento de la Administración General del Estado (LOFAGE) y la Ley 28/2006, de 18 de julio, de Agencias estatales para la mejora de los servicios públicos, así como, algunos artículos de otras normas.

Por tanto, la Ley 28/2006, de 18 de julio, de Agencias Estatales para la mejora de los servicios públicos, quedaría derogada cuando todas las entidades y organismos públicos que integran el sector público estatal existentes en el momento de la entrada en vigor de la LRJSP se hubieran adaptado al contenido de la misma de conformidad con la Disposición adicional cuarta de la LRJSP.

La Ley 11/2020, de 30 de diciembre, de Presupuestos Generales del Estado para el año 2021 introduce una regulación completa de la figura de las Agencias Estatales (incorporando los artículos 108 bis a 108 sexies de la LRJSP, que incluye la definición, así como, el régimen jurídico, de personal, económico-financiero, contratación, presupuestario y de contabilidad de las agencias estatales; y con la modificación de la disposición adicional cuarta de la LRJSP).

Por otra parte, la Ley 22/2021, de 28 de diciembre, de Presupuestos Generales del Estado para el año 2022, crea dos Agencias Estatales: la Agencia de Administración Digital y la Agencia de Supervisión de Inteligencia Artificial.

Ambas agencias se regirán por lo dispuesto en la LRJSP y en sus respectivos estatutos orgánicos, así como, por lo dispuesto en su contrato de gestión y en su plan de actuación.

69. b) La cooperación interadministrativa para la aplicación coordinada de la normativa reguladora de una determinada materia.

Ver respuesta en: Art. 144.1.e) de la LRSJP.

El art. 144 de la LRJSP señala las siguientes técnicas de cooperación:

"a) La participación en órganos de cooperación, con el fin de deliberar y, en su caso, acordar medidas en materias sobre las que tengan competencias diferentes Administraciones Públicas.

b) La participación en órganos consultivos de otras Administraciones Públicas.

c) La participación de una Administración Pública en organismos públicos o entidades dependientes o vinculadas a otra Administración diferente.

d) La prestación de medios materiales, económicos o personales a otras Administraciones Públicas.

e) La cooperación interadministrativa para la aplicación coordinada de la normativa reguladora de una determinada materia.

f) La emisión de informes no preceptivos con el fin de que las diferentes Administraciones expresen su criterio sobre propuestas o actuaciones que incidan en sus competencias.

g) Las actuaciones de cooperación en materia patrimonial, incluidos los cambios de titularidad y la cesión de bienes, previstas en la legislación patrimonial.

h) Cualquier otra prevista en la Ley".

Frente a las técnicas de cooperación, el art. 142 de la LRJSP contempla las técnicas de colaboración, que son las siguientes:

70. b) Un órgano, de composición multilateral, entre Administraciones cuyos territorios sean coincidentes o limítrofes, para mejorar la coordinación de la prestación de servicios, prevenir duplicidades y mejorar la eficiencia y calidad de los servicios, creado cuando así lo requiera la proximidad territorial o la concurrencia de funciones administrativas.

Ver respuesta en: Art. 154.1 de la LRJSP.

El art. 154.1 de la LRJSP define las Comisiones territoriales de coordinación como los órganos multilaterales de cooperación entre Administraciones cuyos territorios sean coincidentes o limítrofes, cuya función será mejorar la coordinación de la prestación de servicios, prevenir duplicidades y mejorar la eficiencia y calidad de los servicios.

La Sección 2ª del Capítulo III del Título III de LRJSP regula los siguientes órganos de cooperación:

- Conferencia de Presidentes (art. 146 de la LRJSP)

- Conferencias Sectoriales (arts. 147 a 152 de la LRJSP).

- Comisiones Bilaterales de Cooperación (art. 153 de la LRJSP).

- Comisiones Territoriales de Coordinación (art. 154 de la LRJSP).

71. d) Cuando de ello se derive una mayor transparencia en el funcionamiento de la Administración Pública o se fomente con ello la incorporación de los ciudadanos a la Sociedad de la información.

Ver respuesta en: Art. 157 de la LRJSP.

El principio de racionalización aplicado a las tecnologías se encuentra estableciendo el art. 157.1 de la LRJSP, que dispone que las AAPP pondrán a disposición de cualquiera Administración que lo solicite las aplicaciones, desarrolladas por sus servicios o que hayan sido objeto de contratación y de cuyos derechos de propiedad intelectual sean titulares, salvo que la información a la que estén asociadas sea objeto de especial protección por una norma. En cuanto a la imputación de los costes de dichas aplicaciones, las Administraciones cedentes y cesionarias podrán acordar la repercusión del coste de adquisición o fabricación de las aplicaciones cedidas.

De conformidad con el art. 157.2 de la LRJSP, las aplicaciones podrán ser declaradas como de fuentes abiertas, cuando de ello se derive una mayor transparencia en el funcionamiento de la Administración Pública o se fomente con ello la incorporación de los ciudadanos a la Sociedad de la información.

El concepto de *Open Source Intelligence* (OSINT), que se traduce como "inteligencia con fuentes abiertas", se refiere a la recolección de información de una persona o empresa utilizando fuentes de acceso público como internet, redes sociales, buscadores, foros, fotografías, wikis, bibliotecas online, conferencias, metadatos, etc.

La reutilización de sistemas y aplicaciones comporta ventajas, dado que ahorra costes, tiempo e incrementa interoperabilidad. En este sentido, debemos indicar que aprovechar soluciones y servicios compartidos y reutilizables basados en código abierto supone una oportunidad para la eficiencia de las AAPP, ya que permite reducir los costes de desarrollo y de tiempo en la implementación de aplicaciones y, además, incrementa la interoperabilidad.

El ahorro de costes no es el único beneficio de la reutilización de sistemas y aplicaciones, es más ni siquiera es el más importante, ya que la reutilización fomenta una economía basada en el conocimiento y la innovación, impulsando la apertura de datos, la transparencia, la participación y la colaboración, aspectos que son básicos en el nuevo modelo de gobierno abierto.

Pero esta reutilización no se prevé solo en aplicación del principio voluntario de colaboración, sino que específicamente se impone como una "obligación" de eficiencia, al establecer el art. 157.3 de la LRJSP que las AAPP, con carácter previo a la adquisición, desarrollo o al mantenimiento a lo largo de todo el ciclo de vida de una aplicación, tanto si se realiza con medios propios o por la contratación de los servicios correspondientes, deberán consultar en el directorio general de aplicaciones, dependiente de la Administración General del Estado, si existen soluciones disponibles para su reutilización, que puedan satisfacer total o parcialmente las necesidades, mejoras o actualizaciones que se pretenden cubrir, y siempre que los requisitos tecnológicos de interoperabilidad y seguridad así lo permitan.

En este directorio, constarán tanto las aplicaciones disponibles de la Administración General del Estado, como las disponibles en los directorios integrados de aplicaciones del resto de Administraciones, según indica el art. 158 de la LRJSP.

En el caso de existir una solución disponible para su reutilización total o parcial, las AAPP estarán obligadas a su uso, salvo que la decisión de no reutilizarla se justifique en términos de eficiencia, conforme al art. 7 de la Ley Orgánica 2/2012, de 27 de abril, de Estabilidad Presupuestaria y Sostenibilidad Financiera.

A nivel europeo, en distintos actos y documentos se ha indicado que la reutilización, asociada a la práctica de compartir y colaborar, contribuye a la innovación, la interoperabilidad, la eficacia y eficiencia.

72. a) La normativa anterior.

Ver respuesta en: Disposición final séptima de la LRJSP.

La disposición final séptima de la LRJSP modifica la Ley 38/2003, de 17 de noviembre, General de Subvenciones, y -entre otros aspectos- introduce en el punto tres de la citada disposición una nueva disposición transitoria tercera en la Ley General de Subvenciones indicando que:

"Las subvenciones públicas que se concedan en régimen de concurrencia competitiva cuya convocatoria se hubiera aprobado con anterioridad a la entrada en vigor de la modificación del art. 10 de la Ley General de Subvenciones (relativo a los "Órganos competentes para la concesión de subvenciones", introducido en el punto uno de esta misma disposición final séptima de la LRJSP) *se regirán por la normativa anterior".*

La disposición final séptima de la LRJSP, de modificación de la Ley 38/2003, de 17 de noviembre, General de Subvenciones, introduce cuatro modificaciones relativas a los siguientes aspectos:

– Órganos competentes para la concesión de subvenciones (punto uno);

– Subvenciones a conceder por las fundaciones del sector público (punto dos);

– Normativa de aplicación a las convocatorias iniciadas y subvenciones concedidas con anterioridad a la entrada en vigor de la modificación de la Ley 38/2003, de 17 de noviembre, General de Subvenciones incluida en la disposición final séptima de la LRJSP (punto tres);

– Servicio Nacional de Coordinación Antifraude para la protección de los intereses financieros de la Unión Europea (punto cuarto).

73. b) La compatibilidad informática e interconexión.

Ver respuesta en: Art. 158.1 de la LRJSP.

La necesidad de introducir mecanismos de optimización de las inversiones en materia tecnológica y evitar duplicar esfuerzos innecesarios hace que el art. 158 de la LRJSP, prevea la "transferencia de tecnología entre Administraciones".

En este sentido, y de conformidad con el art. 158.1 de la LRJSP, todas las AAPP, *también la local,* deberán mantener directorios actualizados de aplicaciones para su libre reutilización, de conformidad con lo dispuesto en el Esquema Nacional de Interoperabilidad (ENI). Estos directorios deberán ser plenamente interoperables con el directorio general de la Administración General del Estado, de modo que se garantice su compatibilidad informática e interconexión.

Según el art. 158.2 de la LRJSP, la Administración General del Estado, mantendrá un directorio general de aplicaciones para su reutilización, prestará apoyo para la libre reutilización de aplicaciones e impulsará el desarrollo de aplicaciones, formatos y estándares comunes en el marco de los esquemas nacionales de interoperabilidad y seguridad.

Para hacer posible esto, se crea el Centro de Transferencia de Tecnología (CTT):
El art. 158 de la LRJSP dispone que *las AAPP, también la local, deban mantener directorios actualizados de aplicaciones para su libre reutilización, de conformidad con lo dispuesto en el Esquema Nacional de Interoperabilidad.*

El Centro de Transferencia de Tecnología es un portal que publica un directorio general de aplicaciones o/y soluciones cuyo objetivo es favorecer la reutilización de soluciones por todas las Administraciones Públicas. Este portal informa de proyectos, servicios, activos semánticos, normativa y soluciones que se están desarrollando en materia de Administración electrónica.

74. d) La Universidad de Sevilla.

La opción correcta es la alternativa de respuesta d), en aplicación de la Disposición transitoria primera en relación con el artículo 84.1 de la Ley 40/2015, de 1 de octubre.

Según la Disposición transitoria primera de la LPACAP, la composición y clasificación del sector público institucional estatal prevista en el artículo 84 de la LPACAP se aplicará únicamente a los organismos públicos y las entidades integrantes del sector público institucional estatal que se creen tras la entrada en vigor de la LPACAP y a los que se hayan adaptado de acuerdo con lo previsto en la disposición adicional cuarta de la LPACAP.

El artículo 84.1 de la Ley 40/2015, de 1 de octubre, establece lo siguiente:

«1. Integran el sector público institucional estatal las siguientes entidades:

a) Los organismos públicos vinculados o dependientes de la Administración General del Estado, los cuales se clasifican en:

    1.º Organismos autónomos.

    2.º Entidades Públicas Empresariales.

b) Las autoridades administrativas independientes.

c) Las sociedades mercantiles estatales.

d) Los consorcios.

e) Las fundaciones del sector público.

f) Los fondos sin personalidad jurídica.

g) Las universidades públicas no transferidas».

La Comisión Nacional de los Mercados y la Competencia tiene la consideración de Autoridad administrativa independiente cuyo objeto es el de garantizar, preservar y promover el correcto funcionamiento, la transparencia y la existencia de una competencia efectiva en todos los mercados y sectores productivos, en beneficio de los consumidores y usuarios.

La Agencia Espacial Española (AEE) es una agencia estatal que tiene por objeto la utilización del espacio en beneficio, conocimiento y seguridad de la sociedad española, el establecimiento, fomento y coordinación de todas aquellas actividades y políticas que permitan la investigación, el desarrollo tecnológico e industrial y la innovación en el ámbito espacial.

Aena Desarrollo Internacional S.M.E., S.A. es una sociedad mercantil cuya finalidad es la de:

– Explotación, conservación, gestión y administración de infraestructuras aeroportuarias, así como los servicios complementarios a las mismas y los de asistencia a aeronaves, pasajeros, carga aérea y tripulaciones.

– Planificación y elaboración de proyectos, dirección y control de ejecución de obras para infraestructuras e instalaciones aeroportuarias y de navegación aérea.

– Construcción, ampliación, remodelación y equipamiento de infraestructuras aeroportuarias.

– Realización de estudios, asesorías, ingenierías, consultorías, elaboración y evaluación de proyectos relacionados directamente con el negocio aeronáutico, aeroportuario y de navegación aérea.

– Todas las demás actividades anejas y complementarias o relacionadas con las anteriores y en especial las referidas a las áreas comerciales aeroportuarias.

– También podrá realizar actividades de mantenimiento de aeronaves, equipos de aviónica y demás elementos.

75. b) Universidad Nacional de Educación a Distancia.

La opción correcta es la alternativa de respuesta b), en aplicación de la Disposición transitoria primera en relación con el artículo 84.1 de la Ley 40/2015, de 1 de octubre.

El artículo 84.1.g) incluye a las universidades públicas no transferidas como parte integrante del sector público institucional estatal y establece que se regirán por lo dispuesto en la Ley 47/2003, de 26 de noviembre, que les sea de aplicación y por lo dispuesto en la Ley 40/2015, de 1 de octubre, en lo que no esté previsto en su normativa específica.

La Universidad Nacional de Educación a Distancia es una Universidad pública de ámbito estatal cuya finalidad es la calidad de la enseñanza, la formación de docentes e investigadores y el desarrollo de la investigación en todos los campos del conocimiento.

En todo caso, la disposición adiciona cuarta de la LRJSP se refiere a la "Adaptación de entidades y organismos públicos existentes en el ámbito estatal" indicando lo siguiente: "Las entidades con régimen jurídico específico a la entrada en vigor de la LRJSP se seguirán rigiendo por su legislación específica, manteniendo su naturaleza jurídica, y únicamente de forma supletoria, y en tanto resulte compatible con su legislación específica por lo previsto en la LRJSP .

Los demás organismos y entidades, a los que se refiere el artículo 84.1 de la LRJSP, existentes en el momento de la entrada en vigor de la misma, deberán adaptarse a su contenido antes del 1 de octubre de 2024, rigiéndose hasta que se realice la adaptación por su normativa específica.

La adaptación se realizará preservando las actuales especialidades de los organismos y entidades en materia de personal, patrimonio, régimen presupuestario, contabilidad, control económico-financiero y de operaciones como agente de financiación, incluyendo, respecto a estas últimas, el sometimiento, en su caso, al ordenamiento jurídico privado. Las especialidades se preservarán siempre que no hubieran generado deficiencias importantes en el control de ingresos y gastos causantes de una situación de desequilibrio financiero en el momento de su adaptación.

Las entidades que no tuvieran la consideración de poder adjudicador, preservarán esta especialidad en tanto no se oponga a la normativa comunitaria."

76. c) Se aplicará únicamente a los organismos públicos y las entidades integrantes del sector público institucional estatal que se creen a partir del 2 de octubre de 2016 y a los que se hayan adaptado de acuerdo con lo previsto en la disposición adicional cuarta de la Ley 40/2015, de 1 de octubre.

La opción correcta es la alternativa de respuesta c), en aplicación de la Disposición transitoria primera en relación con la disposición adicional cuarta y la disposición final decimoctava de la Ley 40/2015, de 1 de octubre.

Efectivamente, la Disposición transitoria primera de la referida Ley establece que la composición y clasificación del sector público institucional estatal prevista en el artículo 84 se aplicará únicamente a los organismos públicos y las entidades integrantes del sector público institucional estatal que se creen tras la entrada en vigor de la Ley (que se producirá, salvo algunas excepciones, al año de su publicación en el BOE1, en aplicación de su Disposición final decimoctava) y a los que se hayan adaptado de acuerdo con lo previsto en la disposición adicional cuarta.

Por otro lado, los dos primeros párrafos de la Disposición adicional cuarta de la Ley 40/2015, de 1 de octubre, establecen lo siguiente:

---

1   La Ley 40/2015, de 1 de octubre, de régimen jurídico del sector público, se publicó en el BOE núm. 236, de 2 de octubre de 2015.

«Las entidades con régimen jurídico específico a la entrada en vigor de esta ley se seguirán rigiendo por su legislación específica, manteniendo su naturaleza jurídica, y únicamente de forma supletoria, y en tanto resulte compatible con su legislación específica por lo previsto de esta ley.

Los demás organismos y entidades, a los que se refiere el artículo 84.1 de esta ley, existentes en el momento de la entrada en vigor de la misma, deberán adaptarse a su contenido antes del 1 de octubre de 2024, rigiéndose hasta que se realice la adaptación por su normativa específica».

77. a) Todos los organismos y entidades integrantes del sector público estatal en el momento de la entrada en vigor de esta Ley continuarán rigiéndose por su normativa específica, excluida la normativa presupuestaria que les resultaba de aplicación, hasta su adaptación a lo dispuesto en la Ley de acuerdo con lo previsto en la disposición adicional cuarta.

La opción correcta es la alternativa de respuesta a), en aplicación de la Disposición transitoria segunda de la Ley 40/2015, de 1 de octubre.

La referida Disposición establece que todos los organismos y entidades integrantes del sector público estatal en el momento de la entrada en vigor de esta Ley continuarán rigiéndose por su normativa específica, incluida la normativa presupuestaria que les resultaba de aplicación, hasta su adaptación a lo dispuesto en la Ley de acuerdo con lo previsto en la disposición adicional cuarta.

No obstante, en tanto no resulte contrario a su normativa específica:

a) Los organismos públicos existentes en el momento de la entrada en vigor de esta Ley y desde ese momento aplicarán los principios establecidos en el Capítulo I del Título II, el régimen de control previsto en el artículo 85 y 92.2, y lo dispuesto en los artículos 87, 94, 96, 97 si se transformaran fusionaran, disolvieran o liquidaran tras la entrada en vigor de esta Ley.

b) Las sociedades mercantiles estatales, los consorcios, fundaciones y fondos sin personalidad jurídica existentes en el momento de la entrada en vigor de esta Ley aplicarán desde ese momento, respectivamente, lo previsto en el Capítulo V, Capítulo VI, Capítulo VII y Capítulo VIII del Título II.

78. a) Organización y funcionamiento del sector público institucional estatal.

La opción correcta es la alternativa de respuesta a), en aplicación de la Disposición transitoria segunda de la Ley 40/2015, de 1 de octubre.

Efectivamente, la parte final de la Disposición transitoria segunda de la Ley 40/2015, de 1 de octubre, establece que, en tanto no resulte contrario a su normativa específica las sociedades mercantiles estatales, los consorcios, fundaciones y fondos sin personalidad jurídica existentes en el momento de la entrada en vigor de esta Ley aplicarán desde ese momento, respectivamente, lo previsto en el Capítulo V, Capítulo VI, Capítulo VII y Capítulo VIII del Título II.

El Título II de la Ley 40/2015, de 1 de octubre, de régimen jurídico del sector público, que lleva por título «organización y funcionamiento del sector público institucional», se estructura en los siguientes Capítulos:

Capítulo I. Del sector público institucional.

Capítulo II. Organización y funcionamiento del sector público institucional estatal.

Capítulo III. De los organismos públicos estatales.

Capítulo IV. Las autoridades administrativas independientes de ámbito estatal.

Capítulo V. De las sociedades mercantiles estatales.

Capítulo VI. De los consorcios.

Capítulo VII. De las fundaciones del sector público estatal.

Capítulo VIII. De los fondos carentes de personalidad jurídica del sector público estatal.

Los Capítulos destacados en negrita son a los que hace referencia la Disposición transitoria segunda de la Ley 40/2015, de 1 de octubre.

79. d) Se sustanciarán de acuerdo con lo establecido en la normativa vigente en el momento en que se iniciaron.

La opción correcta es la alternativa de respuesta d), en aplicación de la Disposición transitoria tercera de la Ley 40/2015, de 1 de octubre. Según esta Disposición:

«Los procedimientos de elaboración de normas que se hallaren en tramitación en la Administración General del Estado a la entrada en vigor de esta Ley se sustanciarán de acuerdo con lo establecido en la normativa vigente en el momento en que se iniciaron».

80. c) A la Ley de Contratos del Sector Público.

La opción correcta es la alternativa de respuesta d), en aplicación de la Disposición transitoria cuarta en relación con la Disposición final novena de la Ley 40/2015, de 1 de octubre.

La Disposición final novena hace referencia a la modificación de la Ley de Contratos del Sector Público; la disposición final tercera, a la modificación de la Ley del Gobierno; la disposición final octava, a la modificación de la Ley General Presupuestaria y la disposición final undécima a la modificación de la Ley de ordenación, supervisión y solvencia de las entidades aseguradoras y reaseguradoras.

81. d) El 2 de octubre de 2016.

La opción correcta es la alternativa de respuesta d), en aplicación de la Disposición final decimoctava de la Ley 40/2015, de 1 de octubre.

El punto 1 de la Disposición final decimoctava de la Ley 40/2015, de 1 de octubre, dispone que la Ley 40/2015, de 1 de octubre, entrará en vigor al año de su publicación en el «Boletín Oficial del Estado», a excepción, entre otros, de los puntos uno a once de la Disposición final novena, que entrarán en vigor a los veinte días de la referida publicación (opción de respuesta b) y el punto doce de la misma Disposición final novena, que lo hará a los seis meses de la citada publicación en el «Boletín Oficial del Estado» (opción de respuesta c). La disposición final novena se integra de trece puntos (opción de respuesta d).

Recordemos que la Ley 40/2015, de 1 de octubre, se publicó en el BOE núm. 236, de 2 de octubre de 2015.

82. b) La Ley 28/2006, de 18 de julio, de Agencias estatales para la mejora de los servicios públicos.

La opción correcta es la alternativa de respuesta b), en aplicación de las letras a), b), d) y e) de la Disposición derogatoria única de la Ley 40/2015, de 1 de octubre.

La letra a) de la referida Disposición derogatoria única deroga exclusivamente el artículo 87 de la Ley 7/1985, de 2 de abril, reguladora de las bases del régimen local, que contenía la siguiente regulación:

1. Las entidades locales pueden constituir consorcios con otras Administraciones públicas para fines de interés común o con entidades privadas sin ánimo de lucro que persigan fines de interés público, concurrentes con los de las Administraciones públicas.

2. Los consorcios podrán utilizarse para la gestión de los servicios públicos locales, en el marco de los convenios de cooperación transfronteriza en que participen las entidades locales españolas, y de acuerdo con las previsiones de los convenios internacionales ratificados por España en la materia».

La letra b) de la referida Disposición derogatoria única deroga exclusivamente el artículo 110 del Real decreto legislativo 781/1986, de 18 de abril, por el que se aprueba el texto refundido de las disposiciones legales vigentes en materia de Régimen Local, y que fijaba las siguientes normas:

1. Las Entidades pueden constituir Consorcios con otras Administraciones públicas para fines de interés común o con entidades privadas sin ánimo de lucro que persigan fines de interés público concurrentes con los de las Administraciones públicas.

2. Los Consorcios gozarán de personalidad jurídica propia.

3. Los Estatutos de los Consorcios determinarán los fines de los mismos, así como las particularidades del régimen orgánico, funcional y financiero.

4. Sus órganos de decisión estarán integrados por representantes de todas las Entidades consorciadas, en la proporción que se fije en los Estatutos respectivos.

5. Para la gestión de los servicios de su competencia podrán utilizarse cualquiera de las formas previstas en la legislación de Régimen local».

La letra d) de la referida Disposición derogatoria única deroga exclusivamente tres artículos de la Ley 50/2002, de 26 de diciembre, de Fundaciones, los artículos 44, 45 y 46, que integraban el Capítulo XI de esta Ley y establecían el concepto, la creación y el régimen jurídico de las fundaciones del sector público estatal.

Finalmente, y como respuesta correcta al planteamiento de la pregunta, la Disposición derogatoria única de la Ley 40/2015, de 1 de octubre, deroga la Ley 28/2006, de 18 de julio, de Agencias estatales para la mejora de los servicios públicos, cuyo objeto era establecer el régimen jurídico, la naturaleza, la constitución y el funcionamiento de las Agencias Estatales que cree el Gobierno para la gestión de los programas correspondientes a políticas públicas de la competencia del Estado.

83. b) La Ley 6/1997, de 14 de abril, de organización y funcionamiento de la Administración General del Estado.

La opción correcta es la alternativa de respuesta b), en aplicación de la letra c) de la Disposición derogatoria única de la Ley 40/2015, de 1 de octubre.

La Ley 11/2007, de 22 de junio; el Real decreto 1398/1993, de 4 de agosto y la Ley 30/1992, de 26 de noviembre, son derogadas por la Disposición derogatoria única de la Ley 39/2015, de 1 de octubre (apartado 2 letras a), b) y e).

84. b) Fue modificada con la entrada en vigor de la Ley 40/2015, de 1 de octubre, de régimen jurídico del sector público, derogando los artículos 12, 13, 14 y 15 y la disposición adicional sexta.

La opción correcta es la alternativa de respuesta b), en aplicación de la letra f) de la Disposición derogatoria única de la Ley 40/2015, de 1 de octubre.

Efectivamente, la Disposición derogatoria única (letra f) de la Ley 40/2015, de 1 de octubre, establece que quedan derogadas cuantas disposiciones de igual o inferior rango se opongan, contradigan o resulten incompatibles con lo dispuesto en la presente Ley y, en especial, los artículos 12, 13, 14 y 15 y disposición adicional sexta de la Ley 15/2014, de 16 de septiembre, de racionalización del Sector Público y otras medidas de reforma administrativa, que establecían el siguiente contenido relativo a los consorcios:

- Art. 12. Causas y procedimiento para el ejercicio del derecho de separación de un consorcio.

- Art. 13. Efectos del ejercicio del derecho de separación de un consorcio.

- Art. 14. Liquidación del consorcio.

- Art. 15. Plazo de adaptación de estatutos y derecho supletorio.

- Disposición adicional sexta. Aportaciones a los consorcios en los que participa el Estado.

85. b) Se modificó con la entrada en vigor de la Ley 40/2015, de 1 de octubre, de régimen jurídico del sector público.

La opción correcta es la alternativa de respuesta b), en aplicación de la letra g) de la Disposición derogatoria única de la Ley 40/2015, de 1 de octubre.

La letra g) de la Disposición derogatoria única de la Ley 40/2015, de 1 de octubre, deroga especialmente en el Real decreto 1671/2009, de 6 de noviembre: el artículo 6.1.f), relativo al contenido mínimo de la sede electrónica; la disposición adicional tercera (directorio de sedes electrónicas); la disposición transitoria segunda (condiciones de seguridad de las plataformas de verificación) y la disposición transitoria cuarta (adaptación de sedes electrónicas).

86. c) Al Consorcio.

La opción correcta es la alternativa de respuesta c), en aplicación de la letra h) de la Disposición derogatoria única de la Ley 40/2015, de 1 de octubre.

Los artículos 37, 38, 39 y 40, formaban parte del Capítulo II del Título III del Decreto de 17 de junio de 1955, que llevaban por título «Del Consorcio». El Capítulo III de dicho título regula la gestión directa de servicios (a la que se refiere la alternativa de respuesta a); el Capítulo V de dicho título regula la gestión indirecta de los servicios (a la que se refiere la alternativa de respuesta b) y el Título IV del Decreto de 17 de junio de 1955 se refiere a la cooperación provincial a los servicios municipales.

87. d) La Ley 6/1997, de 14 de abril, de organización y funcionamiento de la Administración General del Estado.

La respuesta correcta es la d), en aplicación de la letra c) de la Disposición derogatoria única de la Ley 40/2015, de 1 de octubre.

La Ley 6/1997, de 14 de abril, de organización y funcionamiento de la Administración General del Estado no se modifica en las Disposiciones finales de la Ley 40/2015, de 1 de octubre, en tanto es derogada por esta ley.

La Ley 50/1997, de 27 de noviembre, del Gobierno, se modifica en la Disposición final tercera; la Ley 22/2003, de 9 de julio, Concursal (actualmente refundida en el Real decreto legislativo 1/2020, de 5 de mayo), se modificó en la Disposición final quinta (actualmente derogada) y la Ley 47/2003, de 26 de noviembre, General Presupuestaria, se modifica en la Disposición final octava de la Ley 40/2015, de 1 de octubre.

88. c) Es modificada por la Ley 40/2015, de 1 de octubre, haciendo a la misma en sus Disposiciones finales.

La respuesta correcta es la c), en aplicación de la Disposición final undécima de la Ley 40/2015, de 1 de octubre.

Efectivamente, la Disposición final undécima de la Ley 40/2015, de 1 de octubre, modifica el apartado 2 de la disposición final vigésimo primera de la Ley 20/2015, de 14 de julio, de ordenación, supervisión y solvencia de las entidades aseguradoras y reaseguradoras, estableciendo reglas especiales sobre la entrada en vigor de algunas de sus disposiciones.

89. d) La Disposición final decimoctava.

La respuesta correcta es la d), en aplicación de la Disposición final decimoctava de la Ley 40/2015, de 1 de octubre.

La Ley 40/2015, de 1 de octubre, cuenta con dieciocho disposiciones finales, de las cuales la última establece las reglas relativas a su entrada en vigor. La disposición final décima a la que se refiere la alternativa de respuesta a) modificó la Ley 17/2012, de 27 de diciembre, de Presupuestos Generales del Estado para el año 2013; la Disposición final duodécima regula la restitución o compensación a los partidos políticos de bienes y derechos incautados en aplicación de la normativa sobre responsabilidades políticas y la Disposición final decimoquinta se refiere al desarrollo normativo de la Ley 40/2015, de 1 de octubre.

90. c) Por Real Decreto del Consejo de Ministros, a propuesta del Presidente del Gobierno.

La respuesta correcta es la alternativa de respuesta c), en aplicación de la Disposición final decimosexta de la Ley 40/2015, de 1 de octubre.

La referida Disposición establece que, por Real Decreto del Consejo de Ministros, a propuesta del Presidente del Gobierno, se determinarán las precedencias de los titulares de los poderes constitucionales y de las instituciones nacionales, así como las de los titulares de los departamentos ministeriales y de los órganos internos de estos en relación con los actos oficiales.

El art. 24.1.c) de la Ley 50/1997, de 27 de noviembre, del Gobierno, dispone que las decisiones del Gobierno de la Nación revestirán la forma de Reales Decretos acordados en Consejo de Ministros, cuando aprueben normas reglamentarias de la competencia de este y resoluciones que deban adoptar dicha forma jurídica.

91. a) Un año a partir de la entrada en vigor de la Ley 40/2015, de 1 de octubre.

La respuesta correcta es la alternativa de respuesta a), en aplicación de la Disposición final decimoséptima de la Ley 40/2015, de 1 de octubre, la cual establece que en el plazo de un año a partir de la entrada en vigor de la ley, se deberán adecuar a la misma las normas estatales o autonómicas que sean incompatibles con lo previsto en la Ley 40/2015, de 1 de octubre.

92. b) El 2 de octubre de 2017.

La respuesta correcta es la alternativa de respuesta a), en aplicación de la Disposición final decimoséptima de la Ley 40/2015, de 1 de octubre, la cual establece que en el plazo de un año a partir de la entrada en vigor de la ley, se deberán adecuar a la misma las normas estatales o autonómicas que sean incompatibles con lo previsto en la Ley 40/2015, de 1 de octubre.

La entrada en vigor de la Ley 40/2015, de 1 de octubre, se produjo, salvo algunas excepciones, el 2 de octubre de 2016 (disposición final decimoctava, apartado primero).

93. c) Se desarrollará mediante Orden del Ministro de Hacienda y Administraciones Públicas.

La respuesta correcta es la c), en aplicación de la Disposición final decimoquinta de la Ley 40/2015, de 1 de octubre, que establece lo siguiente:

«Se faculta al Consejo de Ministros y a los Ministros de Presidencia y de Hacienda y Administraciones Públicas, en el ámbito de sus competencias, para dictar cuantas disposiciones reglamentarias sean necesarias para el desarrollo de la presente ley, así como para acordar las medidas necesarias para garantizar la efectiva ejecución e implantación de las previsiones de esta ley.

En el plazo de tres meses desde la entrada en vigor de esta ley, mediante Orden del Ministro de Hacienda y Administraciones Públicas, se desarrollará lo previsto en el artículo 85 sobre la supervisión continua».

El art. 24.1.f) dispone que las decisiones de los miembros del Gobierno de la Nación adopten la forma de Órdenes ministeriales, cuando se trate de disposiciones y resoluciones de los Ministros.

94. d) Se entenderán hechas a la Ley del Procedimiento Administrativo Común de las Administraciones Públicas o a la Ley de Régimen Jurídico del Sector Público, según corresponda.

La respuesta correcta es la d), en aplicación de la Disposición final decimotercera de la Ley 40/2015, de 1 de octubre, que establece lo siguiente: «Las referencias hechas a Ley 30/1992, de 26 de noviembre, de Régimen Jurídico de las Administraciones Públicas y del Procedimiento Administrativo Común se entenderán hechas a la Ley del Procedimiento Administrativo Común de las Administraciones Públicas o a la Ley de Régimen Jurídico del Sector Público, según corresponda».

La Ley de Procedimiento Administrativo Común de las Administraciones Públicas es la Ley 39/2015, de 1 de octubre; la Ley de Régimen Jurídico del Sector Público es la Ley 40/2015, de 1 de octubre. La Ley de Acceso Electrónico de los Ciudadanos a los Servicios Públicos (Ley 11/2007, de 22 de junio), se derogó con la entrada en vigor de la Ley 39/2015, de 1 de octubre (Disposición derogatoria, apartado 2, letra b).

95. c) Una ley parcialmente básica.

La respuesta correcta es la c), en aplicación de la Disposición final decimocuarta (apartado 2) de la Ley 40/2015, de 1 de octubre. Este apartado establece las partes de la ley que no tienen carácter básico y que, por lo tanto, se aplican exclusivamente a la Administración General del Estado y al sector público estatal.

La reserva al Estado de la competencia exclusiva de las bases del régimen jurídico de las Administraciones Públicas (art. 149.1.18) y de las bases de la actividad económica (art. 149.1.13), dan como resultado de estos mandatos la aprobación de la Ley 40/2015, de 1 de octubre, como una ley básica, no en su totalidad, en tanto la propia norma establece los preceptos que no tienen este carácter.

Las leyes de bases, a diferencia de las leyes básicas, son las que dicta el poder legislativo para encargar al Gobierno la aprobación de textos articulados que adoptarán la forma de decretos legislativos (art. 82 Constitución de 1978). Efectivamente, una ley básica es aquella que establece las bases de la regulación de una determinada materia, atendiendo a la distribución competencial entre el Estado y las comunidades autónomas. Esta distribución competencial gira en torno a la delimitación de un tipo de competencia denominada compartida en la cual se produce un reparto de la función legislativa entre el Estado y las comunidades autónomas por la cual el Estado aprueba la legislación básica y las CC AA el desarrollo legislativo de las bases aprobadas por el Estado. El contenido de estas bases tendrá que ser respetado necesariamente por parte de las comunidades autónomas en el ejercicio de su función legislativa.

Como hemos avanzado, la ley de bases es un instrumento para hacer efectiva la delegación legislativa del poder legislativo al Gobierno. Las Cortes Generales es la institución que ejerce la función legislativa en el Estado pero la Constitución le reconoce la posibilidad de delegarla en el Gobierno, en tanto que este tiene competencia para aprobar disposiciones con rango legal. Uno de los instrumentos en los que se materializa esta habilitación es la ley de bases que autoriza al Gobierno la formación de textos articulados que se aprobarán mediante un real decreto legislativo. La ley de bases es la norma parlamentaria que habilita al Gobierno la aprobación de un texto articulado, siendo este la norma con rango de ley que adopta la forma de real decreto legislativo. Los arts. 82 y 83 de la CE regulan una serie de particularidades sobre este tipo de ley:

— Las Cortes Generales podrán delegar al Gobierno la potestad de dictar normas con rango de ley sobre materias determinadas.

— La delegación legislativa se deberá otorgar mediante una ley de bases cuando tenga por objeto la formación de textos articulados.

— Las leyes de bases delimitarán precisamente el objeto y el alcance de la delegación legislativa y los principios y criterios que regirán su ejercicio.

— En ningún caso las leyes de bases podrán autorizar la modificación de la propia ley de bases.

— En ningún caso las leyes de bases podrán facultar para dictar normas con carácter retroactivo.

Las leyes orgánicas y las leyes de armonización se regulan, para otros cometidos, en los artículos 81 y 150.3 de la Constitución de 1978. Las leyes estatales se clasifican en leyes orgánicas y en leyes ordinarias. Las diferencias entre ambas se encuentran esencialmente en las materias que regulan una y otra y en la mayoría necesaria para su aprobación. Así, el art. 81 de la Constitución, en relación con las leyes orgánicas, dispone lo siguiente:

1. Son leyes orgánicas las relativas al desarrollo de los derechos fundamentales y de las libertades públicas, las que aprueben los Estatutos de Autonomía y el régimen electoral general y las demás previstas en la Constitución.

2. La aprobación, modificación o derogación de las leyes orgánicas exigirá mayoría absoluta del Congreso, en una votación final sobre el conjunto del proyecto».

Las leyes de armonización constituyen una especialidad de leyes ordinarias reguladas en el art. 150.3 de la Constitución de 1978. Según dispone este precepto:

«El Estado podrá dictar leyes que establezcan los principios necesarios para armonizar las disposiciones normativas de las Comunidades Autónomas, aun en el caso de materias atribuidas a la competencia de estas, cuando así lo exija el interés general. Corresponde a las Cortes Generales, por mayoría absoluta de cada Cámara, la apreciación de esta necesidad».

Las leyes de armonización constituyen un mecanismo restrictivo del ejercicio de competencias por parte de las comunidades autónomas. La ley de armonización determina el cómo han de ejercer las competencias las comunidades autónomas. Su finalidad es reconducir las legislaciones autonómicas a una cierta unidad de contenido, en el supuesto de que varias comunidades autónomas legislen un mismo asunto con notoria y dispar diferencia entre sí. Ante esta situación lo primero que se debe apreciar es la necesidad de aprobar este tipo de ley; esta apreciación la asumen las Cortes Generales, por mayoría absoluta de cada cámara. Dicha apreciación puede ser a priori (antes de que las CCAA legislen) o a posteriori (una vez aprobadas las correspondientes legislaciones autonómicas). En el primer caso la ley de armonización actuaría como una medida preventiva y en el segundo como una medida correctiva. Obtenida la apreciación de la necesitado de aprobar una ley de armonización por la mayoría absoluta del Congreso y del Senado, se iniciaría el correspondiente trámite parlamentario para la aprobación de la correspondiente ley ordinaria.

96. b) Subsección 2.ª de la Sección 3.ª del Capítulo II: de los órganos colegiados en la Administración General del Estado.

La respuesta correcta es la b), en aplicación de la Disposición final decimocuarta (apartado 2.a) de la Ley 40/2015, de 1 de octubre.

Efectivamente la letra a) del apartado dos de la Disposición final decimocuarta de la Ley 40/2015, de 1 de octubre, establece que no tiene carácter básico y se aplica exclusivamente a la Administración General del Estado y al sector público estatal lo previsto en la subsección 2.ª referida a los órganos colegiados de la Administración General del Estado de la sección 3.ª del capítulo II del Título Preliminar.

97. d) El Título I de la Ley 40/2015, de 1 de octubre, no tiene carácter básico y se aplica exclusivamente a la Administración General del Estado y al sector público estatal.

La respuesta correcta es la d), en aplicación de la Disposición final decimocuarta (apartado 2.b) de la Ley 40/2015, de 1 de octubre, que establece que lo previsto en el Título I relativo a la Administración General del Estado, no tiene carácter básico y se aplica exclusivamente a esta Administración y al sector público estatal.

98. a) Capítulo I. Del sector público institucional.

La respuesta correcta es la a), en aplicación de la Disposición final decimocuarta (apartado 2.c) de la Ley 40/2015, de 1 de octubre. Según este precepto, no tiene carácter básico y se aplica exclusivamente a la Administración General del Estado y al sector público estatal, lo dispuesto en el Capítulo II relativo a la organización y funcionamiento del sector público institucional estatal, el Capítulo III de los organismos públicos estatales, el Capítulo IV de las Autoridades administrativas independientes, todos ellos del Título II relativo a la organización y funcionamiento del sector público institucional. En tanto el Capítulo I no se encuentra dentro de esta exclusión, se atribuye al mismo el carácter de norma básica.

99. a) Capítulo V. De las sociedades mercantiles estatales.

La respuesta correcta es la a), en aplicación de la Disposición final decimocuarta (apartado 2.c) de la Ley 40/2015, de 1 de octubre. Según este precepto, no tiene carácter básico y se aplica exclusivamente a la Administración General del Estado y al sector público estatal, el Capítulo V (de las sociedades mercantiles estatales) del Título II relativo a la organización y funcionamiento del sector público institucional. Del Capítulo VI, relativo a los consorcios, únicamente el artículo 123.2 no tiene carácter básico (referido a los consorcios en los que participa la Administración General del Estado o sus organismos públicos y entidades vinculadas o dependientes). Del Capítulo VII, sobre las fundaciones del sector público estatal, únicamente los artículos 128 (definición y actividades propias), 130 (régimen jurídico), 131 (régimen de contratación), 132 (régimen presupuestario, de contabilidad, de control económico-financiero y de personal), 133 (creación de fundaciones del sector público estatal), 135 (estructura organizativa) y 136 (fusión, disolución, liquidación y extinción), no tendrán carácter básico.

Según las anteriores argumentaciones, de los tres capítulos enunciados, únicamente el Capítulo V es el que no tiene carácter básico en su totalidad, en tanto la Ley no atribuye la consideración de básico a ninguno de los artículos que lo forman.

100. b) No tienen carácter básico y se aplican exclusivamente a la Administración General del Estado y al sector público estatal.

La respuesta correcta es la b), en aplicación de la Disposición final decimocuarta (apartado 2.c) de la Ley 40/2015, de 1 de octubre. Según este precepto, no tiene carácter básico y se aplica exclusivamente a la Administración General del Estado y al sector público estatal, el Capítulo VIII (de los fondos carentes de personalidad jurídica) del Título II relativo a la organización y funcionamiento del sector público institucional. Tres artículos forman el referido Capítulo VIII: 137 (creación y extinción); 138 (régimen jurídico) y 139 (régimen presupuestario, de contabilidad y de control económico-financiero.

101. c) Disposición adicional vigésima. Régimen jurídico del Fondo de Reestructuración Ordenada Bancaria.

La respuesta correcta es la c), en aplicación de la Disposición final decimocuarta (apartado 2.d) de la Ley 40/2015, de 1 de octubre.

No tiene carácter básico y se aplica exclusivamente a la Administración General del Estado y al sector público estatal lo previsto en las disposiciones adicionales: cuarta, sobre adaptación de entidades y organismos estatales, quinta, sobre gestión compartida de servicios comunes en organismos públicos estatales, sexta, sobre medios propios, séptima, sobre el registro electrónico estatal de órganos e instrumentos de cooperación, undécima, sobre conflictos de atribuciones intraministeriales, duodécima, sobre Autoridades Portuarias y Puertos del Estado, decimotercera, relativa a las entidades de la Seguridad Social, decimocuarta, sobre la organización militar, decimoquinta, relativa al personal militar, la decimosexta, sobre Servicios territoriales integrados en las Delegaciones del Gobierno, decimoséptima, relativa a la Agencia Estatal de la Administración Tributaria, la decimoctava relativa al Centro Nacional de Inteligencia, la decimonovena relativa al Banco de España y la vigésima relativa al Fondo de Reestructuración Ordenada Bancaria.

102. b) Disposición adicional décima. Aportaciones a los consorcios.

La respuesta correcta es la b), en aplicación de la Disposición final decimocuarta (apartado 2.d) de la Ley 40/2015, de 1 de octubre.

No tiene carácter básico y se aplica exclusivamente a la Administración General del Estado y al sector público estatal lo previsto en las disposiciones adicionales: cuarta, sobre adaptación de entidades y organismos estatales, quinta, sobre gestión compartida de servicios comunes en organismos públicos estatales, sexta, sobre medios propios, séptima, sobre el registro electrónico estatal de órganos e instrumentos de cooperación, undécima, sobre conflictos de atribuciones intraministeriales, duodécima, sobre Autoridades Portuarias y Puertos del Estado, decimotercera, relativa a las entidades de la Seguridad Social, decimocuarta, sobre la organización militar, decimoquinta, relativa al personal militar, la decimosexta, sobre Servicios territoriales integrados en las Delegaciones del Gobierno, decimoséptima, relativa a la Agencia Estatal de la Administración Tributaria, la decimoctava relativa al Centro Nacional de Inteligencia, la decimonovena relativa al Banco de España y la vigésima relativa al Fondo de Reestructuración Ordenada Bancaria.

103. c) La Disposición adicional quinta sobre gestión compartida de servicios comunes de los organismos públicos estatales existentes.

La respuesta correcta es la respuesta c), en aplicación de la Disposición final decimocuarta (apartado 2.d) de la Ley 40/2015, de 1 de octubre.

No tiene carácter básico y se aplica exclusivamente a la Administración General del Estado y al sector público estatal lo previsto en las disposiciones adicionales: cuarta, sobre adaptación de entidades y organismos estatales, quinta, sobre gestión compartida de servicios comunes en organismos públicos estatales, sexta, sobre medios propios, séptima, sobre el registro electrónico estatal de órganos e instrumentos de cooperación, undécima, sobre conflictos de atribuciones intraministeriales, duodécima, sobre Autoridades Portuarias y Puertos del Estado, decimotercera, relativa a las entidades de la Seguridad Social, decimocuarta, sobre la organización militar, decimoquinta, relativa al personal militar, la decimosexta, sobre Servicios territoriales integrados en las Delegaciones del Gobierno, decimoséptima, relativa a la Agencia Estatal de la Administración Tributaria, la decimoctava relativa al Centro Nacional de Inteligencia, la decimonovena relativa al Banco de España y la vigésima relativa al Fondo de Reestructuración Ordenada Bancaria.

104. a) La Disposición adicional segunda sobre delegados del Gobierno en las ciudades de Ceuta y Melilla.

La respuesta n correcta es la alternativa de respuesta a), en aplicación de la Disposición final decimocuarta (apartado 2.d) de la Ley 40/2015, de 1 de octubre.

No tiene carácter básico y se aplica exclusivamente a la Administración General del Estado y al sector público estatal lo previsto en las disposiciones adicionales: cuarta, sobre adaptación de entidades y organismos estatales, quinta, sobre gestión compartida de servicios comunes en organismos públicos estatales, sexta, sobre medios propios, séptima, sobre el registro electrónico estatal de órganos e instrumentos de cooperación, undécima, sobre conflictos de atribuciones intraministeriales, duodécima, sobre Autoridades Portuarias y Puertos del Estado, decimotercera, relativa a las entidades de la Seguridad Social, decimocuarta, sobre la organización militar, decimoquinta, relativa al personal militar, la decimosexta, sobre Servicios territoriales integrados en las Delegaciones del Gobierno, decimoséptima, relativa a la Agencia Estatal de la Administración Tributaria, la decimoctava relativa al Centro Nacional de Inteligencia, la decimonovena relativa al Banco de España y la vigésima relativa al Fondo de Reestructuración Ordenada Bancaria.

105. a) Disposición final decimocuarta.

La respuesta correcta es la a), en aplicación de la Disposición final decimocuarta de la Ley 40/2015, de 1 de octubre.

La Disposición final decimoquinta se refiere al desarrollo normativo de la Ley 40/2015, de 1 de octubre; la Disposición final decimoséptima a la adaptación normativa de normas estatales o autonómicas a la Ley 40/2015, de 1 de octubre, y la disposición final decimoctava se refiere a la entrada en vigor de la ley.

106. b) A los veinte días de la publicación de la Ley 40/2015, de 1 de octubre, en el «Boletín Oficial del Estado».

La respuesta correcta es la b), en aplicación de la Disposición final decimoctava (punto 1) de la Ley 40/2015, de 1 de octubre.

El referido punto 1 establece que la Ley 40/2015, de 1 de octubre, entrará en vigor al año de su publicación en el «Boletín Oficial del Estado», a excepción (entre otros), de la disposición final decimosegunda, de restitución o compensación a los partidos políticos de bienes y derechos incautados en aplicación de la normativa sobre responsabilidades políticas que entrará en vigor a los veinte días de su publicación en el «Boletín Oficial del Estado».

107. c) La Disposición final primera, de modificación de la Ley 23/1982, de 16 de junio, reguladora del Patrimonio Nacional.

La respuesta correcta es la alternativa de respuesta c), en aplicación de la Disposición final decimoctava (puntos 1, 2 y 3) de la Ley 40/2015, de 1 de octubre.

El punto 1 de la referida Disposición establece que la Ley 40/2015, de 1 de octubre, entrará en vigor al año de su publicación en el «Boletín Oficial del Estado», a excepción (entre otros), del punto cuatro de la disposición final quinta (actualmente derogada), de modificación de la Ley 22/2003, de 9 de julio, Concursal (actualmente refundida en el Real decreto legislativo 1/2020, de 5 de mayo), que entrará en vigor a los veinte días de su publicación en el «Boletín Oficial del Estado».

El punto 2 de la Disposición final decimoctava dispone que entrará en vigor el día siguiente al de su publicación en el «Boletín Oficial del Estado», la disposición final primera, de modificación de la Ley 23/1982, de 16 de junio, reguladora del Patrimonio Nacional. Recordemos que la Ley 40/2015, de 1 de octubre, se publicó en el BOE núm. 236, de 2 de octubre de 2015.

Finalmente el punto 3 de la citada Disposición regula que la disposición final décima de modificación de la disposición adicional décima tercera de la Ley 17/2012, de 27 de diciembre, de Presupuestos Generales del Estado para el año 2013, entrará en vigor el día siguiente al de su publicación en el «Boletín Oficial del Estado», sin perjuicio de que los apartados Uno, primer y segundo párrafo; Dos; Tres, párrafos primero y segundo; Cuatro; Cinco, párrafos primero a cuarto y, Seis, surtirán efectos a partir del 1 de enero de 2013, y de lo dispuesto en el apartado Siete.

108. a) Punto doce de la Disposición final novena, de modificación del Texto Refundido de la Ley de Contratos del Sector Público, aprobado por Real decreto legislativo 3/2011, de 14 de noviembre (actual Ley 9/2017, de 8 de noviembre, de Contratos del Sector Público).

La respuesta correcta es la a), en aplicación de la Disposición final decimoctava (puntos 1 y 2) de la Ley 40/2015, de 1 de octubre.

El punto 1 de la referida Disposición establece que la Ley 40/2015, de 1 de octubre, entrará en vigor al año de su publicación en el «Boletín Oficial del Estado», a excepción (entre otros), del punto doce de la disposición final novena, de modificación del Texto Refundido de la Ley de Contratos del Sector Público, aprobado por Real Decreto Legislativo 3/2011, de 14 de noviembre, que entrará en vigor a los seis meses de la citada publicación en el «Boletín Oficial del Estado».

El punto 2 de la Disposición final decimoctava dispone que entrarán en vigor el día siguiente al de su publicación en el «Boletín Oficial del Estado» (entre otros), la disposición final segunda, de modificación del Real Decreto-Ley 12/1995, de 28 de diciembre, sobre medidas urgentes en materia presupuestaria, tributaria y financiera, los puntos uno a tres de la disposición final quinta, de modificación de la Ley 22/2003, de 9 de julio, Concursal (actualmente refundida en el Real decreto legislativo 1/2020, de 5 de mayo), la disposición final séptima, de modificación de la Ley 38/2003, de 17 de noviembre, General de Subvenciones.

109. c) Disposición final quinta.

La respuesta correcta es la c), en tanto la Disposición final quinta de la Ley 40/2015, de 1 de octubre, se derogó, con efectos de 1 de septiembre de 2020, por la disposición derogatoria única.2.v) del Real decreto legislativo 1/2020, de 5 de mayo, por el que se aprueba el texto refundido de la Ley Concursal.

110. b) El 3 de octubre de 2015.

La respuesta correcta es la b), en aplicación de la Disposición final decimoctava (punto 2) de la Ley 40/2015, de 1 de octubre:«…entrarán en vigor el día siguiente al de su publicación el en «Boletín Oficial del Estado», […], la disposición final undécima, de modificación de la Ley 20/2015, de 14 de julio, de ordenación, supervisión y solvencia de las entidades aseguradoras y reaseguradoras.

111. c) La añade la Ley 40/2015, de 1 de octubre, al Real decreto ley 12/1995, de 28 de diciembre, sobre medidas urgentes en materia presupuestaria, tributaria y financiera, en virtud de su Disposición final segunda (punto dos).

La respuesta correcta es la alternativa de respuesta c) en aplicación de la Disposición final segunda (punto dos) de la Ley 40/2015, de 1 de octubre:

«Disposición final segunda. Modificación del Real decreto ley 12/1995, de 28 de diciembre, sobre medidas urgentes en materia presupuestaria, tributaria y financiera.

Dos. Se añade una nueva disposición transitoria, que tendrá la siguiente redacción:

Disposición transitoria quinta. Operaciones y atribuciones vigentes.

La modificación de la disposición adicional sexta del Real Decreto-Ley 12/1995, de 28 de diciembre, introducida por la disposición final segunda de la Ley 40/2015, de 1 de octubre, de Régimen Jurídico del Sector Público, no afectará al régimen de las operaciones del Instituto de Crédito Oficial actualmente en vigor, sin que por ello se modifiquen los términos y condiciones de los contratos y convenios suscritos.

Adicionalmente, se mantendrán las atribuciones, poderes y delegaciones conferidas por el Consejo General en otras autoridades y órganos del Instituto de Crédito Oficial hasta que el Consejo General decida, en su caso, su revisión.

Los Consejeros que, a la entrada en vigor de la disposición final segunda de la Ley 40/2015, de 1 de octubre, de Régimen Jurídico del Sector Público, formasen parte del Consejo General del Instituto de Crédito Oficial continuarán en el ejercicio de sus funciones hasta que se nombre a quienes hubieran de sucederles.»

112. c) Se deroga en su totalidad con la entrada en vigor de la Ley 9/2017, de 8 de noviembre.

La respuesta correcta es la c) en aplicación de la Disposición final novena de la Ley 40/2015, de 1 de octubre, en relación con la Disposición derogatoria de la Ley 9/2017, de 8 de noviembre, de Contratos del Sector Público, por la que se transponen al ordenamiento jurídico español las Directivas del Parlamento Europeo y del Consejo 2014/23/UE y 2014/24/UE, de 26 de febrero de 2014.

La Disposición final novena de la Ley 40/2015, de 1 de octubre, introduce modificaciones al por entonces vigente Texto Refundido de la Ley de Contratos del Sector Público, aprobado por Real decreto legislativo 3/2011, de 14 de noviembre. El 8 de noviembre de 2017 se aprueba la Ley 9/2017, de Contratos del Sector Público, por la que se transponen al ordenamiento jurídico español las Directivas del Parlamento Europeo y del Consejo 2014/23/UE y 2014/24/UE, de 26 de febrero de 2014. La Disposición derogatoria de esta última Ley establece lo siguiente:

«Queda derogado el texto refundido de la Ley de Contratos del Sector Público aprobado por Real Decreto Legislativo 3/2011 de 14 de noviembre, así como cuantas disposiciones de igual o inferior rango se opongan a lo dispuesto en la presente ley».

113. a) La Ley 17/2012, de 27 de diciembre, de Presupuestos Generales del Estado para el año 2013.

La respuesta correcta es la a) en aplicación de la Disposición final décima de la Ley 40/2015, de 1 de octubre.

Efectivamente, a través de la Disposición final décima de la Ley 40/2015, de 1 de octubre, se modifica la disposición adicional décima tercera de la Ley 17/2012, de 27 de diciembre, de Presupuestos Generales del Estado para el año 2013.

114. b) El artículo 27 sobre principios y reglas de gestión presupuestaria.

La respuesta correcta es la b) en aplicación de la Disposición final octava de la Ley 40/2015, de 1 de octubre.

La Disposición final octava de la Ley 40/2015, de 1 de octubre, modifica el artículo 2 (Sector público estatal) y el artículo 3 (Sector Público administrativo, empresarial y fundacional), de la Ley 47/2003, de 26 de noviembre, General Presupuestaria.

El artículo 27 de la Ley 47/2003, de 26 de noviembre, General Presupuestaria, sobre principios y reglas de gestión presupuestaria, fue modificado por la disposición final 6 de la Ley 48/2015, de 29 de octubre, de Presupuestos Generales del Estado para el año 2016.

115. c) Ley 2/1974, de 13 de febrero, sobre Colegios Profesionales.

La respuesta correcta es la c) en aplicación de la Disposición final cuarta, de la Disposición final sexta y de la Disposición final séptima de la Ley 40/2015, de 1 de octubre.

La Disposición final cuarta modifica la Ley 50/2002, de 26 de diciembre, de Fundaciones; la Disposición final sexta modifica la Ley 33/2003, de 3 de noviembre, del Patrimonio de las Administraciones Públicas y la Disposición final séptima modifica la Ley 38/2003, de 17 de noviembre, General de Subvenciones.

116. d) El Título V. De la iniciativa legislativa y la potestad reglamentaria del Gobierno.

La respuesta correcta es la alternativa de respuesta d) en aplicación de la Disposición final tercera (punto doce) de la Ley 40/2015, de 1 de octubre.

Del Título I de la Ley 50/1997, de 27 de noviembre (artículos 1 a 10), la Ley 40/2015, de 1 de octubre, modifica los artículos 4 (de los Ministros); 5 (del Consejo de Ministros); 6 (de las Comisiones Delegadas del Gobierno); 7 (de los Secretarios de Estado); 8 (de la Comisión General de Secretarios de Estado y Subsecretarios); 9 (del Secretariado del Gobierno) y 10 (de los Gabinetes).

Del Título II de la Ley 50/1997, de 27 de noviembre, la Ley 40/2015, de 1 de octubre, modifica los artículos 11 (requisitos de acceso para ser miembro del Gobierno); 12 (nombramiento y cese de los miembros del Gobierno) y 13 (de la suplencia de los miembros del Gobierno), de un total de 6 artículos (del 11 al 16).

Del Título III (artículos 17 a 20) de la Ley 50/1997, de 27 de noviembre, la Ley 40/2015, de 1 de octubre, modifica el artículo 20, sobre la delegación y avocación de competencias entre los miembros del Gobierno.

117. d) Título VI. Del control del Gobierno.

La respuesta correcta es la d) en aplicación de la Disposición final tercera (punto trece) de la Ley 40/2015, de 1 de octubre.

El punto trece de la Disposición final tercera de la Ley 40/2015, de 1 de octubre añade un Título VI a la Ley 50/1997, de 27 de noviembre, en el que se incluye el artículo 26 anterior, que se renumera como artículo 29 y que regula el control de los actos del Gobierno.

118. d) Disposición final decimocuarta. Título competencial.

La respuesta correcta es la d) en aplicación de la Disposición final decimocuarta de la Ley 40/2015, de 1 de octubre. El resto de alternativas de respuesta forman parte de la estructura de la Ley 39/2015, de 1 de octubre, del procedimiento administrativo común de las administraciones públicas.

119. d) Ninguna de las opciones anteriores es correcta.

La respuesta correcta es la alternativa de respuesta d) en tanto son 18 el número de disposiciones finales que forman parte de la estructura de la Ley 40/2015, de 1 de octubre.

La Ley 39/2015, de 1 de octubre, cuenta con siete disposiciones finales y seis disposiciones adicionales, de modo que las alternativas de respuesta a) y c) son incorrectas. También lo es la b), en tanto la Ley 40/2015, de 1 de octubre, cuenta con 30 disposiciones adicionales.

120. b) En el Capítulo I del Título III de la LRSJP (art. 140 de la LRSJP).

Ver respuesta en: Art. 140 de la LRSJP del Capítulo I del Título III de la LRSJP (en relación con los arts. 3 y 140 de la LRJSP y el art. 103.1 de la CE).

La LPACP regula las relaciones ad extra, desarrollando la normativa en materia de procedimiento administrativo y la LRJSP regula las relaciones ad intra entre las distintas AAPP, es decir, regula las relaciones internas entre las Administraciones, estableciendo los principios generales de actuación y las técnicas de relación entre los distintos sujetos públicos. Concretamente, el Capítulo I del Título III de la LRSJP regula los "Principios generales de las relaciones interadministrativas" (art. 140 de la LRSJP).

Debemos indicar, con carácter general, que en la LRJSP existen dos preceptos que recogen los principios generales a los que las AAPP deben sujetar su actuación y relaciones, tanto en el ámbito ciudadano, como las que se dan entre las propias administraciones. Por un lado, nos encontramos con el art. 3 de la LRJSP que regula los "Principios Generales" que regirán la actuación de las AAPP (con independencia de que se trate de relaciones ad extra o ad intra) y, por otro, con el art. 140 de la LRJSP que regula "Principios generales de las relaciones interadministrativas", en el que aparecen, concretamente, los principios que presidirán las relaciones interadministrativas.

Cuando la LRJSP regula los principios generales de actuación de las AAPP, en el art. 3.1 de la LRJSP, parte de la reproducción del art. 103.1 de la CE, afirmando que "las AAPP sirven con objetividad los intereses generales y actúan de acuerdo con los principios de eficacia, jerarquía, descentralización, desconcentración y coordinación, con sometimiento pleno a la Constitución, a la Ley y al Derecho".

Además, el citado artículo añade que las AAPP están obligadas a "respetar en su actuación y relaciones los siguientes principios:

a) Servicio efectivo a los ciudadanos.

b) Simplicidad, claridad y proximidad a los ciudadanos.

c) Participación, objetividad y transparencia de la actuación administrativa.

d) Racionalización y agilidad de los procedimientos administrativos y de las actividades materiales de gestión.

e) Buena fe, confianza legítima y lealtad institucional.

f) Responsabilidad por la gestión pública.

g) Planificación y dirección por objetivos y control de la gestión y evaluación de los resultados de las políticas públicas.

h) Eficacia en el cumplimiento de los objetivos fijados.

i) Economía, suficiencia y adecuación estricta de los medios a los fines institucionales.

j) Eficiencia en la asignación y utilización de los recursos públicos.

k) Cooperación, colaboración y coordinación entre las Administraciones Públicas."

Por otra parte, debemos resaltar que el art 3.2 de la LRJSP, en conexión con la transformación digital de la Administración, incorpora "el principio general de interoperabilidad y seguridad", al señalar que: "las AAPP se relacionarán entre sí y con sus órganos, organismos públicos y entidades vinculados o dependientes a través de medios electrónicos, que aseguren la interoperabilidad y seguridad de los sistemas y soluciones adoptadas por cada una de ellas, garantizarán la protección de los datos de carácter personal, y facilitarán preferentemente la prestación conjunta de servicios a los interesados".

Pero la regulación de los principios generales que vinculan a las AAPP no se agota en el art. 3 de la LRJSP, dado que en el Capítulo I del Título III de la LRSJP quedan regulados los "Principios generales de las relaciones interadministrativas" (art. 140 de la LRSJP), que son los siguientes:

"...a) Lealtad institucional.

b) Adecuación al orden de distribución de competencias establecido en la Constitución y en los Estatutos de Autonomía y en la normativa del régimen local.

c) Colaboración, entendido como el deber de actuar con el resto de Administraciones Públicas para el logro de fines comunes.

d) Cooperación, cuando dos o más Administraciones Públicas, de manera voluntaria y en ejercicio de sus competencias, asumen compromisos específicos en aras de una acción común.

e) Coordinación, en virtud del cual una Administración Pública y, singularmente, la Administración General del Estado, tiene la obligación de garantizar la coherencia de las actuaciones de las diferentes Administraciones Públicas afectadas por una misma materia para la consecución de un resultado común, cuando así lo prevé la Constitución y el resto del ordenamiento jurídico.

f) Eficiencia en la gestión de los recursos públicos, compartiendo el uso de recursos comunes, salvo que no resulte posible o se justifique en términos de su mejor aprovechamiento.

g) Responsabilidad de cada Administración Pública en el cumplimiento de sus obligaciones y compromisos.

h) Garantía e igualdad en el ejercicio de los derechos de todos los ciudadanos en sus relaciones con las diferentes Administraciones.

i) Solidaridad interterritorial de acuerdo con la Constitución."

121. a) En el Capítulo IV del Título III de la LRJSP.

Ver respuesta en: Capítulo IV del Título III de la LRJSP.

El Capítulo IV del Título III de la LRJSP hace referencia a las transmisiones de datos entre AAPP, por lo que siempre de conformidad con lo dispuesto en la normativa de "protección de datos de carácter personal", cada Administración deberá facilitar el acceso de las restantes Administraciones Públicas a los datos relativos a los interesados que obren en su poder, especificando las condiciones, protocolos y criterios funcionales o técnicos necesarios para acceder a dichos datos con las máximas garantías de seguridad, integridad y disponibilidad.

El Capítulo IV del Título III de la LRJSP, también, se refiere al Esquema Nacional de Interoperabilidad que comprende el conjunto de criterios y recomendaciones en materia de seguridad, conservación y normalización de la información, de los formatos y de las aplicaciones que deberán ser tenidos en cuenta por las AAPP para la toma de decisiones tecnológicas que garanticen la interoperabilidad.

El Esquema Nacional de Seguridad, también, tiene por objeto establecer la política de seguridad en la utilización de medios electrónicos en el ámbito de la LRJSP, y está constituido por los principios básicos y requisitos mínimos que garanticen adecuadamente la seguridad de la información tratada. (art. 156 de la LRJSP).

Finalmente, el Capítulo IV del Título III de la LRJSP establece como se llevará a cabo la reutilización de sistemas y aplicaciones de propiedad de la Administración (art. 157 de la LRJSP), así como la transferencia de tecnología entre las Administraciones (art. 158 de la LRJSP).

122. a) Fábrica Nacional de Moneda y Timbre-Real Casa de la Moneda.

La opción correcta es la alternativa de respuesta a), en aplicación de la Disposición transitoria primera en relación con el artículo 84.1.a) de la Ley 40/2015, de 1 de octubre.

El artículo 84.1.a) de la Ley 40/2015, de 1 de octubre, establece lo siguiente:

«Integran el sector público institucional estatal las siguientes entidades:

Los organismos públicos vinculados o dependientes de la Administración General del Estado, los cuales se clasifican en:

1.º Organismos autónomos.

2.º Entidades Públicas Empresariales.

3.º Agencias estatales.

La Fábrica Nacional de Moneda y Timbre-Real Casa de la Moneda es una Entidad pública empresarial adscrita al Ministerio de Hacienda y Función Pública que tiene como finalidad las siguientes: «Acuñación de monedas de todas clases. Elaboración de cospeles y la acuñación de medallas y trabajos análogos. Impresión de billetes de banco, en los términos que se acuerde con el Banco de España o banco emisor correspondiente. Elaboración de documentos tributarios, de la Lotería Nacional y de otros juegos. Elaboración de documentos de valor. Estampación de documentos, sellos, signos y efectos postales. Prestación, en el ámbito de la Administración Pública, de servicios de seguridad, técnicos y administrativos en las comunicaciones a través de técnicas y medios electrónicos, informáticos y telemáticos. Cualquier otro que se le atribuya por disposición legal o reglamentaria».

El Fondo de Garantía Salarial es un organismo autónomo adscrito al Ministerio de Trabajo y Economía Social, cuya finalidad básica es la de servir de Institución de garantía de los créditos salariales ante la insolvencia del empleador.

El Instituto Nacional de las Artes Escénicas y de la Música es un organismo autónomo adscrito al Ministerio de Cultura y Deporte cuya finalidad es ocuparse de articular y desarrollar los programas relacionados con música, danza, teatro y circo para el referido Ministerio.

El Centro de Estudios Políticos y Constitucionales es un organismo autónomo adscrito al Ministerio de la Presidencia, Relaciones con las Cortes y Memoria Democrática. Su finalidad se detalla a continuación:

- Elaborar y promover tareas de estudio e investigación sobre el carácter, evolución y funcionamiento de los sistemas sociales, políticos, constitucionales y administrativos, tanto en su dimensión nacional como internacional.

- Realizar, promover y publicar, en su caso, estudios sobre cualesquiera materias relacionadas con las áreas a que se refiere el precedente apartado.

- Formar y custodiar un fondo documental y bibliográfico sobre Derecho Constitucional, Teoría del Estado, Teoría de la Constitución, Ciencia Política, Historia de las Ideas Políticas e Historia Política de España, y materias conexas de Derecho público.

- Desarrollar ciclos y cursos de enseñanzas especializadas en las materias citadas en los apartados precedentes.

- Prestar asistencia y asesoramiento a la Presidencia del Gobierno.

- Conceder especial atención, en el desarrollo de sus funciones, a las cuestiones relativas a las instituciones propias de los países iberoamericanos y a las relaciones de éstos con España y con Europa.

- Realizar cuantos cometidos se le encomienden por el Ministerio al que el Centro está adscrito.

123. b) SESD, F.C.R.

La opción correcta es la alternativa de respuesta b), en aplicación de la Disposición transitoria primera en relación con el artículo 84.1 de la Ley 40/2015, de 1 de octubre.

El artículo 84.1 de la Ley 40/2015, de 1 de octubre, establece lo siguiente:

«1. Integran el sector público institucional estatal las siguientes entidades:

a) Los organismos públicos vinculados o dependientes de la Administración General del Estado, los cuales se clasifican en:

1.º Organismos autónomos.

2.º Entidades Públicas Empresariales.

3. Agencias estatales.

b) Las autoridades administrativas independientes.

c) Las sociedades mercantiles estatales.

d) Los consorcios.

e) Las fundaciones del sector público.

f) Los fondos sin personalidad jurídica.

g) Las universidades públicas no transferidas»

El SESD, Fondo de Capital Riesgo, es un fondo sin personalidad jurídica adscrito al Ministerio de Hacienda y Función Pública, cuya finalidad es la de facilitar la promoción y desarrollo de actividades empresariales, con objeto de desarrollar iniciativas que impulsan la creación de empleo, la modernización de la Pyme y su internacionalización; que contribuyen al desarrollo del tejido industrial local, especialmente en zonas de poca implantación del capital riesgo; y que fomentan una cultura empresarial profesionalizada, mediante el seguimiento y formación en prácticas de gestión contrastadas.

El resto de alternativas de respuesta se corresponden con fundaciones del sector público adscritas a la Administración General del Estado. El F.S.P. Centro Nacional de Investigaciones Oncológicas Carlos III, M.P. es una fundación del sector público adscrita al Ministerio de Ciencia e, Innovación, y, cuya misión esencial es llevar a cabo una investigación de excelencia y ofrecer tecnología innovadora en el ámbito del cáncer al Sistema Nacional de Salud. La Fundación SIMA (Servicio Interconfederal de Mediación y Arbitraje), es una fundación del sector público adscrita al Ministerio de Trabajo y Economía Social, que tiene por finalidad la solución extrajudicial de los conflictos colectivos laborales surgidos entre empresarios y trabajadores. La Fundación Víctimas del Terrorismo, F.S.P. es una fundación del sector público adscrita al Ministerio de Interior, y entre sus finalidades están las de:

– Promover y divulgar los valores democráticos, la defensa de los derechos humanos, la pluralidad y la libertad de los ciudadanos.

– Fomentar en todos los ámbitos una mejor comprensión de la situación del colectivo de víctimas del terrorismo.

– Prestar la ayuda necesaria en su vertiente asistencial a las víctimas del terrorismo y a sus familias.

– Colaborar con otras Fundaciones y Asociaciones en aquellas actividades que vienen realizando y que persigan fines similares a los enunciados.

– Prestar asesoramiento y apoyo a la gestión de dichas fundaciones y asociaciones.

– Impulsar becas para el estudio de estas materias y promover intercambios culturales.

– Realizar todo tipo de actividades formativas, seminarios, cursos y campañas de divulgación relacionadas con los fines enunciados.

– Promover, organizar y coordinar la celebración de exposiciones, muestras o salones monográficos, estables o itinerantes relativos a dichos fines.

– Ejecutar programas de carácter internacional que tengan como objetivo la sensibilización de las instituciones, organizaciones políticas y ciudadanas, y en general, de la opinión pública internacional sobre los efectos de la violencia terrorista.

– Crear un fondo cultural de carácter permanente en memoria de las víctimas.

124. b) Artículo 149.1.18 de la Constitución de 1978, que atribuye al Estado competencia exclusiva sobre las bases del régimen estatutario de los funcionarios.

La respuesta correcta es la b), en aplicación de la Disposición final decimocuarta (apartado 1) de la Ley 40/2015, de 1 de octubre.

La Ley 40/2015, de 1 de octubre se dicta al amparo de lo dispuesto en el artículo 149.1.18 de la Constitución Española que atribuye al Estado competencia exclusiva sobre las bases del régimen jurídico de las Administraciones Públicas, así como al amparo de lo previsto en el artículo 149.1.13, relativo a las bases y coordinación de la planificación general de la actividad económica, y del artículo 149.1.14, relativo a la Hacienda Pública general.

125. a) Disposición final segunda. Modificación del Real decreto ley 12/1995, de 28 de diciembre, sobre medidas urgentes en materia presupuestaria, tributaria y financiera.

La respuesta correcta es la a) en aplicación de la Disposición final segunda (punto uno) de la Ley 40/2015, de 1 de octubre:

«Disposición final segunda. Modificación del Real decreto ley 12/1995, de 28 de diciembre, sobre medidas urgentes en materia presupuestaria, tributaria y financiera.

Uno. Se añade un nuevo apartado tres a la disposición adicional sexta, renumerándose los apartados tres a seis como cuatro a siete. El apartado tres tendrá la siguiente redacción:

Tres. Consejo General.

1. El Instituto de Crédito Oficial estará regido por un Consejo General, que tendrá a su cargo la superior dirección de su administración y gestión.

2. El Consejo General estará formado por el Presidente de la entidad, que lo será también del Consejo, y diez Vocales, y estará asistido por el Secretario y, en su caso, el Vicesecretario del mismo.

   Todos los integrantes del Consejo General actuarán siempre en interés del Instituto de Crédito Oficial en el ejercicio de sus funciones como miembros del Consejo General.

3. El nombramiento y cese de los Vocales del Consejo General corresponde al Consejo de Ministros, a propuesta del Ministro de Economía y Competitividad, que los designará entre personas de reconocido prestigio y competencia profesional en el ámbito de actividad del Instituto de Crédito Oficial.

4. Cuatro de los diez Vocales del Consejo serán independientes. A tal efecto, se entenderá independiente aquél que no sea personal al servicio del Sector Público.

5. El mandato de los vocales independientes será de tres años, tras el cual cabrá una sola reelección.

   Reglamentariamente se establecerán las causas de cese de dichos Vocales, así como el régimen jurídico al que quedan sometidos los integrantes del Consejo General.

6. Cada uno de los Vocales independientes dispondrá de dos votos exclusivamente para la adopción de acuerdos relativos a operaciones financieras de activo y pasivo propias del negocio del Instituto».

Ley 40/2015, de 1 de octubre, de Régimen Jurídico del Sector Público
Test comentados para oposiciones volumen 1

El uso de los códigos **es exclusivo de los compradores de los productos de Editorial MAD**. Cada producto posee un código único y de un solo uso. Es personal e intransferible y da acceso a servicios y contenidos adicionales. Editorial MAD se reserva el derecho de hacer cuantas comprobaciones sean necesarias para identificar al legítimo poseedor del código y dejar de dar servicio a quien haga uso fraudulento del mismo, además de emprender cuantas acciones legales estime oportunas según la legislación vigente.

Deberás acceder a:

mad.es/registro-campus

Si una vez aceptadas las condiciones de uso del Campus decides hacer uso del mismo, necesitarás del siguiente código de acceso junto con los códigos del resto de títulos que se exigen (si fuera el caso):

JXZMG6PWDT